反导任务规划技术

——基于案例推理

邢清华　范海雄　著

科　学　出　版　社
北　京

内 容 简 介

反导任务规划是目前正在兴起的一个研究领域，本书以反导作战体系为研究对象，以反导任务规划方案的制定为研究目标，以反导作战理论、案例推理技术及其他相关人工智能技术、优化方法等为理论基础，研究基于案例推理的反导任务规划技术。全书分 8 章，分别介绍反导作战任务规划基础理论及研究现状、案例推理技术、基于案例推理的反导任务规划框架、反导作战预案表示技术、反导作战预案组织与索引技术、反导作战预案检索技术、反导作战预案修正和评估技术以及基于案例推理的反导任务规划系统设计与实现。

本书可为军事运筹、指挥自动化系统、军事系统工程、人工智能军事应用、武器装备研制等领域的研究人员提供参考。

图书在版编目(CIP)数据

反导任务规划技术：基于案例推理/邢清华，范海雄著. —北京：科学出版社, 2019.6

ISBN 978-7-03-061379-0

Ⅰ.①反… Ⅱ.①邢… ②范… Ⅲ.①反导弹-作战任务-规划 Ⅳ.①E83

中国版本图书馆 CIP 数据核字(2019) 第 105147 号

责任编辑：亢列梅 杨 丹／责任校对：郭瑞芝

责任印制：赵 博／封面设计：陈 敬

科学出版社 出版

北京东黄城根北街 16 号

邮政编码：100717

http://www.sciencep.com

北京天宇星印刷厂印刷

科学出版社发行 各地新华书店经销

*

2019 年 6 月第 一 版 开本：720 × 1000 1/16

2025 年 8 月第七次印刷 印张：15 1/2 插页：1

字数：310 000

定价：128.00 元

(如有印装质量问题，我社负责调换)

前　　言

弹道导弹具有作战性能优和军事效益高的特点，世界各国都将其作为未来战争的“撒手锏”武器，放在军事力量发展的首位。有矛必有盾，与此同时，世界各国也在不遗余力地根据自己的国情，从国家战略需要和技术水平出发，建立具有各自特色的反导防御体系。反导任务规划是一门辅助决策技术，是一个统筹安排所属反导装备高效完成反导任务的方法。反导任务规划技术作为反导指挥控制作战管理系统的核心，是反导系统的“神经中枢”，是武器装备作战能力的“倍增器”。本书将案例推理技术引入反导作战领域，针对反导作战特点，研究设计基于案例推理的反导任务规划方法，可为基于案例应用的反导任务规划问题提供有效的解决方法，有助于充分发挥反导作战预案对于指挥决策的重要作用；将人工智能技术与反导作战领域相结合，通过对预案表示、组织索引、检索匹配、修正评价等关键技术的深入研究，探索针对反导任务规划问题的智能化求解方法，可为反导指控系统及其相关技术的发展提供推动力，为空军联合作战规划系统中的地面防空作战部队任务规划系统提供技术支撑。与此同时，也可为无人机协同任务规划和巡航导弹任务规划等相关军事领域的研究提供方法借鉴。

全书分为 8 章。第 1 章主要对反导作战体系、反导作战过程、反导任务规划的相关概念、流程、关键问题、特点以及国内外研究现状进行介绍。第 2 章主要介绍案例推理技术的起源与发展、应用情况以及案例推理的基础理论，为反导任务规划提供方法基础。第 3 章主要介绍案例推理技术的问题求解过程，论证案例推理方法对于反导任务规划的适用性，进而建立反导任务规划实现框架。第 4 章分析反导作战预案的组成要素，在有机结合系统建模语言、本体语言和案例标记语言等的基础上，提出具有模型验证环节的反导预案表示方法。第 5 章提出一种基于融合裕度和否决权的反导作战预案相似度量方法，设计基于谱聚类算法和集成技术的反导作战预案聚类划分算法以及基于树形索引的反导作战预案高维数据索引方法。第 6 章提出基于高维索引的反导作战预案检索方法和基于修正最小二乘支持向量机的反导作战预案检索方法。第 7 章以预案修正的需求分析为切入点，结合离线和在线规则学习策略，提出基于双线规则学习的反导作战预案修正方法，以集对分析方法为指导理论，给出反导作战预案评估方法。第 8 章介绍基于案例推理的反导任务规划系统的设计与实现方法。

本书的出版得到了国家自然科学基金项目 (71771216、71701209)、军队 2110 工程项目和全军军事科研课题 (2013JY487) 的支持，得到了博士高嘉乐、梁志兵、于云龙、赵慧珍和硕士田振浩的支持和协助，在此深表感谢！另外，在本书撰写过程中参阅和引用了国内外大量文献资料，对领域专家们的创新性劳动表示诚挚的敬意！

反导任务规划技术作为一个正在兴起的研究领域，在国内得到了各方面的关注。国内该领域的专著稀缺，本书的出版恰逢其时，希望本书能够对该领域的发展贡献绵薄之力。另外，限于作者水平，书中难免有不足之处，恳请读者批评指正。

作　者

2019 年 6 月

目　　录

第1章　绪　　论

弹道导弹 (ballistic missile，BM) 是指在火箭发动机推力作用下按预定程序飞行，关机后按自由抛物体轨迹飞行的导弹。弹道导弹一般从地 (海) 上垂直发射、攻击地面固定目标，其中战略型弹道导弹主要用于突击对方纵深的战略目标，战术型弹道导弹主要用于战场战区火力突击。其作战目的是用载有核武器、常规高效弹药或生化武器的弹头，攻击对方重要的战略、战役和战术目标。由于弹道导弹具有作战性能优和军事效益高的特点，世界各国都将其作为未来战争的“撒手锏”武器，放在军事力量发展的首位。与此同时，世界各国也在不遗余力地根据自己的国情，从国家战略需要和技术水平出发，建立具有各自特色的反导防御体系。其中，最典型的当属美国的战区导弹防御 (tactical missile defense，TMD) 系统和国家导弹防御 (national missile defense，NMD) 系统。其现行的导弹防御系统是一体化分段多层防御体系，从防御阶段划分，可将防御体系划分为三大系统，分别在三个不同阶段对来袭弹道导弹目标实施拦截，以保护美国各战区的重要设施及作战部队的安全。三大系统包括：①助推段、上升段拦截系统，用于拦截处于助推段飞行或上升段飞行的弹道导弹，主要装备的是机载激光武器系统。②中段防御系统，用于在大气层外拦截处于中段飞行的弹道导弹。③末段防御系统又包括末段高层面防御系统和末段低层点防御系统，末段高层面防御系统用于拦截高度在40～160km 的中远程弹道导弹；末段低层点防御用于拦截高度在 40km 以下的弹道导弹。

反导任务规划是一门辅助决策技术，是一种统筹安排所属反导装备高效完成反导任务的方法。反导任务规划系统作为反导指挥控制、作战管理的核心，是反导系统的“神经中枢”，是武器装备作战能力的“倍增器”。好的任务规划方法能合理地调度反导作战系统的各作战资源去完成各自的任务，科学利用各种作战资源，灵活运用和充分发挥各作战实体的技术和战术特点，提高作战实体的使用性能，在完成既定作战任务的同时获得作战系统的最大作战效能。

1.1　反导作战体系

反导作战是指对敌方来袭的弹道导弹进行拦截的防御作战，它是体系对抗作战。反导作战体系主要由反导预警探测装备、反导指挥控制装备、反导拦截打击装备和综合保障系统构成。

1.1.1 反导预警探测装备

“先期发现，及时预警”是实施反导作战的前提。反导预警装备包括执行反导预警作战任务时使用的所有武器装备与设备，以美军反导预警体系为例，其反导预警体系的构建以天基预警卫星、陆海基预警探测雷达为主体，以其他预警手段为补充，探测范围覆盖全球重点关注区域，具备对各种射程陆基、潜射弹道导弹的全天候、全天时预警监视能力。

1. 天基预警卫星

根据运行轨道距地面的高度，预警卫星可分为低轨道预警卫星、中轨道预警卫星、地球静止轨道预警卫星和大椭圆轨道预警卫星等。目前，最常用的天基预警系统为：地球静止轨道预警卫星、低轨道预警卫星和大椭圆轨道预警卫星。

地球静止轨道预警卫星运行在地球静止轨道，与地面保持相对静止，可对低纬度地区的固定区域保持不间断监视，主要对处于助推段的弹道导弹进行探测。地球静止轨道预警卫星一般搭载有两类传感器：红外扫描传感器与红外凝视传感器。在探测目标时，红外扫描传感器依靠卫星自旋带动线阵探测器旋转，卫星的自转轴垂直于地面，以实现对地表敏感区域的探测。当地球静止轨道预警卫星的位置与目标在红外传感器线阵的位置已知时，就可以计算出目标的星下点、方位角和仰角。由于是被动探测，单颗地球静止轨道预警卫星通常无法给出目标的距离信息，需要多次对目标进行探测后，利用获得的角度信息，对目标的飞行轨迹进行估计，连续探测若干点后，可计算出目标的方向、位置及弹道相关参数。当扫描传感器发现目标后，会把目标信息发送给凝视红外传感器对目标进行凝视探测，对目标作进一步确认，一旦目标确认将及时发出预警信息，并根据对目标的跟踪信息，初步预测弹道的落点与发射点。地球静止轨道预警卫星具有监视区域大、能够尽早发现来袭弹道导弹的优点。

地球静止轨道预警卫星的典型代表是美国的 DSP 地球静止轨道预警卫星，如图 1.1 所示。美国的 DSP 地球静止轨道预警卫星的探测性能参数如表 1.1 所示。

低轨道预警卫星运行在地球低轨道上，主要用来对处于中段飞行的弹道导弹进行跟踪探测。通常低轨道预警卫星搭载有两类传感器：截获传感器和跟踪传感器。弹道导弹在中段飞行时温度不断降低，红外特征不断减弱，因此两类探测器具有探测目标辐射出的多种波长的能力，这些波长主要包括短波红外 (2.7~4.3μm)、中波红外 (6.4μm)、长波红外 (16μm) 和可见光 (0.5μm)。在卫星探测目标时，一维阵列截获传感器探测到强红外辐射的目标后，再交由跟踪传感器的焦平面阵列进行二维跟踪，跟踪传感器使用窄视场、望远镜和凝视方式，保持跟踪到弹道中段和再入段。低轨道预警卫星具有相互通信的能力，卫星之间可以实现跟踪任务传递，即在卫星执行跟踪任务时，一旦目标飞出其探测范围，可以通知其他卫星“接力”

跟踪，继续保持对目标的信息获取。

图 1.1 美国的 DSP 地球静止轨道预警卫星 [1]

表 1.1 DSP 地球静止轨道预警卫星的探测性能参数 [1,2]

传感器	性能指标	参数
红外扫描传感器	扫描视场	±10°
	地面分辨力	1km
	扫描速度	6 周/min
	探测器视场	10°
	工作波长	2.7μm,4.3μm
	监视范围	9000km×14000km
红外凝视传感器	视场	0.3° × 0.3°
	帧速率	20 帧/s
	地面分辨力	0.36km
	指向视场	10° × 20°
	工作波长	2.7μm,4.3μm

典型的低轨道预警卫星是美国的 SBIRS-Low 低轨道预警卫星，如图 1.2 所示。SBIRS-Low 预警卫星星座示意图如图 1.3 所示。SBIRS-Low 低轨道预警卫星的探测性能参数如表 1.2 所示。

图 1.2　SBIRS-Low 低轨道预警卫星 [3]

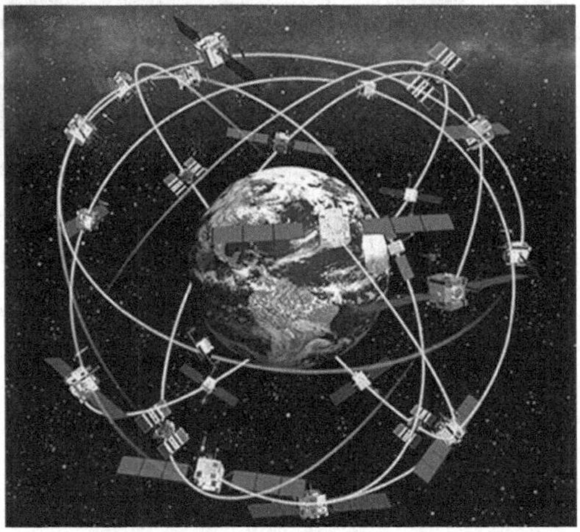

图 1.3　SBIRS-Low 低轨道预警卫星星座示意图 [3]

表 1.2　SBIRS-Low 低轨道预警卫星的探测性能参数 [1,3]

传感器	性能指标	参数
短波红外传感器	工作波段	1～3μm
	探测距离	1500km
	分辨力	3m
中长波红外传感器	工作波段	4～16μm
	最远探测距离	7000km
	分辨力 ($d = 1000$km)	10m
可见光传感器	工作波段	0.3～0.7μm

注：d 为目标距离。

大椭圆轨道预警卫星可实现对地球某些地区的长时间覆盖，多用于对高纬度地区的长时间覆盖，可以对处于助推段的弹道导弹进行探测。大椭圆轨道预警卫星通常搭载两种传感器：扫描传感器和凝视传感器。扫描传感器主要用于探测来袭的弹道导弹；凝视传感器主要用于确认与跟踪处于助推段的来袭弹道导弹。大椭圆轨道上的预警卫星在近地点时运行速度最快，在远地点时运行速度最慢，利用这一特点，选择适当的大椭圆轨道倾角，可以实现对某些区域的长时间覆盖。

典型大椭圆轨道预警卫星如美国的 SBIRS-High 大椭圆轨道预警卫星 [4]，它的远地点在北极上空，高度约为 36000km，每颗卫星对北极地区的覆盖时间超过 12h，2 颗大椭圆轨道预警卫星可以实现对北极附近区域的不间断探测。

2. 陆海基预警探测雷达

陆海基预警探测雷达主要有 X 波段多功能相控阵雷达和 P 波段远程预警雷达。

1) X 波段多功能相控阵雷达

X 波段多功能相控阵雷达根据其部署位置的不同可分为海基 X 波段多功能相控阵雷达和陆基 X 波段多功能相控阵雷达。

海基 X 波段多功能相控阵雷达又可称为可移动多功能地基雷达，该雷达具有较强的目标探测能力，可对目标进行精确跟踪与识别，通常将其部署于反导预警区域前沿，主要用于获取弹道导弹从主动段到被动段过渡区域的目标精确信息，对后续的弹道导弹飞行轨迹进行精确预测，也用于对拦截弹的引导。其典型代表是美国的前置部署 X 波段 (forward-based X band，FBX) 雷达，如图 1.4 所示。它是一种具有机动能力强、探测精度高、探测距离近等特点的 X 波段雷达。此种雷达采用了高频技术、先进的雷达信号处理技术以及薄化的相控阵天线 (有利于形成更细更窄的雷达波束)，因此能精确跟踪和识别密集分布的目标，并能识别真假弹头；

图 1.4　FBX 雷达 [5]

由于其具有较高的分辨力，可以提供助推段到中段过渡阶段的弹道导弹的精确目标信息，通常被部署在靠近敌弹道导弹发射点的地区，为尽早获得弹道导弹的精确预测信息提供重要的信息支持。美国的反导预警 FBX 雷达的探测性能参数如表 1.3 所示。

表 1.3　FBX 雷达的探测性能参数 [1,5]

性能指标	参数
工作频率	10GHz
天线几何口径	9.5m^2
方位方向波束宽度	0.6°
高低方向波束宽度	0.8°
方向扫描范围	53°
作用距离 ($\text{RCS}=1\text{m}^2$)	1000km

注：RCS 为雷达截面积。

陆基 X 波段多功能相控阵雷达主要用于探测和跟踪处于中间段和再入段的弹道导弹，具有对目标进行跟踪、识别和拦截杀伤效果评估的能力，能为拦截系统提供高精度的目标信息。能对导弹的细微特征进行分析，具有目标一维距离像识别、二维像识别、微多普勒识别以及联合多特征识别能力，成为弹道导弹突防的最大障碍。其典型代表是美国导弹防御系统中的地基雷达 (ground-based radar，GBR)，如图 1.5 所示，其性能参数如表 1.4 所示。它是为远程目标跟踪与识别所设计的大型

图 1.5　GBR[6]

X 波段相控阵雷达，主要用于对威胁目标进行监视、捕获、跟踪、识别、拦截和杀伤力评估。

表 1.4 GBR 性能参数 [1,6]

性能指标	参数
频率 (波段)	10GHz
波束宽度	0.14°
探测距离 (RCS=10m^2)	2000km
横向距离分辨力 (d = 2000km)	4.8km
带宽	1.3GHz
径向距离分辨力	0.15m
天线方位角/俯仰角电扫	0~50°
天线方位角机械转动	±178°
天线俯仰角机械转动	0~90°

2) P 波段远程预警雷达

P 波段远程预警雷达主要用于对弹道导弹的远距离发现与跟踪。为了实现对导弹的远距离探测和跟踪等功能，远程预警雷达一般为大型相控阵雷达，主要用于对视距范围内弹道导弹中段飞行的预警探测，如美国的 AN/FPS-115“铺路爪”远程预警雷达 (图 1.6)、改进的预警雷达、“丹麦眼镜蛇”雷达以及俄罗斯的“鸡笼”雷达、“鸡棚”雷达等。

图 1.6 “铺路爪”远程预警雷达 [7]

P 波段远程预警雷达一般是一种收发合一的固态有源相控阵雷达。它可以对弹道导弹实施远距离的搜索与跟踪，但对目标的分辨力低，侦测数据不够精确，不能直接用于拦截作战。当搜索远距离目标时，天线阵列上的辐射器通过电子计算机控制，集中向一个方向发射、偏转，达到电磁能量的集中使用，在对付较近的目标时，这些辐射器又可以分工负责，有的搜索、有的跟踪、有的引导，同时工作，每个移相器可根据自己担负的任务，使电磁瓣在不同的方向上偏转，相当于无数个天线在转动，其速度要比同类机械扫描快十几倍到几十倍。

由于采用灵活的电子扫描，便于采用按时分割原理和多波束，雷达能够实现扫描加跟踪的工作方式，为实现同时搜索、探测、跟踪不同方向和不同高度的多批目标提供支撑。

美国的“铺路爪”远程预警雷达的主要性能参数如表 1.5 所示。

表 1.5　“铺路爪”远程预警雷达的主要性能参数 [1,7]

性能指标	参数
作用距离 (RCS=10 m^2)	4800km
波束宽度 (3dB)	2.2°
仰角覆盖	3～85°
方位角覆盖	一个阵面 120° 两个阵面 240° 三个阵面 360°
工作频率	433MHz±13MHz
阵面倾角	20°

1.1.2　反导指挥控制装备

反导指挥控制装备是反导作战体系的核心装备，起着“中枢神经系统”的作用。根据反导作战体系规模和层级的不同，反导指控装备也可分为体系级、系统级和装备级。

体系级指控装备在弹道导弹防御中起着信息综合处理、作战方案/计划制定、协调、指导及监视控制和交战控制的作用，提供及时的态势评估和威胁评估，迅速将作战预警信息、任务分配信息、目标状态信息等分发到相应的战区防御单元。例如，美军的反导指挥、控制、作战管理与通信 (command，control，battle management，communication，C2BMC) 系统是美国国家战略防御体系的核心，美军通过 C2BMC 系统将其全球部署的防御系统，如助推段动能拦截弹 (kinetic energy interceptor，KEI) 和机载激光武器 (airborne laser weapon，ABL)、地基中段防御 (ground medium-phase defense，GMD)、“宙斯盾”海基导弹防御 (Aegis sea-based missile defense，ASBMD)、末段高空区域防御 (terminal high altitude area defense，THAAD)[8] 和“爱国者”导弹防御系统[9] 等，以及遍布陆海空天的预警侦察探测系统有效地集成到一起，实现对来袭导弹的无缝探测、跟踪，以及各类防御武器装备的最佳协同配合。

系统级指控装备在受领作战任务后，实施反导作战战术行动作战管理，完成战区反导作战任务，主要包括所属多传感器和拦截器的协同和管理，优化多层拦截、提供传感器–拦截器匹配和协同，如 THAAD 战术指控中心、THAAD 与“爱国者”战术协调中心系统等。

装备级指控设备是执行级指挥机构，完成反导作战火力单元所属传感器和发射架的管控。正是它把拦截弹、发射车和雷达集成为一个完整的有机整体，负责全面的任务规划，协调并执行拦截来袭的弹道导弹，如 THAAD 指控系统、“爱国者”交战控制站、“宙斯盾” 指控系统，美军将这一级别的指控系统叫作作战管理、指挥、控制、通信 (battle management，command，control，communication，BMC3) 系统 [10] 等。以美军反导防御系统为例，其三级指挥控制装备示意图见图 1.7。

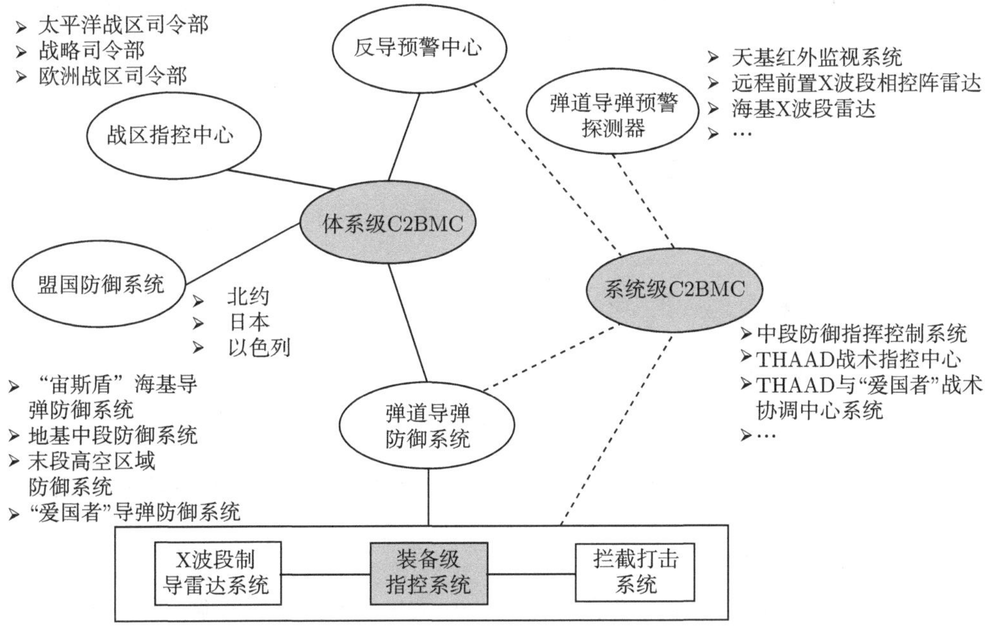

图 1.7　三级指挥控制装备示意图

指挥控制装备最基本的功能有：①防御体系各单元之间的通信连接和连通功能；②支持 “射击–观测–射击” 方法的作战管理功能，能够在使用武器数量最少的情况下使防御体系的有效性达到最大化；③对防御体系的雷达进行控制，从跟踪同一威胁的多个传感器获取数据，并将之相关成一条最优航迹；④对战场具有实时感知能力；⑤先进自适应的作战规划能力，从而能够指导防御体系设施的部署。

1.1.3 反导拦截打击装备

反导拦截打击装备也可理解为交战系统，是反导作战的最终执行者。弹道导弹飞行距离远、高度高，整个弹道部分在大气层内、部分在大气层外，弹道不同阶段具有不同的特征，因此对于弹道导弹的拦截可以实施助推段、中段、末段双层拦截。反导作战拦截空间的“三段四层”划分示意图如图 1.8 所示。拦截打击不同拦截阶段的武器装备也各不相同。例如，美国、俄罗斯等国家将已经部署的反导武器系统用于弹道导弹的末段拦截，同时也在竞相发展激光武器，用于助推段和中段的反导拦截；研究将反导导弹发射平台搬到空中的空基 (含临近空间) 打击武器，从航天器上发射的天基动能拦截弹武器；研究天基定向能武器，包括高功率微波武器、粒子束武器等摧毁弹道导弹的技术。在众多的拦截打击技术中，反导导弹技术是最成熟的一种，也是目前和未来反导的主力军。例如，美国的 PAC-3、THAAD、俄罗斯的 C400 等是典型的末段反导武器系统，其中 THAAD 是末段高层反导武器系统，PAC-3、C400 是末段低层反导武器系统。

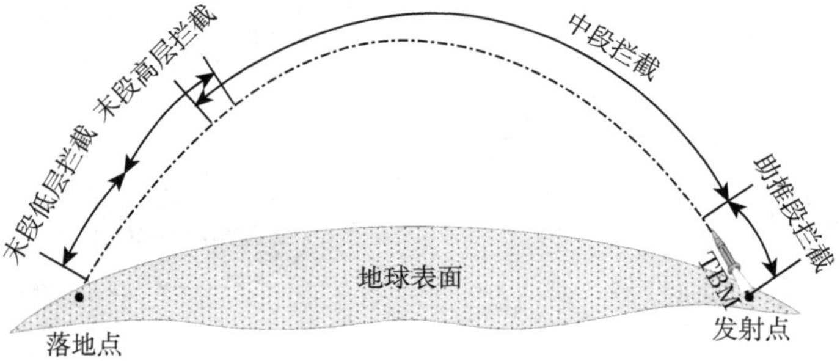

图 1.8 反导作战拦截空间的“三段四层”划分示意图

反导导弹武器系统主要由指挥控制系统、相控阵制导雷达、发射车和拦截弹等作战实体组成。

1) 指挥控制系统

指挥控制系统在反导武器系统中起着作战方案制定、指挥协调、监视及其交战控制的作用。它的核心任务是完成武器系统自身所属作战资源 (制导雷达、发射架和拦截弹) 任务规划及高低协同作战的任务规划和管控。

2) 相控阵制导雷达

相控阵制导雷达主要为反导武器系统拦截来袭弹道导弹提供精确的目标测量 (包括截获、跟踪和识别等) 信息和拦截弹制导信息，并参与完成目标的搜索截获、目标跟踪、目标识别、拦截弹制导和杀伤效果评估等任务。

3) 发射车

发射车主要由发射架 (车) 和控制舱组成。在指控系统的指挥控制下，完成导弹加电、参数装订和弹道发射等任务。如果是区域高层反导武器系统，将同时配备高层拦截发射架和低层拦截发射架。

4) 拦截弹

拦截弹是杀伤目标的直接元素。根据其杀伤机理不同大致有两种，一种为采用"等待加强杀伤"机理的低层拦截弹；另一种为采用"直接碰撞动能摧毁"机理的高层拦截弹。其中，高层拦截弹主要由助推器、级间装置和动能拦截器三部分组成，动能拦截器主要包括能产生致命杀伤的钢制头锥、头罩、红外导引头、凝视相机、集成电子设备和姿控轨控系统。高层拦截弹主要完成末制导、目标跟踪、遭遇前的目标识别、导弹控制和动能摧毁等任务。

1.1.4 综合保障系统

综合保障系统属于支援作战系统，不直接参与作战，主要由运输装填设备、能源供电设备、维护检测设备、模拟训练设备和勤务保障设备等组成。综合保障系统完成对拦截弹的运输装卸、装配对接、加注液体推进器、维修检测、供电、模拟训练和大地测量、方位标定等任务，为反导提供重要的物质、电能等基础和条件。

1.2 反导作战过程

反导作战是一个体系对抗的过程，涉及弹道导弹飞行的全过程。参与反导作战的装备不同，形成不同的反导作战模式，如助推段反导作战模式、中段反导作战模式和末段反导作战模式，还可以是多段多层反导作战模式，如美国的"两段三层"反导作战模式、末段高低协同反导作战模式。

1.2.1 "两段三层"反导作战过程

"两段三层"反导作战的基本过程如图 1.9 所示。首先由天基预警系统和地面预警中心共同完成对弹道导弹发射场的监视和预警信息的处理；体系级 C2BMC 完成前期预警阶段任务规划，对预警中心的情报做出决策，并负责向所属远程预警雷达、系统级 C2BMC 中心、反导拦截武器系统下达等级转进命令和任务分工；授权系统级 C2BMC 完成对所属预警探测资源的任务规划，制定传感器任务计划，并发出发射预警；收到传感器任务计划的传感器对目标进行截获、跟踪和识别，并完成目标信息的综合处理；同时，系统级 C2BMC 还要根据实时反馈的综合信息制定拦截任务规划，并向相应反导拦截武器系统下达命令、授权和任务；传感器任务计划和拦截任务计划共同组成了交战序列组合，对来袭弹道目标形成从探测跟踪到最终拦截的反导杀伤链；各传感器、反导拦截武器系统、制导雷达等按照规划方案，完成对目标的拦截任务。

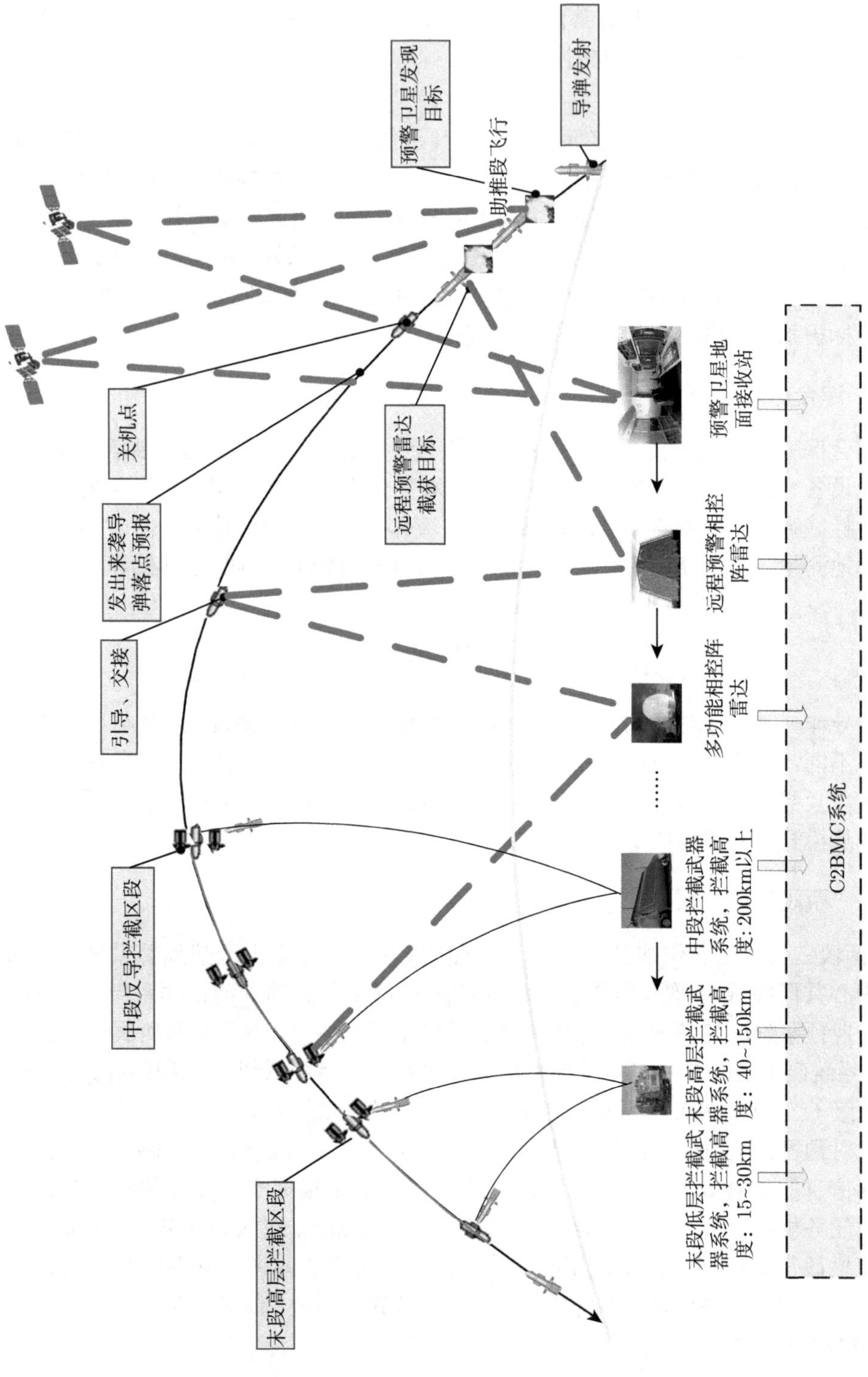

图1.9 “两段三层” 反导作战的基本过程

1.2.2　末段高低两层协同反导作战过程

末段高低两层协同反导作战过程与反导预警中心、反导指挥控制中心 (系统级 C2BMC)、地基多功能相控阵雷达、高层反导武器系统、低层反导武器系统、地基远程预警雷达、天基导弹预警卫星和卫星地面运行控制中心等装备紧密交联，侦察监视、预警探测、跟踪识别、指挥控制和拦截打击环环相扣，高度的综合性、实时性、体系性、智能性和自动化是其典型的特点。

末段高低两层协同反导作战的基本过程如图 1.10 所示。首先由天基导弹预警卫星和卫星地面运控中心共同完成对发射场的监视和信息处理；反导指挥控制中心完成前期预警阶段任务规划，并向反导武器系统、反导预警中心下达等级转进命令和任务；反导预警中心依据多平台实时综合信息，完成对地基多功能相控阵雷达和地基远程预警雷达等的任务规划，并发出发射预警；地基多功能相控阵雷达和地基远程预警雷达对目标进行截获、跟踪和识别，并完成目标信息的综合处理；反导指挥控制中心依据综合信息完成拦截阶段的任务规划，并向反导武器系统、反导预警中心下达命令、授权和任务；反导武器指控系统、地基多功能相控阵雷达、武器系统制导雷达、火力单元 (高层和低层反导武器系统) 等按照规划方案，完成对目标的拦截任务。

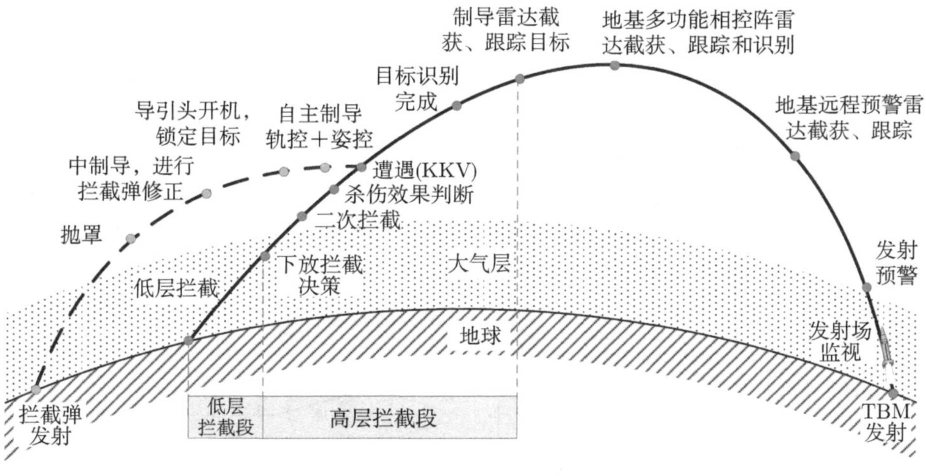

图 1.10　末段高低两层协同反导作战的基本过程

从图 1.10 可以看出，在整个反导作战过程中，高层反导武器系统参与完成了高层拦截段的目标截获、目标跟踪、目标识别、拦截弹发射、拦截弹制导与控制、杀伤效果评估和低层拦截决策等任务。从任务实现的装备性质看，可将上述任务概括为火力任务和雷达任务。末段高低两层协同反导作战基本流程如图 1.11 所示。

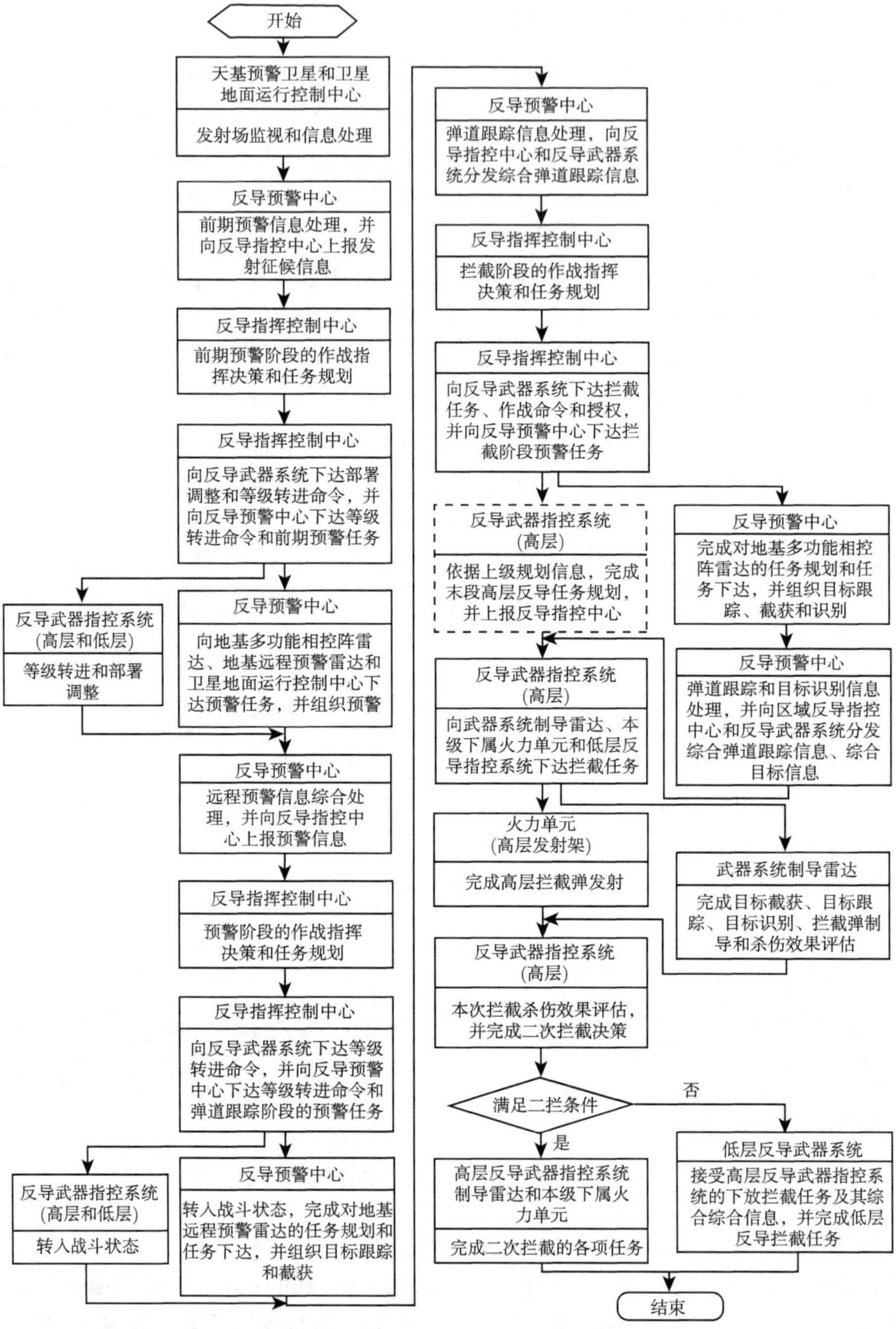

图 1.11　末段高低两层协同反导作战基本流程

1.3　反导任务规划

弹道导弹的高空、高速和低探测率等特性极大压缩了防御武器系统的反应时间，且反导是体系化作战，作战实体之间协同复杂，需实时处理的战场信息量大，这都要求反导武器指控系统应具有更高的实时性、更快的反应能力和更高的自动化程度，而现有指控系统的性能难以很好满足当前反导作战任务的需求。为提升反导作战能力，一方面，可从反导体系作战能力的“硬”物质基础建设出发，加紧研制适应未来反导作战需求的新型预警探测系统、指挥控制/通信系统和拦截打击系统；另一方面，可着眼反导装备作战使用和作战指挥等“软”物质基础研究，深入挖掘各种反导装备的“潜在”作战能力，研究发展反导任务规划及管控技术，通过合理的协调、分配和调度方法，有效管控和利用有限的作战资源，在极短的时间内完成反导任务规划，充分发挥反导体系的“全局”效能，是提高反导体系整体作战能力的另一重要途径。

1.3.1　反导任务规划的相关概念

1) 任务规划

军事领域中任务规划 (mission planning) 在《中国人民解放军军语》《中国人民解放军空军军语》和《美国国防部军语及相关术语词典》里没有明确的定义和解释。国内有学者认为任务规划是一项基于可信的模型和数据，按照标准化作业流程，对作战要素进行全面分析，实现优化配置各类作战资源，整体协调各类兵力兵器的行动计划，可根据战场态势的变化进行实时动态调整，确保以最优或近似最优的方法达成作战目标的作战指挥决策活动，是指挥控制系统的一项重要功能；也有学者认为任务规划是围绕任务目标制定、优化作战方案的一种思维活动过程。

任务规划是一门安排任务执行的学问。在目标和资源确定的条件下，综合考虑各种需求和约束，筹划出从初始状态到目标状态的一组可被各实体直接执行的行动 (或行为) 序列，并使执行结果尽可能好地实现任务目标。因此，任务规划的直接功能不是具体完成某一任务，而是为了完成任务而进行的任务安排。并不是作战中所有任务都需要进行规划，只有那些比较复杂或环境、目标、资源多变的问题才需要规划，特别是那些存在不确定因素、决策时间短而方案对结果有重大影响的问题。例如，反导作战部署、火力运用和传感器运用等问题，它们就需要进行规划，而且需要自动化任务规划系统的支持。

任务规划是一个与应用领域极其相关的问题，不同作战实体的任务规划所研究内容各有不同。例如，卫星任务规划是为各卫星和地面站分配任务，确定卫星工作模式，生成满足不同任务类型的观测方案和数据接收方案；多无人机任务规划主要研究多无人机协同资源分配与调度、航迹规划和轨迹优化等问题。

任务规划系统是基于现代信息技术，以使命任务实现为目标，深度融合军事理论思想，全面分析作战要素信息，标准化指挥决策过程，合理协调多任务单元行动，有效控制任务执行进程，精确预演作战过程，科学评估作战效果，动态调整决策方案计划，排除资源冲突，最大化行动效益，以最优或近似最优的方法达成作战目的，有效支持作战行动组织、准备、实施、评估全过程的一种新型的信息化网络系统。

2) 反导任务规划

反导任务规划是以抗击敌方来袭弹道导弹为作战目的，以反导作战资源为规划对象，依据上级意图、作战任务和战场态势，在综合考虑各种约束的基础上，筹划生成反导作战行动方案，以谋求全局最优的方法。反导任务规划的目标是通过全局运筹、合理规划，科学利用作战资源，获得反导作战体系的最大作战效能，为指挥员及其指挥机构提供有效的辅助决策支持。

反导任务规划系统可用如图 1.12 所示的“黑箱”模型进行表示。

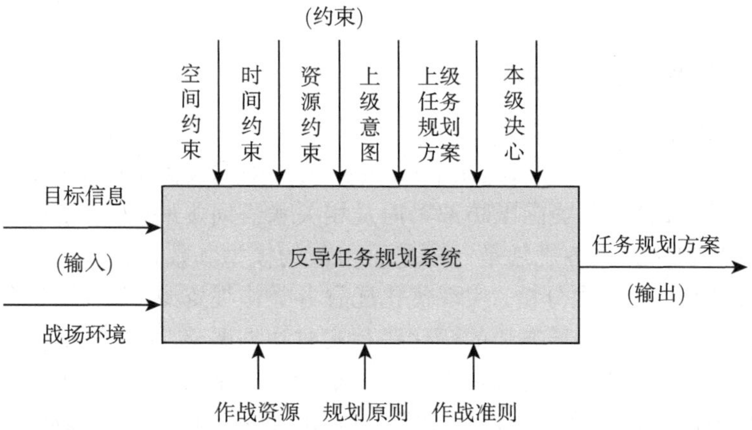

图 1.12　反导任务规划“黑箱”模型

按照指控层次，反导任务规划可分为战役级任务规划、战术级任务规划和火力级任务规划，上层任务规划的输出对下一层任务规划具有约束作用。不同级别的任务规划由于其作战任务和参与反导作战装备的不同，又可再详细分类。以末段反导为例，其战术级任务规划又可分为末段高层反导任务规划、末段低层反导任务规划和末段高低两层协同任务规划。

1.3.2　反导任务规划流程

依据典型反导作战过程，以作战预案使用情况为划分依据，可将反导任务规划概括为图 1.13 所示的流程。

在反导作战过程中，一旦收到上级命令，反导指挥控制中心将对来自反导预警中心、地基多功能地基相控阵雷达和其他预警平台的信息等进行综合处理，将处理结果与现有预案进行相似性匹配，并依据匹配结果进行分情况处理。

(1) 若无匹配结果，则按照任务分析、任务分解、任务调度和冲突检测与消解等过程完成实时任务规划，具体如图 1.13 中的灰色部分所示。

(2) 若有匹配预案，则按照预案修改判断、预案修改和预案评价等过程完成基于预案的规划，其中，匹配得出的预案不仅作为修改判断环节的直接输入，还将作为辅助信息输入实时规划过程，且各实时规划子模块的输出结果又可反馈输入预案修正环节，用于预案的实时修正；在完成预案评价的基础上，输出作战预案，并经作战预案确认后，形成作战方案。

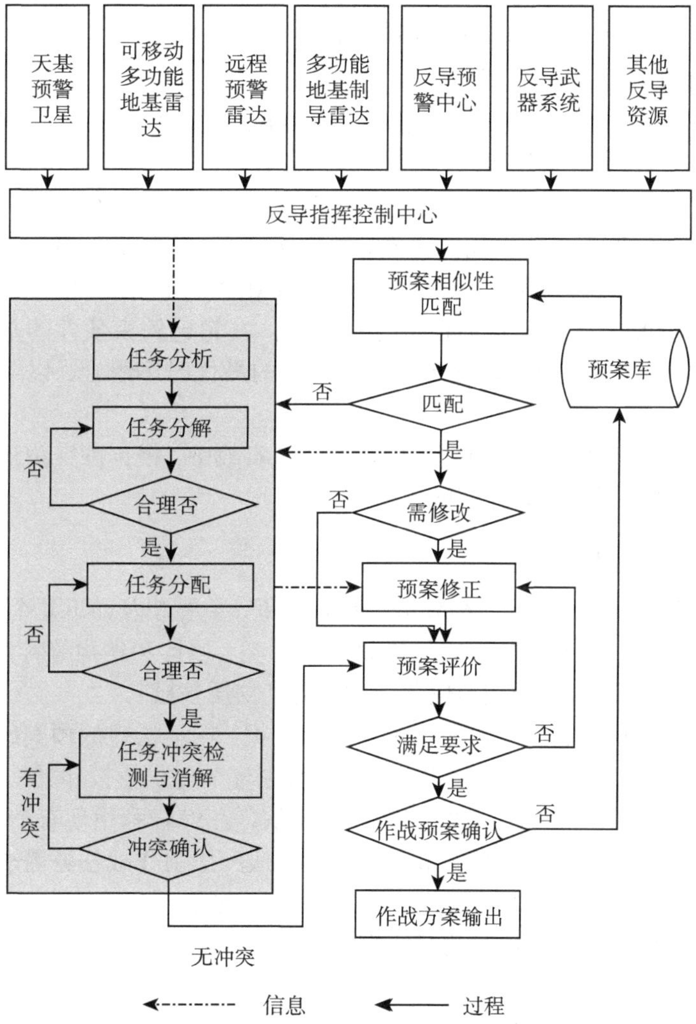

图 1.13　反导任务规划流程

1.3.3 反导任务规划的关键问题

反导作战预案可依据典型作战想定或实时情况，经任务分析、任务分解、任务调度、冲突检测与消解、评估优化和修改等环节获得；也可依据典型作战想定情况或实时情况，利用现有相似作战预案，在对其进行修改优化的基础上获得。

依据作战预案的使用情况，反导任务规划的流程可分为无预案情况下的实时规划和基于预案的规划。

1. 无预案情况下的实时规划

无预案情况下的实时规划涉及信息处理、规划调度与优化、建模与仿真和效能评估等诸多方面的技术，主要包括任务分析、任务分解、任务分配和任务冲突的检测与消解等关键问题，具体如下。

(1) 任务分析：提供任务的统一描述，以准确地揭示任务的流程、属性和特征，为定量研究任务分解、任务调度等奠定基础。

(2) 任务分解：按照一定的原则，将复杂任务细化为可执行和完成的元任务序列，并确定不同粒度下任务之间的关系。任务分解将一个抽象的复杂任务细化为更加具体的、相对独立的元任务，是一个颗粒度从粗到细的优化决策过程。

(3) 任务分配：针对已定的任务分解方案，在考虑约束条件的基础上，根据一定的分配规则和调度策略，确定任务和资源的最优时序组合，以缩短任务执行时间。

(4) 任务冲突的检测与消解：在具体推演或实战中，根据冲突辨识器得到冲突信息，寻求冲突消解的策略并调整方案。

2. 基于预案的规划

基于预案的规划是作战预案应用的完整过程，主要涉及如下几个关键问题。

(1) 预案表示：针对作战预案构成要素的种类、属性和结构等特点，提供作战预案的表示方法，为基于预案的任务规划奠定"物质基础"。

(2) 预案检索匹配：以一定的检索原则为依据，在已构建的预案库中选出与当前问题匹配的作战预案 (或预案集)，为后期规划环节提供模板和辅助信息支持。

(3) 预案修正：结合实时和非实时修正模块，在综合利用现有信息的基础上，对匹配预案 (或预案集) 进行修改和调整，使其适应当前作战任务需求。

(4) 预案评价：按照一定的评估指标和原则，对修正环节输出的解决预案 (或预案集) 进行分析评估，得出当前解决预案 (或预案集) 的评估结果，为作战指挥员提供决策依据。

(5) 作战预案的保存：结合案例学习规则，将满足要求的作战预案 (或预案集) 进行选择性的保留，完成作战预案的增量式学习，为后期规划运行提供知识支持。

作战预案的拟制和应用对于反导作战至关重要，牵引着防御作战的每个过程和动作的实施。因此，本书以基于预案的任务规划方法和应用技术为研究对象 (图 1.13 右侧流程所示的部分)。结合反导任务规划特点，重点对反导作战预案的表示、检索、修正和评价等环节的方法和关键技术进行深入研究。

1.3.4　反导任务规划特点

反导任务规划是以目标信息和战场信息为输入，以作战意图、指挥员决心、规划原则、作战准则、时间、空间、资源和信息等为约束，求如图 1.12 所示 “黑箱” 模型最优解的复杂的决策过程，它具有如下特点。

1) 非结构化

反导作战通常需要规划的任务是复杂的，要达到规划的目标，需将总任务分解成多个子任务，通过各子任务的完成来达成总任务的实现。然而，任务分解的过程也是复杂的，且任务之间具有执行顺序、条件约束和优先顺序等多种影响关系，这些关系并不能用直观的层次结构来表示。反导作战是多维战场空间下的体系化作战，需在利用多元作战资源和满足多个约束的基础上，完成多阶段、多类型作战任务，这都决定了反导任务规划是一个复杂的非结构化的问题。

2) 实时性强

作战任务的执行和完成都需满足一定的时间约束，如任务执行的开始时间、结束时间和持续时间等，一般以相对 “零点” 时间为依据，用时间点或间隔来表示。时间约束的满足程度直接影响作战任务完成的质量。

弹道导弹的高速、高空和低探测率等特性，虽拓展了反导作战的空间，但可用于作战决策的时间被极大地压缩，使得反导作战节奏极快，环环相扣，任何一个环节的决策延迟，都将可能导致反导拦截的失败。末段反导指挥控制是末段反导作战的 “核心” 环节，而反导任务规划是末段反导指挥控制 “关键” 之所在。因此，反导任务规划必须具有很强的实时性，才能保证整个末段反导指挥控制环节满足反导作战苛刻的时间约束。

然而，战时规划任务的复杂性使得现今的任务规划技术难以获得真正的实时性。为满足战时规划任务的高实时性要求，除了提高现有任务规划算法的性能外，还可将规划任务的复杂度向战前筹划阶段转移，通过前期有效的工作和作战预案的事先规划，将任务规划的绝大部分工作放到战前准备阶段，从而有效地解决战时规划的实时性问题。

3) 时空精准性高

反导作战过程中，传感器截获目标、中末交班以及拦截弹 “观察” 目标的时间均很短，可用于截获的窗口很小，而直接碰撞式杀伤更要求计算和控制的 “零” 脱靶量。虽然末制导技术为解决上述问题提供了 “基础”，但拦截弹的发射时机、预计

KKV 红外窗口的观察位置和时间等参数都具有较高的精度要求，且这些计算和控制还必须在非常有限的时间内完成。因此，与防空作战指挥控制相比，反导作战指挥控制的时空精准性要高出一个数量级。而作为末段反导作战指挥控制的“关键”环节，为减少整个指控过程的“误差积累”，完成“击中即毁”的要求，反导任务规划应具有更严格的时空精准性要求。

4) 动态化资源约束

每项作战任务的执行均会占用一定的作战资源，但每种资源在总量上是有限的，故反导任务规划需考虑各种资源约束，如备弹量、传感器资源等；另外，反导作战是一个攻防对抗的动态过程，各个过程、环节和步骤占用的资源量，都将作为下一环节的“输入”，直接影响下一步任务完成的质量，且各种任务对于资源需求存在差异，有些资源是任务完成所必需的，有些则只是在程度上影响着任务完成的质量。因此，为保证任务执行的质量，反导任务规划不仅要考虑各种资源约束，还需考虑资源动态变化对于作战过程的影响。

5) 全局性和协同性

反导任务规划是在兼顾反导武器系统效能发挥的基础上，全面考虑各种约束，充分利用各种资源，对各作战任务的执行流程进行周密规划的过程，它追求方案的全局最优。参与反导作战的实体众多，不仅包括本级实体，还包括与上级和友邻交联的实体。反导作战是一种攻防对抗的体系化作战，它需要各实体之间的有机协同才能形成真正有效的战斗力。因此，反导务规划需在追求结果最优的同时考虑作战实体间的协同，充分发挥多平台、多类型作战实体的整体效能。

1.3.5　作战应用对于反导任务规划系统的要求

反导任务规划及其规划系统是应当前实际作战需求而出现的“时代产物”，体现了“运筹于帷幄之中，决胜于千里之外”的作战思想。在实际作战中，反导任务规划系统可利用计算机的强大处理能力，自动完成实时信息处理、基于预案推理的规划和实时规划等复杂功能，并利用可视化技术和仿真模拟技术，对整个作战任务的执行过程进行推演，为指挥员提供大量的辅助信息，从而提高指挥决策的效能。能满足上述作战需求的反导任务规划系统除满足高实时性外，还应具有以下几个方面的要求。

1) 普适化

普适化是指对反导任务规划系统本身适应并处理“突发”情况能力的需求。在实际反导作战过程中，由于空情复杂、战场态势难以准确预测，会出现很多事先难以预料的“突发”情况。因此，反导任务规划系统应具有很强的适应能力，可根据空情、战场态势和任务需求的突然变化，迅速做出反应，并自动对作战预案进行局部规划或适应性调整，并给出适合当前问题的决策方案或应对策略。

2) 智能化

智能化是对反导任务规划系统解决复杂问题能力的需求。该需求主要体现在两个方面：一方面在实际作战过程中，依据战场态势和任务信息，反导任务规划系统能结合本级指挥员的意图和决策偏好，自动规划出相应的作战方案，为指挥员提供实时有效的决策支持；另一方面，随着反导作战任务复杂程度的不断提高，反导任务规划系统能通过各系统间的共享、交互和合作，实现复杂问题的"分布式网络化"求解。从外军正在建设和已经生成战斗力的作战任务规划系统的发展和应用看，智能化决策、智能化指挥、智能化作战和智能化训练依然是未来建设的目标，充分体现了实际作战应用对于反导任务规划系统的智能化需求。

3) 开放化

开放化包含两层含义，一方面指反导任务规划系统的操作和维护环节应尽量简单，可向任何人员开放，使不同类型、不同知识水平的人员经过简单培训即可熟练操作系统；另一方面，是指反导任务规划系统的设计实现应采用开放式结构，在系统的工程化和设计过程中制定一系列的接口标准，并在满足性能要求的前提下，尽量选用通用性软硬件平台。这既可以降低开发费用，充分利用成熟技术，又能保持系统升级时的技术透明性。

4) 实用化

实用化是指在任务规划中，反导任务规划系统不仅需要解决如何分配作战资源、如何使用作战实体和如何达到最佳拦截效果等问题，而且应使指挥员的作战思想在规划方案中得到体现，整个规划过程应尽量符合和模拟指挥员的真实思维过程。对于作战指挥问题，不同的指挥员具有不同的思维或决策偏好，这就要求反导任务规划系统应具有较强的学习和泛化能力，通过不同知识的学习或个性化设置即可达到模拟不同指挥员思维过程的目的。

1.4　任务规划研究现状

任务规划最初起源于空间探索，从 20 世纪 70 年代开始，以美国、英国和法国为代表的世界军事强国开展了任务规划技术的研究和应用。但在美军正式的作战条令中并无任务规划的标准定义。实际上，"计划" 和 "规划" 在英文中均为 planning，在翻译中，对于作战方案筹划类的系统，一般翻译为 "计划"，如联合作战计划与执行系统 (joint operation planning and execution system, JOPES)、战略作战计划系统 (the strategic war planning system, SWPS) 等。而最初被翻译为 "任务规划" 的系统是飞机、导弹等飞行器的航迹规划和攻击规划等战术信息系统。尽管其近年来扩张到舰船、车辆、卫星等，但仍是针对武器装备。因此，在外军中，"任务规划" 的定位是战术级、武器单元级，如 "战斧" 巡航导弹任务规划系统。在更高层级，一般不使用

“mission planning”，而直接用 “planning”，如美军战役层级的应急战区自动化计划系统 (contingency theatre automated planning system, CTAPS)、战役和战略层级的联合作战计划与执行系统等。从 20 世纪 80 年代至今，国外在任务规划领域取得了大量的研究成果 [11−17]，在军用战术任务规划系统和联合战役计划系统等方面已进入实际装备阶段。近年来，随着高新科学技术的迅猛发展和广泛应用，我国在军用任务规划技术的应用和理论研究方面也取得了一定的突破，但与国外相比还存在较大差距。

1.4.1 任务规划的应用研究

在国外，自 1980 年起，美军先后研制了战术专家任务规划装置 (tactics expert mission planning armament, TEMPLAR)[18]、军级空中任务规划系统 (force level air planning system, FLAPS)、先进任务规划系统 (advanced planning system, APS)[19]、简单的分层有序规划 (simple hierarchical ordered planner，SHOP) 系统 [20]、海军交互式辅助决策环境 (navy conversational decision aids environment，NaCoDAE)[21]、SiN(SHOP integrated with NaCoDAE) 系统 [22]、联合空/地行动中的规范的合适的重计划 (joint air ground operations，unified，adaptive replanning，JAGOUAR) 系统和系列任务支援系统 (mission support system，MSS)——MSS I、MSS II、MSS IIA、MSS II+、MSS II BLOCK B[23,24]。海湾战争后，美国陆海空三军陆续针对各自军种特性配备了不同的任务规划系统，如陆军的航空任务规划系统 (aviation mission planning system, AMPS)、海军的战术自动任务规划系统 (tactical automated mission planning system, TAMPS)、海军任务规划系统 (naval mission planning systems, NavMPS) 和空军任务支持系统 (air force mission support system, AFMSS) 等 [25−27]。2000 年，美军开始研制联合任务规划系统 (joint mission planning system, JMPS)，该系统将允许多个作战层次之间进行无缝规划 [28,29]；美军还为其巡航导弹作战和特殊作战力量研制了任务规划系统，如特种部队行动计划和预演系统 (special operations forces planning and rehearsal system，SOFPARS)、战区任务规划中心 (theater mission planning center，TMPC) 和无人机任务规划系统等 [30,31]。从 2008 年 2 月开始，以 BAE 系统公司为首的技术团队开始对美国的 JMPS 系统框架进行改进升级 [32]。英国空军研制的 Pathfinder 2000 任务规划系统和先进任务规划装置 (advanced mission planning apparatus, AMPA)，能在恶劣天气条件下支持 “鹞式”、“狂风” 及 “台风” 等战机进行隐蔽攻击；法国空军研制了三个系列的飞机任务规划系统，主要用于制作任务规划和攻击规划；意大利马可尼公司开发的具有任务规划能力的任务支持系统，可用于地面对空指挥，也可在稍加改装后，加装在作战飞机平台上，成为战术飞行管理系统的组成部分。

在国内，刘忠教授及其团队对作战计划生成系统进行了深入研究，分别针对空中进攻作战、网络中心战设计了“空中进攻作战计划系统”[33] 和“联合作战计划描述与生成系统”[34,35]；刘学军等 [36] 研究精导武器任务规划技术；廖沫等 [37] 研究战术导弹协同任务规划问题；马向玲等 [38] 针对导弹集群协同作战问题，设计了导弹集群协同作战任务规划系统的硬件体系和软件结构框架，为系统的最终实现提供了理论支持；刘新艳等 [39] 对无人机对地攻击任务规划系统的功能体系框架进行了具体设计；张晨虓等 [40] 针对复杂虚拟战场环境下的联合作战仿真问题，对作战武器任务规划仿真原型系统进行了设计；管井标等 [41] 在融合多种规划方法的基础上，设计了一种作战计划辅助生成系统体系结构。

1.4.2　任务规划的理论研究

近年来，为有效提高任务规划系统的性能，各种规划方法和优化技术相继运用到作战任务规划系统的开发中。其中，主要包括基于知识的规划、基于案例推理的规划、Petri 网、决策理论规划、启发式算法、多主体规划和图规划等方法 [42−45]。此外，数据挖掘、知识管理和事务智能工具等信息技术也都被广泛应用于作战规划系统中。

在国外，基于知识规划技术和案例推理的规划方法已成功用于交互计划和执行系统、SiN 系统、SHOP 系统、JAGOUAR 系统、CTAPS 系统和危机行动作战计划系统 (system for operations crisis action planning, SOCAP)、开放规划体系 (open planning architecture) 系统中，它们是当时国外 SOCAP 和 CTAPS 等重要军用任务规划系统的核心推理部件 [46−48]。在实际作战中，以已有作战计划为基础，快速修正案例并生成新的作战行动计划。以整数规划、分支界定和搜索禁忌算法为代表的数学规划理论，已成功应用于美国航空航天局的遥感器网络系统中 [49]。以遗传算法 (genetic algorithms, GA) 为代表的生物启发式算法，由于具有较好的全局优化和泛化能力，能增加作战计划制定的多样性和可重复性，已被成功引入作战计划系统，美陆军作战实验室资助研发的作战计划系统就是一种基于遗传算法的辅助计划工具，具备重新计划和自动计划的能力。Petri 网方法的能力主要体现在资源与时间的调度上，故需要与其他方法结合才能被应用于作战规划系统，澳大利亚军方的行动路线调度工具 (course of action scheduling tool，COAST) 是运用着色 Petri 网进行规划的成功范例。多主体规划方法是对多种规划技术的集成、应用、组织与协同，需要其他规划技术的支持，对它的研究也主要集中在主体之间的通信与协同、知识和功能的共享与表示、计划的分布式产生和冲突消解等方面，如美国的紧急行动规划 (crisis action planning，CAP) 系统。图规划方法已成为无人机航迹规划系统中最常用算法之一，Bellingham 等 [50]、Kuwata 等 [51] 和 Beard 等 [52] 就应用图规划方法成功解决无人飞行器 (unmanned combat aerial vehicles，UCAV) 航迹间的协同问题。

在国内，基于知识的规划研究方面，钟春梅等 [53] 针对给定约束条件下的作战任务最优战术动作序列规划问题，提出了一种将分层任务网络 (hierarchical task network, HTN) 与遗传算法相结合的 HTN_GA 战术任务规划算法；基于案例推理的规划研究方面，寇力 [33] 对基于案例推理的空中进攻作战计划生成问题进行了研究，并设计了基于案例推理的计划生成系统框架；杨瑞平等 [54] 基于所建立的指挥实体任务规划概念模型，分析了任务规划中指挥实体的思维过程，提出了基于案例与规则相结合的任务规划方法。在决策理论规划方面，杨萍等 [55] 在对基本约束满足模型进行扩展的基础上，建立了导弹任务规划的约束满足优化模型，并提出了基于时间和效用传播算法的优化求解框架；李大东等 [56] 通过均差近似处理方法，建立了无人机动态约束问题的线性数学模型，并设计了多种情况下的任务分配模型及其求解方法。在基于启发式算法的规划方面，李响 [57]、冯琦等 [58] 将遗传算法等与多目标规划模型相结合，分别提出了用于解决 UCAV 任务分配和资源调度问题的混合算法；刘毅等 [59] 利用直觉模糊双层规划理论对构建的协同目标分配双层混合整数规划模型进行了转化，并采用粒子群优化算法对其进行求解。在多主体规划方面，主要集中于多主体的结构与协同，其中，刘志忠 [60] 针对作战中的行为序列规划问题，以计划本体的表示模型为基础，提出了一种适用于空军战役规划的计划融合算法；武云鹏 [61] 给出一种鲁棒性军事行动方案优化方法。

由于军事领域的任务规划技术所涉及的核心内容均属国家秘密范畴，可被公开的内容和深度非常有限，可用于分析、参考和借鉴的国内外资料较少，故除上述所掌握的资料外，尚存在很多最新成果未被列举和分析。

1.4.3 反导任务规划研究现状

在国外，美军将反导任务规划作为 C2BMC 中作战管理的一部分内容。Naven 等 [62] 认为，作战管理包括情报信息处理、任务规划和任务执行管理活动。作战管理中心的任务之一就是针对将要入侵防御区的弹道导弹形成防御规划。防御规划是作战管理对入侵弹道导弹的响应，是系统决策与预留资源的综合。这些资源包括针对特定弹道导弹的一个或多个拦截器，以及用于该任务的雷达资源。美军 C2BMC 发展以螺旋计划 (Spiral)[63−64] 为基础，基于可实现的目标，坚持“设计一点、发展一点，部署一点、了解更多”的原则，采用每两年为一个阶段的螺旋式方法进行开发研究。2011 年至 2013 年，美军对 Spiral 6.4 版本软件进行一系列改进和能力验证。2015 年后，北方司令部、战略司令部、太平洋司令部、欧洲司令部和中央司令部等将安装 C2BMC 最新升级版本 Spiral 8.2。Spiral 8.2 版能更好地识别目标，获得助推段信息提示，改善态势感知状况等，将改善反导系统的集成情况和战区的信息流动情况，使跨越全球反导系统的信息共享速度更加快速。

在国内，对于反导任务规划的研究目前主要体现在三大部分，其一是导弹防御总体规划，其二是预警资源的规划，其三是火力资源的规划，其成果多是规划模型、算法层级，付诸实施的反导任务规划系统还很少见。近年来，对于反导总体规划问题，肖金科等 [65] 对空天防御作战任务规划中的关键问题进行研究，分析梳理了空天防御作战任务规划的复杂任务智能分解技术、基于 Agent 的多传感器协同规划技术、基于智能识别的态势评估技术及多约束实时性目标分配技术，然后从多视角探索了各个关键技术的初步研究思路。王刚等 [66] 针对反导作战管理技术的内涵、主要任务、层次结构进行了系统研究，最后初步探讨了反导作战管理的核心内容和涉及的关键技术。吴林锋等 [67,68] 对反导作战方案的生成问题进行探索性研究，提出了一种基于案例推理的反导作战方案生成方法；对于传感器资源的规划问题，该团队基于多智能体的分布式人工智能技术，提出了适应反导作战需求的传感器任务规划体系架构，并给出了一个实体层传感器的任务规划流程和算法实例。刘邦朝等 [69] 建立了区域反导传感器协同任务规划模型。对于反导火力资源规划问题，黄仁全等 [70] 建立了末段高低两层反导协同火力分配模型，并基于改进的微分–进化算法对火力分配模型进行求解。李龙跃等 [71] 针对末段反导火力–目标匹配问题，建立了匹配优化模型，并提出基于改进粒子群算法的模型求解算法。另外，还有一些学者 [72−74] 也对火力资源任务规划问题进行了研究。

1.4.4 研究现状总结

以目前所掌握资料的分析结果为依据，可将军用任务规划技术的研究现状总结概括如下。

(1) 在军用任务规划技术的应用研究方面，国内与国外相比存在较大差距。国内的研究主要集中于战术级和战役级任务规划系统，战略级的军事任务规划系统研究还未全面展开；国内多数研究还停留在软硬件框架设计层面，真正实现或转化为实际装备的还相对很少，对反导任务规划系统的公开研究文献还很少。

(2) 在军用任务规划技术的理论研究上，国内研究所涉及的规划方法较多，但成果主要集中于无人机、卫星、反舰导弹和战役级作战任务规划等领域。反导作战及其任务规划领域虽已有一些研究成果，但多数为综述性理论分析、优化模型建立以及改进求解算法。在基于案例推理的反导预案生成方面，成果很少。

第 2 章　案例推理技术

案例推理 (case-based reasoning, CBR) 技术是通过重用或修改以前解决相似问题的方案来达成对新问题的求解。该技术把当前所面临的问题或情况称为目标案例，而把记忆中的问题或情况称为源案例或源范例，并由源范例来指导目标案例求解的一种策略。粗略地讲，CBR 就是由目标范例的提示而获得记忆中的源范例，并由源范例来指导目标范例求解的一种策略。

2.1　CBR 技术概述

2.1.1　CBR 技术的起源与发展

1982 年，Schank 教授提出的以记忆组织包 (memory organization packets，MOP) 为核心的动态记忆理论 (dynamic memory theory，DMT)，被认为是人工智能领域最早的关于 CBR 的思想。另一类相对独立的研究，如类比推理、经验学习理论等，也对早期 CBR 的形成有一定的影响。1988 年、1989 年、1991 年、1993 年召开了四次研讨会并出版研讨文集，1995 年 10 月在葡萄牙召开了第一届 CBR 国际会议。

案例推理方法发展三十多年时间内，国际上 CBR 的研究性开发项目和应用系统达 150 余项，至少已出现 35 种使用 CBR 方法的商品化的工具。全世界至少有 53 个大学 (含学院)、专业机构或学术团队正在从事 CBR 的研究，如欧洲案例推理工作室 (European Workshop of Case-based Reasoning，EWCBR) 和美国海军人工智能实验室的智能辅助决策研究小组等。目前，已经涌现了以 Schank R、Kolodner J 和 David W 等为代表的 CBR 领域的知名学者。自 1987 年以来，众多的 CBR 研究成果出现在人工智能期刊和学术会议上，如案例推理欧洲会议 (European Conference on Case-based Reasoning，ECCBR)、案例推理国际会议 (International Conference on Case-based Reasoning，ICCBR) 和美国人工智能联合会议 (American Association for Artificial Intelligence，AAAI) 等。2013 年 7 月，第 21 届 CBR 国际会议将在纽约举行。此外，在个人或政府的资助下，多个 CBR 网站和工作室已成功建立，如 AI-CBR 和 CBR fellows 等。

2.1.2　CBR 技术的应用情况

在国外，Kolodner[75] 领导开发了 CBR 系统 ——CYRUS 系统，实现了沙克著作中的许多思想，在此基础上，耶鲁大学、佐治亚理工学院和麻省理工学院的研究人员在法律、烹调和医药等领域又研发了多个系统。Lopez 等 [76] 建立了基于案例规划的医疗诊断系统，Purpis 等 [77] 建立了基于案例推理的工程设计系统。欧洲的 CBR 研究比美国起步稍晚，研究主要集中在专家系统的开发和知识获取上，德国 Kaiserslautern 大学的研究小组开发了基于范例的技术诊断系统以及基于范例的规划系统，挪威 Trondheim 大学的研究小组开展了知识获取、维护以及 CBR 与其他方法相结合的研究 [78]。这些研究除遵循范例推理的一般框架外，都具有一些自己的特色，且在推理方面获得了成功。近年来，Eduardo 等 [79] 提出了如何运用 CBR 技术长期帮助独居老人的问题，Albert 等 [80] 将 CBR 技术用于情境智能研究，Christian 等 [81] 将 CBR 技术引入会话交流过程的研究，Jürgen[82] 通过 CBR 技术分享项目经验。

在国内，范海雄 [83]、田振浩 [84] 通过 CBR 技术研究反导作战任务规划方法和反导协同方案生成方法。倪志伟教授及其团队对 CBR 系统进行了长期深入研究，其中，李锋刚 [85] 针对中风病的诊治问题，设计实现了新安医学防治中风病智能诊断治疗系统；虞娟 [86] 针对企业的商务决策问题，设计了基于集成案例推理的商务智能决策系统。南京航空航天大学多位学者针对航空领域相关问题进行 CBR 技术应用研究，其中，杨涛 [87] 在构建灾害性天气领域本体的基础上，完成了基于本体和案例推理的灾害性天气预测原型系统的开发和验证；沈嗣贤 [88] 针对适航指令颁发问题，将基于案例推理的决策支持系统相关技术应用到适航管理领域，设计实现了基于案例推理的适航指令颁发辅助决策支持系统。李欣 [89] 在提出应急案例表达模型的基础上，开发了基于案例推理技术的河南省监狱应急决策支持系统。陈建海等 [90] 根据装备战损的特点，分析了战损案例的组成，并运用系统集成原理，设计了基于案例推理的装备战损评估专家系统。刘影等 [91] 为提高工程爆破方案设计的水平，针对方案设计周期长和可靠性低的问题，设计了基于案例推理的工程爆破设计系统。陈实 [92] 设计了基于案例推理的网格应用方案生成系统。朱乾有 [93] 提出在有规则的前提下，利用案例推理进行案例匹配的方法，用于解决高速公路突发事件处置方案生成方法。毕小玉 [94] 通过构建建筑信息模型 (building information modeling，BIM)，进行火灾模拟和人员疏散演习，分析模拟结果，制定合适的应急方案。

除 CBR 系统的应用外，一些公司和研究机构还研制了 CBR 工具，特别是 Inference 公司在 1995 年推出了第一个交互式案例推理 (conversational case-based reasoning，CCBR) 系统后，基于案例的推理研究迈上了一个新的台阶，很多公司推出了自己的 CBR 工具 [95,96]。根据目前掌握的资料看，国内的 CBR 工具还很少。

2.1.3 CBR 技术的基本思想

案例推理技术的基本思想是把已经解决的问题与需要解决的问题关联起来，需要解决的问题称为目标或靶，已经解决的问题称为源，当目标与源之间存在某种相似性 (如结构和语义相似性) 时，就产生了相似结构，基于范例的推理完成源与目标之间的相互映射。当决策者完成对目标问题的描述后，从范例库中搜索一个 (或一些) 具有某种相似结构的范例，对这些范例进行评估，然后选取最合适的范例作为源，源到目标的映射是一种检索过程，所有相关的范例具有一些公共的特征，源的求解方法被转换到目标中，并加以修正，形成目标的求解方案。

由于该技术是应用已求解过的类似问题的经验，处理相关问题，不必从头做起，因而基于案例的推理也称为基于经验的推理。它具有从积累的案例中进行学习、自我完善的功能，把知识工程的任务简化为特征的描述、术语的定义、案例的收集与分类，并把增添新的知识简化为向案例库中增加新的案例，因此案例推理技术中主要的知识源不再是普适于应用领域的规则，而是记载了特别解答情节的案例。案例推理技术方法可以利用最合适的相似决策经验，不必依赖于其基本的因果机制，有效完成问题的求解。它非常适合于没有理论模型或领域知识不完全而经验丰富的决策领域。

2.1.4 CBR 技术的主要研究内容

1) 案例表示

清晰、完整、有效的案例表示是 CBR 推理的基础。近年来，陆续出现了一些新的有效的表示方法。但无论何种方法，从本质上讲，案例描述的是导致某种结果的一组典型特征。对于复杂案例，还可用多个子案例来对其进行分部分描述。案例的表示需要从内容和方法上分别把握。在内容上，案例描述可以分为问题情景描述 (problem situation description)、求解 (solution) 和最后结果 (outcome) 等三个部分。一个案例中具体包含哪几部分，决定了该案例可用于解决哪些问题。

2) 案例组织与索引

随着系统运行时间的积累，CBR 系统的案例库将含有大量案例，如何对案例进行有效的组织和索引是一个不可回避的基本问题。案例组织形式及其索引策略是影响 CBR 系统效率的重要因素。合理的案例组织策略，能有效提高案例检索环节效率。案例组织和索引的基本思路是：根据具体的应用情境和要求，按某种规则对案例进行分类组织，并建立相应的索引策略。

3) 案例检索

案例检索是 CBR 进行推理的关键，CBR 检索的目标是在最短的时间内找到与待处理问题最相似的案例。在完成案例库构建后，如何根据输入的情景描述从案例库中检索并提取相似案例是 CBR 推理的核心问题。检索需遵循的原则包括：

①检索效率应尽可能地高；②检索出的案例和待处理问题的相似度应尽可能高。目前常用的检索技术有模板检索、关联检索、分层检索和基于知识的检索等。

4) 案例修正

案例修正是通过对检索出的候选案例中所应用的解决方案进行适当调整或修改，使其更适用于当前输入问题。现有的 CBR 修正方法是利用修正知识库或领域模型来形成修正方案。一般地，案例调整需要面向具体应用领域，没有一个通用的方法，常用的方法包括：参数调整法、约束满足法和转换方法等。

5) 案例学习和维护

CBR 方法的自学习能力是其重要特征之一，也是 CBR 系统进行知识积累和扩展的主要手段。当新输入的问题通过 CBR 推理求解以后，形成了一个新案例，由于它可能用于未来与之相近或相似的问题，可将其加入到案例库中，这就是案例知识获取。案例学习是无监督的自学习过程，几乎不需要专门训练。但并不是每个案例都有保存下来的价值，是否需加入到案例库中，需要按照一定方法和准则来判断决定。随着 CBR 系统的运行，案例库将变得越来越大，当案例数超过预设阈值的上界时，案例检索的代价将非常高。案例维护就是针对上述问题而被采用的策略，其主要负责完成案例库的删除、替代和更新等操作。

2.2　案例表示技术

案例推理中，案例是系统推理所依赖的最重要的知识，是 CBR 系统中知识的容器，案例的集合组成案例库，案例知识是 CBR 系统的核心元件。案例知识的表示与案例库的建立是案例推理的基础。作为 CBR 推理的知识源泉，案例实际上就是一种知识，而案例的表示实际上就是一种知识表示技术，传统的人工智能知识表示技术如产生式表示法、谓词逻辑表示法、框架表示法、语义网络表示法等都可以用于案例表示，也是案例表示的基础方法。随着技术发展，又出现了多种新的案例表示方法，其中，西班牙国家科学研究委员会 (Consejo Superior de Investigaciones Cientificas，CSIC) 下属的一个研究机构开发了一种知识表示语言，后又对该语言进行扩展。Wang 等 [97] 给出了一种基于知网的案例表示方法，用知网可以准确地描述概念与概念之间、概念的属性与属性之间的语义关系；Macedo 等 [98] 提出了嵌套图结构的案例表示法，该方法中每一个节点表示一个案例片段，用一个邻接矩阵表示一些互相嵌套的图结构案例；Andres 等 [99] 提出了基于概率的案例模型，当一个新的问题提出时，使用概率传播技术进行评估和检索；史忠植 [100] 及其团队开发了一种案例知识表示方法 ——“记忆网”(SMU)，它是以语义记忆单元为节点，以语义记忆单元间的各种关系为连接建立起来的网络；樊青云等 [101] 成功将可扩展标识语言 (extensible markup language, XML) 应用于作战计划的表示；Lorcan

等 [102] 提出了基于 XML 的案例标记语言 (case-based markup language, CBML) 来表示案例本身，并提出对 CBML 进行扩展，在 XML 中表示 CBR 的相似度及其测度方法；2007 年，Jirapond 等 [103] 提出了将粗糙集理论和形式概念分析相结合来进行案例表示的方法；秦伟 [104] 提出了一种基于本体的案例表示方法，构建了案例表示本体和案例类别本体，并给出了系统案例的具体框架结构和 OWL 语言描述；豆增发 [105] 将可拓逻辑运用到专家系统的知识表示和推理机设计中，提出了一种基于可拓学的案例表示方法；高方方 [106] 通过将案例库以 XML 语言描述，并还原成 Petri 网结构的方式，设计了一种基于 Petri 网案例表示方法；另外，还有许多学者尝试使用 UML、OWL 系列等来对案例进行表示 [107−111]。

2.2.1　一阶谓词逻辑

谓词是指定义在某一集合上的取值为“真”或“假”的函数，如果一个谓词的每个变量都不是谓词，称为一阶谓词。一阶谓词逻辑是指基于一阶谓词的知识表示方法，它的表示元素为谓词公式、联接符和量词，可以描述较为复杂的知识、事实和动作。

一阶谓词逻辑表示是建立在形式逻辑的基础上，具有很好地表示充分性，这就使得基于其的归结定理证明适用于很多场合。然而，完全形式化的归结推理无法使用启发性知识，在知识量较大时，检索知识库效率很低，甚至有可能引起组合爆炸。此外，归结方法还有以下缺陷：没有回溯策略，不适合处理启发性知识；推理过程较为复杂，不易理解；需预知所要达到的目标等。为此，人们对一阶谓词逻辑作了种种限制，如限定知识库只能由事实和规则两类符号结构组成、限定事实和规则的表示方式等，这些限制削弱了表示的充分性，大幅提高了表示的有效性。即使这样，使用一阶谓词逻辑表示的专家系统仍不多见，主要用于自动定理证明、问题解答、机器人学等领域。

2.2.2　产生式系统

产生式的概念由 Post 于 1943 年提出，它的基本结构是“IF-THEN”规则，是目前专家系统中应用最为广泛的一种知识表示方法。一个产生式系统包括产生式规则库、全局数据库和推理机三个部分，系统的运行就是匹配 (match)、归结 (resolve)、动作 (act) 的循环。在匹配阶段，将工作存储器中的元素与产生式规则进行匹配，并将所有满足的规则送入冲突集；在归结阶段，根据某种冲突消解策略选出一个规则；该规则在随后的动作阶段被执行。产生式系统不断重复上述的循环，直至冲突集为空或者执行一个显式的终止命令。

产生式系统除了对系统的总体结构、各部分相互作用的方式及规则的表示形式有明确规定外，对系统的其他细节均无具体规定。这使得系统开发者具有较大的灵活性，可以把各种启发性知识引入其中，以获得最大的求解效率。事实证明，基于规则的知识表示有着很高的表示有效性，包括概念效率和计算效率，且具有良好的扩充性，易于知识的扩充和修改。但是，产生式系统缺乏结构化手段，无法有效描述结构复杂的事物。同时，产生式系统的规则库中的知识有着统一的格式，规则间的联系和冲突消解策略的单一性有可能会导致问题求解的低效率，甚至求解不可行。

2.2.3　语义网表示法

语义网是一张有标记的有向图，它的结构用节点和弧来表示。节点用来表示对象，弧表示对象间的关系。1968 年，Quillian 使用语义网来分析句子中的词义，此后，语义网就成为表示命题信息的经典技术。

从逻辑表示法来看，一个语义网络相当于一组二元谓词。

语义网络描述：

< 语义网络 > ∷ = < 基本网元 > | Merge (< 基本网元 >,···)

< 基本网元 > ∷ = < 节点 >< 语义联系 >< 节点 >

< 节点 > ∷ = (< 属性— 值对 >,···)

< 属性 —值对 > ∷ = < 属性名 >:< 属性值 >

< 语义联系 > ∷ = < 预定义语义联系 > | < 自定义语义联系 >

其中，Merge(···) 表示一个合并过程，它把括弧中的所有基本网元关联在一起，构成一个语义网络。

语义网对象间通过语义联系把知识联系在一起，常用的语义联系包括：①类属关系，指具有共同属性的不同事物间的分类关系、成员关系或实例关系。在类属关系中，其一个最主要特征是属性的继承性，处在具体层的节点可以继承抽象层节点的所有属性。常用的类属关系有：是一种 (a_kind_of，AKO)；是一员 (a_member_of，AMO)；是一个 (is_a)。②包含关系 (part_of)，也称为聚类关系，是指具有组织或结构特征的“部分与整体”之间的关系。③属性关系，指事物和其属性之间的关系。常用的属性关系包括：has_a，表示一个节点具有另一个节点所描述的属性；can，表示一个节点能做另一个节点的事情。④时间关系，指不同事件在其发生时间方面的先后次序关系，节点间不具备属性继承性。常用的时间关系有：before，表示一个事件在另一个事件之前发生；after，表示一个事件在另一个事件之后发生；at，表示某一事件发生的时间。⑤位置关系，指不同事物在位置方面的关系。节点间的不具备属性继承性。常用的位置关系有：located_on，表示某一物体在另一物体之上；located_at，表示某一物体所在的位置；located_under，表示某一物体在另一物体之下；located_inside，表示某一物体在另一物体之内；located_outside，表示某一物体在另一物体之外。⑥相近关系，指不同事物在形状、内容等方面相似或接近。常用的相近关系有：similar_to，表示某一事物与另一事物相似；near_to，表示某一事物与另一事物接近。⑦因果关系，指由于某一事件的发生而导致另一事物的发生，适合表示规则性知识，通常用 if_then 联系表示两个节点之间的因果关系。⑧组成关系 (composed_of)，表示“构成”联系，是一种一对多的联系，被它联系的节点间不具有属性继承性。⑨推论关系 (infer) 是指从一个概念推出另一个概念的语义关系。这些语义联系可以用一些特定的符号表示，一种典型的语义网如图 2.1 所示。

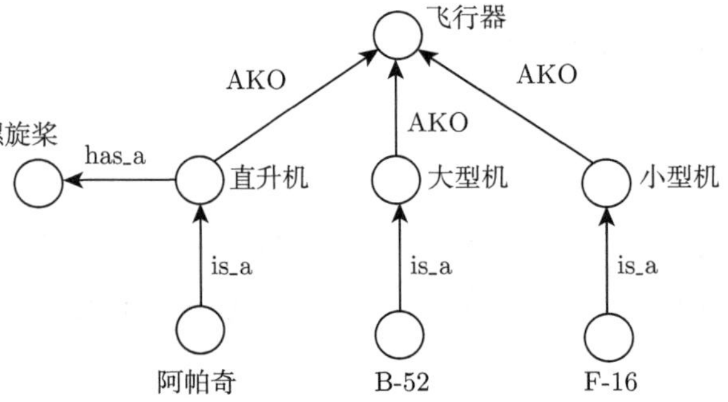

图 2.1　一种典型的语义网示意图

图 2.1 中，is_a、AKO、has_a 是语义网对象间的三种关系，通常称为连接。其中，is_a 连接类和其特定成员，AKO 连接一个类与一个父类，has_a 连接一个类和一个子类。

从图 2.1 可以看出，语义网络中关系的定义尤为重要，它提供了组织知识的基本结构。没有这些关系，知识就只是基本事实的一个简单集合；而有了这些关系的描述，知识就成为可以联系其他知识的关联结构。语义网络就是通过这些语义联系把知识联系在一起。在人工智能系统中，还可以用对象–属性–值 (object attribute-value，OAV) 三元组来表示语义网的连接类型，这在表达事实以及用来匹配事实与规则前件的模式时非常有效。然而，语义网也存在不可避免的困难，如知识的二义性、搜索组合爆炸、表示不充分等。目前，有一些方法来改进语义网的缺点，但效果不是很明显。因此，语义网不是一种万能的表示方法，应该与其他表示法有效结合应用到合适的场所。

2.2.4　框架系统

1975 年，美国著名学者 Minsky 提出了框架理论。该理论认为人们对现实世界中各种事物的认识都是以一种类似于框架的结构存储在记忆当中的，当面临一个新事物时，就从记忆中找出一个适合的框架，并根据实际情况对其细节加以修改补充，从而形成对当前事物的认识。因此，框架表示法是以框架理论为基础发展起来的一种结构化的知识表示法。

框架是一种描述所论对象 (一个事物、一个事件、一个概念) 各方面属性，并反映相关事物间各种关系的数据结构。它是知识表示的基本单位。

一个框架由若干个 “槽” 构成，槽又依据具体情况划分为若干个 “侧面”。槽用于描述对象的某一方面的属性，侧面用于描述相应属性的某一方面。槽与侧面所具有的属性值分别称为槽值和侧面值。

框架的基本结构可表示如下：

< 框架名 >			
< 槽名 1 >:	< 槽值 1 >	< 侧面名 11 >	值 111, 值 112,···
		< 侧面名 12 >	值 121, 值 122,···
···			
< 槽名 2 >:	< 槽值 2 >	< 侧面名 21 >	值 211, 值 212,···
		< 侧面名 22 >	值 221, 值 222,···
···			
< 槽名 n >:	< 槽值 n >	< 侧面名 n1 >	值 n11, 值 n12,···
		< 侧面名 n2 >	值 n21, 值 n22,···

框架中的槽值或侧面值都可以是另一个框架的名字，这样就在框架之间建立起了横向联系，通过一个框架可以找到另一个框架。在有关框架之间还可以建立起纵向联系。像这样具有横向联系及纵向联系的一组框架称为框架网络。在框架系统中通常预先定义了一些标准槽名，称这些槽名为系统预定义槽名。常用的预定义槽名有以下几种：is_a 槽、AKO 槽、subclass 槽、instance 槽、part_of 槽、infer 槽、possible_reason 槽、similar 槽和 rotation 槽。

框架按应用场合可以分为三类，即情景框架、行为框架和因果知识框架。其中，情景框架包含特定情景中出现的知识，行为框架包含在特定情景中所应执行的行为，而因果知识框架可以由情景框架和行为框架组合而成，用来表示因果关系。

框架系统在知识库中检索的效率非常高，且可以有效地组织和处理知识，因此受到广泛的重视。尤其是在专家系统中，利用框架建立起的知识表示系统能表示非常复杂的任务，并具有较高的求解效率。但是，结构化表示的复杂性、知识库维护困难、修改或删除槽的无限制性等缺点使得其应用受到一定的限制。

2.2.5 SysML 表示方法

SysML[112,113] 是国际对象管理组织在统一建模语言 UML2.0 的基础上进行重用和扩展，提出的一种新的系统工程标准建模语言，它是一种可视化体系结构设计语言，为系统的结构模型、行为模型、需求模型和参数模型定义了语义。需求模型描述需求之间的追溯关系以及设计对需求的满足关系。参数模型描述系统或部件的属性之间的约束关系。结构模型描述系统的层次以及对象之间的相互连接关系，包括类和装配。行为模型描述系统中对象的行为，包括它们的活动、交互和状态等信息。SysML 为模型表示法提供了完整的语义，能够支持各种复杂系统的详细分析、设计、验证和说明。

1. SysML 图形

SysML 定义了 9 种基本图形来表示模型的各个方面。从模型的不同角度描述，可划分为结构图、参数图、需求图和行为图，如图 2.2 所示。

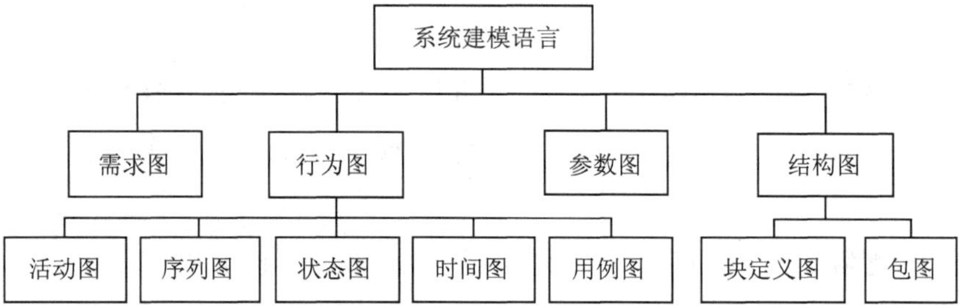

图 2.2　SysML 基本图形

图 2.2 中，需求图与参数图是在 UML 基础上新增的描述图，活动图在 UML 基础上进行了修正，其他图与 UML 相同。

1) 需求图

需求是指系统必须满足的能力或条件，一个需求可以分解成多个子需求。需求图 (requirement diagram) 是一种新的 SysML 在 UML 上新增的图形，可以描述需求和需求之间、需求和其他建模元素之间的关系。

2) 块定义图

SysML 中，块定义图 (block definition diagram) 被定义为系统描述的建模单元，是被描述系统的特征集合，包括了被描述系统的结构特征和行为特征，如属性和操作等，描述了系统的状态和行为。SysML 块以 UML 的类为基础，并扩展了 UML 复合结构的一些特征。块提供了一种用树状模型构件进行系统建模的机制，这种特殊的构件类型、构件连接的类型以及构件组合成整个系统的方式，使得建模者可以根据系统建模的不同需求和目标进行灵活选择。SysML 块定义图定义了块以及块之间的关系。它从属性、操作以及关系等方面对块进行定义，描述系统的层次和分类树。块的属性包括属性值、各组成部分以及对其他块的参考等。端口 (port) 是一种特殊的属性类，用于描述块之间允许的交互类型。端口提供了对块内部结构的访问，SysML 提供了支持客户 / 服务器式通信 (如 required 和 provided 接口) 的标准端口以及定义块的输入/输出流的流端口 (flow ports) 约束属性 (constraint property) 是另一种特殊的属性类，用于约束块中的其他属性。块之间的关系包括关联关系 (association)、泛化关系 (generalization) 和依赖关系 (dependency)。

3) 包图

包图也叫装配图 (assembly diagram)，它把系统描述为部件的集合，并体现了部件之间的连接关系。装配图中的元素包括部件 (part)、端口 (port) 和连接器 (connector)。部件是装配的内部元素，连接器将部件连接起来，使部件之间的通信成为可能。一些部件为系统边界上的端口，提供了装配和外部环境的交互点。每个部件定义为一个类，部件本身也可以是一个装配，有它自己的部件、端口和内部结构。

4) 用例图

用例图 (use cases diagram) 描述了外部参与者对系统的使用，是通过系统向参与者提供一系列服务来实现的。用例图包括用例、参与者以及它们之间的通信。参与者可能是用户、外部系统或其他环境实体，它们和系统直接或间接交互。用例之间的关系有包含关系 (include)、扩展关系 (extend) 和泛化关系 (generalization)。包含关系提供了一种分离出多个用例中共享的共同功能作为基本用例执行的机制；扩展关系提供了可选的功能，在定义的扩展点和指定的条件下扩展基本用例；泛化关系提供了基本用例的特殊化机制。

5) 活动图

活动图 (activity diagram) 建模强调活动的输入输出、顺序和条件。SysML 活动图对 UML 活动图进行了扩展，包括把控制作为数据、表示连续的物质流或能量流、引入概率等。在 SysML 活动图中，控制既能使动作开始，又能使正在执行的动作终止。控制操作符是一个逻辑操作符，可以根据输入产生一个控制值输出。SysML 在活动中引入了概率，用来表示一个值离开决策点的可能性，输出参数集也可以用概率表示某个输出的可能性。SysML 为活动扩展了类图符号，说明了活动之间的组合关联语义，定义了活动图和类图之间的一致性规则。

6) 序列图

SysML 序列图 (sequences diagram) 用于描述系统、子系统、活动、用例或其他特有的构造中基于消息的行为。序列图根据控制流指定了一连串的交互, 控制流是通过对象生命线之间发送和接收消息来定义的。消息包含了控制和数据流, 它发起接收消息的对象的行为，并把输入传给行为，消息的时间顺序和它在列图上的垂直位置相关。复杂的顺序可以抽象成引用序列图，序列图上可以包含条件逻辑，表示选择、连续流和循环等。

7) 参数图

参数图 (parametric diagram) 是一种新的 SysML 图形，定义了一组系统属性以及属性之间的参数关系。参数关系说明了一个属性值的变化怎样影响其他的属性值；参数模型是分析模型，把行为模型和结构模型与工程分析模型，如性能模型和可靠性模型等结合在一起，能用来支持权衡分析、评价各种备选的解决方案。

8) 状态图

状态图 (state machine diagram) 定义了一组通过有限状态转移系统对离散行为进行建模的概念。状态机从对象的状态和状态的转换方面把行为表示为对象的状态历史。在状态的转移、进入和退出过程中会调用活动，并指定相关的事件和监护条件。在状态中调用的活动可以是连续的，也可以是离散的。

9) 时间图

时间图 (time diagram) 表示状态、活动或属性值 (离散的或连续的) 随时间的变化，也可以表示事件的时间顺序或表达式为真的时间。时间图是一个二维图，横轴代表时间，纵轴代表状态、活动或属性。SysML 时间图沿用了 UML 时间图。

2. SysML 特点

SysML 语言的形式化表示方法具有如下特点。一是提高了描述的正确性，减少了描述的二义性和不一致性。二是增强了描述的可读性。但语言的完全形式化是极为复杂的，为了保持描述的清晰易懂，SysML 在给出自身语义说明时采用了半形式化的描述方法。SysML 用自然语言，如用英语描述约束和详细语义，以实现形式严格和易理解之间的平衡。三是消除了不同方法在表达法和术语上的差异，避免了符号表示和理解上不必要的混乱。

利用 SysML 模块图可以很好地描述案例中组成元素的内部结构、元素之间的关系、元素从事的活动等。根据不同应用领域的特点，采用基于 SysML 的案例表示方法，不仅可实现案例信息的模块化、结构化存储，方便案例检索，也可为基于案例推理的智能化系统的设计开发奠定坚实基础。

2.2.6 OWL 本体表示方法

本体是概念模型的明确规范说明。本体用来定义共享的知识，从而对各种资源之间的语义关系进行描述，揭示资源本身以及资源之间更为复杂和丰富的语义信息。因此，本体是一种用以描述语义的、概念化的显式说明。它通过定义属性并建立一个分类层次结构，将不同的概念区别和组织起来，同时也通过属性将概念相互联系起来，从而建立起概念的语义空间，即对某一领域内事物的共同理解。

本体语言起源于人工智能领域对知识的表示，本体语言可以使用户能够为领域模型编写清晰的、形式化的概念表述。对于本体语言，一般应该具有良好定义的语法、语义，具有有效的推理支持能力，具有充分、方便的表达能力。

建立本体的语言很多，如简单的超文本链接标记本体语言 (simple HTML ontology language，SHOL)，作战概念建模语言 (operational conceptual modeling language，OCML) 以及由万维网联盟 (World Wide Web Consortium，W3C) 创建的资源描述框架 (resource description framework，RDF)、RDF 模式 (RDF Schema，RDFS)，还有建立在 RDF 与 RDFS 之上的、较为完善的美国国防高级设计研究署代理标记语言 (DARPA agent markup language，DAML)、本体推论语言 (ontology inference language，OIL) 和 DAML+OIL，在 DAML+OIL 基础上改进而开发的网络本体语言 (web ontology language，OWL)。多种本体语言的出现在一定程度上限制了本体的共享与重用，本体构建与演化缺乏标准化支持，另外在语言的表达能力与计算效率之间也存在着一定的平衡：即语言的逻辑表达能力越强，其计算复杂度越高，对推理的支持会相对低效化。

1. OWL 简介

网络本体语言 OWL 是由 W3C 网络本体工作组研究设计的一种以DMAL+OIL为基础的网络本体描述语言，用于构建更加完备的本体信息以支持自动推理。OWL 采用面向对象的方式来描述领域知识，即通过类和属性来描述对象，并通过公理来描述这些类和属性的特征和关系。

作为一种本体表示语言，RDF 和 RDFS 可用来表达某些本体知识。RDF/RDFS 主要的建模原语是关于类型层次结构中的词汇表的组织：子类 (subclass) 和子属性 (subproperty) 关系，定义域 (domain) 和值域 (range) 约束，以及类的实例。但它们在属性的范围 (local scope of properties)、类的不相交 (disjointness of classes)、类的布尔组合 (Boolean combinations of classes)、基数的约束 (cardinality restrictions) 以及属性的特殊特征 (special characteristics of properties) 表达方面存在不足。因此，需要一个比 RDFS 更丰富的本体语言，能提供上述特征以及更多其他特征的表达，OWL 应运而生。

为了满足不同表达能力和计算效率的需要，OWL 提供了 3 个表达能力不同、计算效率各异的子语言：即 OWL_ Lite、OWL_ DL(description language，DL) 和 OWL_ Full。OWL_ Full 是 OWL 语言的全集，包含所有的 OWL 语言要素并拥有与 RDF 一样的句法自由。因而在 3 个子语言中，OWL_ Full 所提供的表达能力最强，但同时也因其不可判定而失去了对完全、有效的推理的支持。它适用于追求最强的表达能力与语法自由并对计算保证要求不高的用户使用。OWL_ DL 是 OWL_ Full

的子集，它与 OWL_ Full 都支持相同的语言要素，它们的区别仅在于对语言要素的使用限制上。因此，与 OWL_ Full 相比，OWL_ DL 在保证计算效率、拥有强大推理能力的同时，具有较强的表达能力。它适用于在拥有计算保证的前提下追求强大表达能力的用户使用。OWL_ DL 的缺点是失去了与 RDF 的完全兼容。OWL_ Lite 是 OWL_ DL 的一个子集，且仅支持部分的 OWL 语言要素。它除了遵从 OWL_ DL 所有的语言限制以外，还包含一些其他的限制。它提供相对简单的 OWL 语言特性，易于掌握。OWL 三个子语言之间的关系如图 2.3 所示。

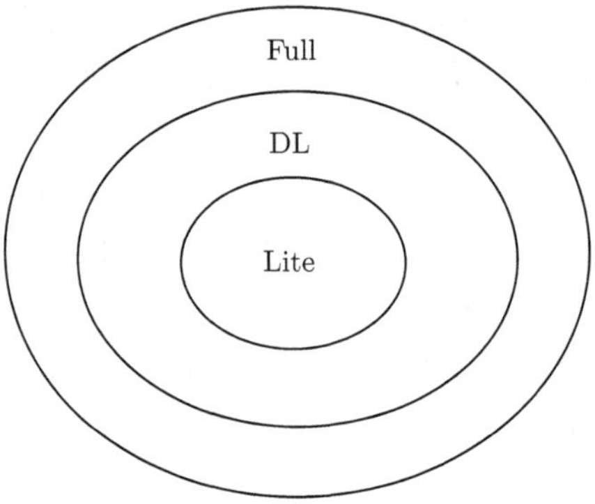

图 2.3　OWL 三个子语言之间的关系

OWL 三种子语言与 RDF 的关系如下。

(1) OWL_ Full 可以看成是 RDF 的扩展；

(2) OWL_ Lite 和 OWL_ Full 可以看成是一个约束化的 RDF 的扩展；

(3) 所有的 OWL 文档 (Lite，DL，Full) 都是一个 RDF 文档；

(4) 所有的 RDF 文档都是一个 OWL_ Full 文档；

(5) 只有一些 RDF 文档是一个合法的 OWL_ Lite 和 OWL_ DL 文档。

在使用 OWL_ Full 而不是 OWL_ DL 时，推理的支持不可预测，这是因为目前还没有完全地 OWL_ Full 版本的实现。

2. OWL 的主要术语

OWL 依赖于 RDF、RDFS 以及 XML 模式 (XML schema) 数据类型中的构词 (constructs)，添加了更多的用于描述属性和类的术语，如类之间的不相交性、基数、等价性、属性的更丰富类型、属性特征以及枚举类 (enumerated classes) 等，通过提供更多具有形式语义的词汇术语，明确表示了词汇表中术语的含义以及术语间的关系，使其表达手段能力强于 RDFS 等方法。其中主要定义了以下术语。

(1) thing, nothing：根节点，本体的起始点都由 thing 开始，再展开到其他类。

(2) Class：OWL 最重要的定义元素，定义了因共有某些属性而同属一组的一些个体，本体的大部分推理能力是基于类推理的。

(3) domain：domain 定义了一个属性的定义域，用来约束该属性可以适用的个体。如果一个个体以一个属性和另一个体关联，并且该属性用某个类作为它的一个定义域，那么该个体必然属于这个类。

(4) range：range 定义了一个属性的值域，用来限制哪些个体可以成为属性的值。

(5) DatatypeProperty：是 OWL 的数据类型属性术语，它表示类实例 RDF 文字或 XML 模式数据类型间的关系。

(6) ObjectProperty：是 OWL 的对象属性术语，它表示两个类间的关系。ObjectProperty 和 DatatypeProperty 都是 RDF 类 Property 的子类。

(7) subClassOf：表示两个类的子属关系，可以给出一个或多个关于 "一个类是另一类的子类" 的陈述来创建一个类层次结构，描述的逻辑语法为 $C_1 \subseteq C_2$ 。

(8) equivalentClass：该术语用于声明两个类为等价类，即它们拥有相同的实例。等价性可以用来创建同义类。描述的逻辑语法为 $C_1 \equiv C_2$。

(9) disjointWith：类可以被声明为互不相交，描述的逻辑语法为 $C_1 \subseteq \neg C_2$。

(10) unionOf：类之间具有并集的关系，描述的逻辑语法为 $C_1 \bigcup C_2 \bigcup \cdots \bigcup C_n$。

(11) complementOf：类之间具有补集的关系，描述的逻辑语法为 $\neg C$。

(12) intersectionOf：类之间的交集关系，描述的逻辑语法为 $C_1 \bigcap C_2 \bigcap \cdots \bigcap C_n$。

(13) sameClassAs：表示两个类的同属关系，描述的逻辑语法为 $C_1 \equiv C_2$。

(14) samePropertyAs：是一个二元关系，表示两个属性的同属关系。相互等价的属性将一个个体关联到同一组其他个体。它也可以被用来创建同义属性，描述的逻辑语法为 $P_1 \equiv P_2$。

(15) subPropertyOf：是一个二元关系，应用于属性，表示两个属性的子属关系。通过给出一个或多个陈述声明 "某属性是另外一个或多个属性的子属性"，描述的逻辑语法为 $P_1 \subseteq P_2$ 。

(16) hasValue：一个属性可以被要求拥有一个特定的个体作为它的值，描述的逻辑语法为 $P.C$。

(17)allValuesFrom：类中全部成员都具有某些特性，描述的逻辑语法为 $\forall P.C$。

(18) someValuesFrom：类中有部分成员具有某些特性，描述的逻辑语法为 $\exists P.C$。

(19) minCardinality：类具有至少 n 个特性，描述的逻辑语法为 $\leqslant_n P$。

(20) maxCardinality：类至多具有 n 个特性，描述的逻辑语法为 $\geqslant_n P$。

(21) sameIndividualAs：声明两个个体为相同，描述的逻辑语法为 $\{X_1\} \equiv \{X_2\}$。

(22) DifferentIndividualFrom：声明两个个体不相同，描述的逻辑语法为 $\{X_1\} \equiv \neg \{X_2\}$。

(23) oneOf：枚举类，类可以通过列举组成这个类的所有个体来描述。类的成员正是所列举个体的集合，描述的逻辑语法为 $\{X_1, \cdots, X_n\}$。

2.2.7　XML 表示方法

可扩展标识语言 (XML) 是由国际互联网联合组织于 1998 年发布的一种标准。目标是构建面向网络的、支持各种复杂应用的数据表示方法，该方法在案例存储方面具有优势。

XML 是一种元语言，利用它可以创建特定领域的标记语言。它是标准标记语言 (standard generalize markup language，SGML) 的子集，保存着 SGML 可扩展性、结构化和有效性等特点。与 HTML 不同，XML 用来描绘结构化数据，而 HTML 用来显示内容。XML 中有几百个固定的标记，除此之外，用户还可以自定义标记。通过使用自己创建的标签名称使 XML 文件具有很强的自说明能力。XML 包括以下内容：文档类型定义 (doeument type definition，DTD)、XML 模式、级联模式单 (cascading style sheets，CSS)、扩展模式语言 (extensible stylesheet language，XSL) 和扩展连接语言 (extensbile link languge，XLL) 等。其中文档类型定义 DTD 和 XML 模式是 XML 最明显的特点。

文档类型定义 DTD 用于定义标记，即 DTD 说明允许出现在 XML 文档中的标记及其合法的嵌套次序、属性及其类型、默认值、可能出现的实体等。DTD 为文档结构制定了一套规则，是一组能融合在 XML 数据里或者以单独的文档存在的声明。DTD 定义一些规则来描述被允许的 XML 数据内容。一个 DTD 只能和一个给定的 XML 文档或数据对象关联起来。DTD 也用来验证 XML 文档。

XML 模式提供文档的规则，并指出用什么标记符，标记符的属性及之间的关系等。但不同于 DTD 的是，XML 模式提供了丰富的数据类型。例如，DTD 可以有一个标记 ⟨PRICE⟩，而标记符之间的内容可以是数字或字符串，XML 模式则可以规定只输入数字。XML 模式不仅包括一些内嵌的数据类型，如 string，integer，Boolean，time，date 等，还提供了定义新类型的能力。XML 模式与关系数据库中的数据定义语言 (data define language，DDL) 思想相似。在关系数据库中，使用 DDL 去创建表以及描述作用于这个表的规则和限制。XML 模式提供了创建 XML 文档必要的框架，详细说明了一个 XML 文档的不同元素和属性的有效结构、限制和数据类型。XML 模式支持继承，可以利用从已经存在的模式中获得某些类型而构造新的模式，也可以在不需要时使获得的类型无效。

CSS 的基本思想是为结构文档中的各个标签定义相对应的一组显示样式。一个 CSS 样式表就是一组规则，每个规则给出所适用的元素名称，以及此规则要应用于元素的样式。

XSL 用于将 XML 数据翻译为 HTML 或其他格式的语言。

XLL 是 XML 的链接语言。它与 HTML 的链接相似，但功能更强大。XLL 支持可扩展的链接和多方向的链接。

XML 数据库擅长于处理半结构化的信息，特别适合表达层次型的数据，具有良好的灵活性。XML 不但可以完全替代关系数据库的二维关系存储方案，还可以表达数据结构，如树、图、序列等等多种形式，其本身所具有的良好伸缩性以及表现形式的多样化解决了范例库的管理和扩充问题。XML 具有三大技术特点：① XML 作为一种元语言，具有良好的可扩展性，可以用来创建不同应用之间的标记语言，使得数据具有良好的格式和准确的意义；②采用 XML 技术标识的数据信息，不仅能够直观地显示，而且能够通过解析 XML 文件的方式被各种应用程序直接使用；③ XML 技术是平台无关的，并且实现了数据内容与表现的完全分离，因此可以支持数据在不同载体上的不同表现形式。

在基于 XML 进行案例表示中，有学者提出基于 XML 的多层次范例映像模型 [114]，该模型基本思想是：在底层 XML 数据基础上建立多级视图来完成案例的表示，底层数据并不直接表示案例。在 XML 案例库的基础上建立多级概念层次结构，以便于解决索引、检索和模板引用等问题，如图 2.4 所示。

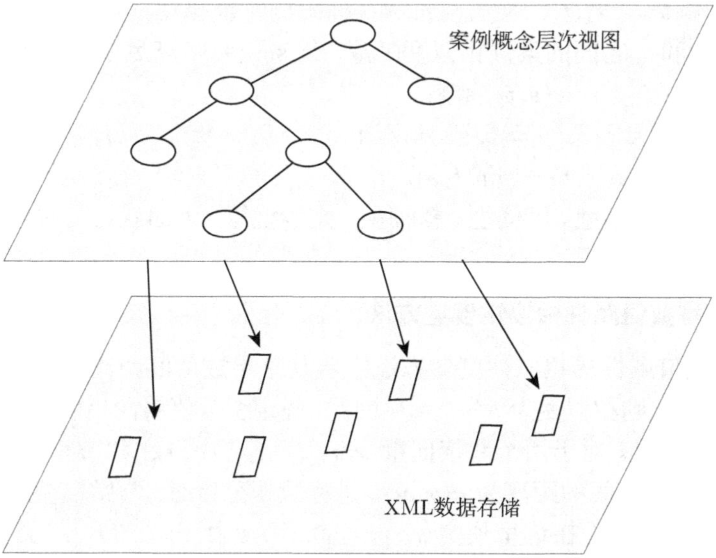

图 2.4　多级案例概念层次视图与 XML 的映射

图 2.4 中，视图与 XML 存储间的映射是动态的，它可以使 CBR 系统有更多的灵活性，与关系数据库的表示方法的不同之处是，范例按照一定的规律组织在一起，而不是像关系数据表示方法中的二维线性表，更能准确地反映范例之间的关系，同时在 XML 数据线性存储以外建立多级范例概念层次视图。该视图映射具

有如下特点：①数据共享性强，可以在同一个 XML 文件上相互链接多重引用，建立多个视图，建立在同一数据源上的 CBR 系统可以很轻松地实现数据共享，实现不同 CBR 系统间的通信；②范例模板灵活，当需要建立新的特征的时候，只要添加新 XML 标签即可，比数据库添加字段要容易得多；③可移植性好，当 GBR 系统移植到新的环境中时，只需重新配置范例与 XML 之间的映射，不需要修改底层数据。

2.3 案例相似性度量技术

相似性度量在 CBR 系统中十分重要，选择合适的度量方法可以快速、准确地找到所需要的范例。CBR 系统的相似性度量方法主要使用基于距离的方法，还有一些方法本质上是距离度量的扩展。根据案例属性的不同类别，又引申出多种案例度量模型。例如，文献 [115]~[119] 给出了不同的相似性度量方法，这些方法综合考虑多种属性值，包括纯数值型、纯符号型、模糊语言变量型、区间型、随机变量型等，并利用不同类型的加权和得到案例的相似度。

假设案例有 n 个属性值，用 $\boldsymbol{s}=[s_1,s_2,\cdots,s_n]$ 表示备选案例特征描述的属性值向量，用 $\boldsymbol{t}=[t_1,t_2,\cdots,t_n]$ 表示目标案例特征描述的属性值向量，则定义 $\mathrm{sim}(\boldsymbol{s},\boldsymbol{t})$ 为 $\boldsymbol{s}$ 和 $\boldsymbol{t}$ 之间的案例相似度函数，且 $\mathrm{sim}(\boldsymbol{s},\boldsymbol{t})$ 满足以下三条性质：

(1) 有界性：$0\leqslant|\mathrm{sim}(\boldsymbol{s},\boldsymbol{t})|\leqslant 1$；

(2) 自反性：$|\mathrm{sim}(\boldsymbol{s},\boldsymbol{t})|=1$，当且仅当 $s_i=t_i, i=1,2,\cdots,n$；

(3) 交互性：$\mathrm{sim}(\boldsymbol{s},\boldsymbol{t})=\mathrm{sim}(\boldsymbol{t},\boldsymbol{s})$。

案例属性有确定型、区间型、模糊型、文本型等，下面就这几种常见属性的相似性度量方法做一介绍。

2.3.1 确定型数值属性相似性度量方法

确定型数值属性的相似性度量方法主要是基于数值间距离的度量，设两个数值间的距离为 d，则相似度为 $s=1-d$。因此，确定型数值属性相似性度量的本质是数值间的距离度量。对于两个数值向量 $\boldsymbol{x}=[x_1,x_2,\cdots,x_n]$ 和 $\boldsymbol{y}=[y_1,y_2,\cdots,y_n]$，可以定义 $\boldsymbol{x}$ 和 $\boldsymbol{y}$ 之间的距离为 $d(\boldsymbol{x},\boldsymbol{y})$。进行数据分析时，常常需要对所有数据进行归一化处理，因此，在这里规定 $x_i,y_i\in[0,1](i\in[1,n])$。$d(\boldsymbol{x},\boldsymbol{y})$ 类似于相似度，且应满足相似度的三条性质。

距离度量方法的研究比较早，也比较成熟，应用非常广泛，常用的距离度量函数有欧氏距离 (Euclidean distance) 方法，如式 (2.1) 所示：

$$d_{\mathrm{euc}}(\boldsymbol{x},\boldsymbol{y})=\sqrt[2]{\sum_{i=1}^{n}|x_i-y_i|^2} \tag{2.1}$$

欧氏距离描述的是两点之间的几何直线距离，此外还有曼哈顿距离 (Manhattan distance) 和切比雪夫距离 (Chebyshev distance)，分别如式 (2.2) 和式 (2.3) 所示：

$$d_{\mathrm{man}}(\boldsymbol{x},\boldsymbol{y})=\sum_{i=1}^{n}|x_i-y_i| \tag{2.2}$$

$$d_{\mathrm{che}}(\boldsymbol{x},\boldsymbol{y})=\lim_{p\to\infty}\sqrt[p]{\sum_{i=1}^{n}|x_i-y_i|^p} \tag{2.3}$$

对于两个给定的数值 x 和 y，常用的距离度量算子有直接距离 (straight distance) 算子、卡方距离 (Chi-square distance) 算子和海明距离 (Hamming distance) 算子，分别如式 (2.4)~ 式 (2.6) 所示：

$$d_{\mathrm{str}}(x,y)=|x-y| \tag{2.4}$$

$$d_{\mathrm{chi}}(x,y)=\frac{(x-y)^2}{x+y} \tag{2.5}$$

$$d_{\mathrm{ham}}(x,y)=\frac{|x-y|}{1+|x-y|} \tag{2.6}$$

将卡方距离算子式 (2.5) 和海明距离算子式 (2.6) 代入欧氏距离度量函数式 (2.1) 中，可以得到改进的欧氏距离度量函数如式 (2.7) 和式 (2.8) 所示：

$$d_{\text{euc-chi}}(\boldsymbol{x},\boldsymbol{y})=\sqrt[2]{\sum_{i=1}^{n}\left(\frac{(x_i-y_i)^2}{x_i+y_i}\right)^2} \tag{2.7}$$

$$d_{\text{euc-ham}}(\boldsymbol{x},\boldsymbol{y})=\sqrt[2]{\sum_{i=1}^{n}\left(\frac{|x_i-y_i|}{1+|x_i-y_i|}\right)^2} \tag{2.8}$$

2.3.2　区间型数值属性相似性度量方法

区间型数值属性的相似性度量方法也有很多，对于两个区间数值 A 和 B(其中 $A=[a_1,a_2]$，$B=[b_1,b_2]$)。常用的度量算子如式 (2.9)~式 (2.12) 所示：

$$S_1=\frac{|A\bigcap B|}{|A|} \tag{2.9}$$

$$S_2=\left[\frac{|A\bigcap B|^2}{|A|\cdot|B|}\right]^{\frac{1}{2}} \tag{2.10}$$

$$S_3=\frac{\displaystyle\int_{a_1}^{a_2}\int_{b_1}^{b_2}\mathrm{sim}(x,y)\mathrm{d}y\mathrm{d}x}{(a_2-a_1)(b_2-b_1)} \tag{2.11}$$

$$S_4 = \frac{|A \bigcap B|}{|A \bigcup B|} \tag{2.12}$$

式 (2.9)~ 式 (2.12) 中，$\text{sim}(x, y)$ 表示数值 x 与 y 之间的相似度；$|A|$ 表示区间 A 的长度，即 $|A| = a_2 - a_1$，$|B| = b_2 - b_1$；$A \bigcap B$ 表示区间 A 和 B 的交集；$A \bigcup B$ 表示区间 A 和 B 的并集。因此，$|A \bigcap B| = \min(a_2, b_2) - \max(a_1, b_1)$，$|A \bigcup B| = \max(a_2, b_2) - \min(a_1, b_1)$。

2.3.3 模糊属性相似性度量方法

模糊属性无法直接度量，因此，应该先将其进行量化处理，转换为便于处理的确定型数值属性，如操作人员熟练度用精通、掌握、入门、新手等描述。进行量化时，可以分别赋值为 0.9、0.7、0.5、0.3。不同的模糊属性有不同的度量方法，也应有相应的量化方法，具体的量化数值可以由领域内专家根据不同的属性特点进行打分，然后通过求分数之间的距离来间接确定其相似度。

设 t_{ik_4} 为第 i 个目标案例的第 k_4 个模糊属性量化值，s_{jk_4} 为与之对应第 j 个预案的第 k_4 个模糊属性量化值，则模糊属性的相似性度量方法如式 (2.13) 所示：

$$\text{sim}_4(t_{ik_4}, s_{jk_4}) = 1 - |t_{ik_4} - s_{jk_4}| \tag{2.13}$$

2.3.4 文本属性相似性度量方法

不同的文本属性有着其特定的隶属关系和近邻关系，在进行文本属性相似性度量时，应该先建立该类型文本属性的知识模型。例如，图 2.5 表示目标所采用的突防方式的知识模型。

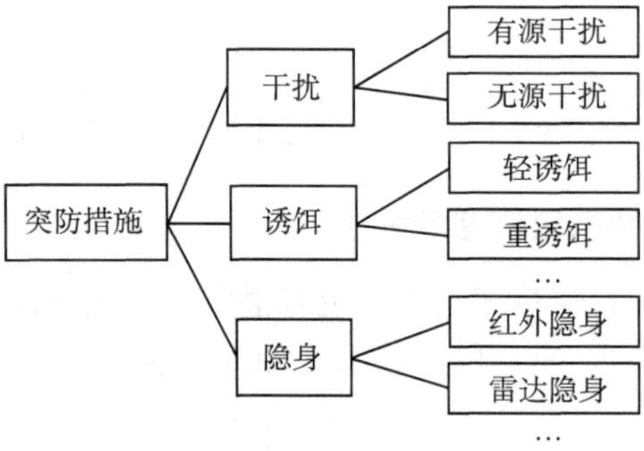

图 2.5　目标突防方式知识模型

设 t_{ik_5} 为第 i 个目标案例的第 k_5 个模糊属性量化值，s_{jk_5} 为与之对应第 j 个预案的第 k_5 个模糊属性量化值，在考虑文本属性语义深度、公共节点的基础上提出如式 (2.14) 所示的度量方法：

$$\text{sim}_5(t_{ik_5}, s_{jk_5}) = \frac{2 \times D(M(t_{ik_5}, s_{jk_5}))}{D(t_{ik_5}) + D(s_{jk_5})} \tag{2.14}$$

式中，$M(t_{ik_5}, s_{jk_5})$ 表示文本属性 t_{ik_5} 和 s_{jk_5} 的从下往上的第一个公共节点；$D(*)$ 表示节点 $*$ 的深度，即从根节点遍历到该节点所经过的节点的个数。其中根节点的深度为 1。

2.3.5　案例整体相似性度量方法

在计算得到四类属性相似度的基础上，可以采用加权求和的形式得到案例的总体相似度，如式 (2.15) 所示：

$$\operatorname{sim}_{\text{sum}}\left(t_i, s_j\right)=\sum_{p=1}^{4}\left(\sum_{k_p=1}^{n_p} \alpha_{pk_p} \times \operatorname{sim}_p\left(t_{ik_p}, s_{jk_p}\right)\right) \tag{2.15}$$

式中，$\operatorname{sim}_p\left(t_{ik_p}, s_{jk_p}\right)$ 为第 p 个属性类型中第 k_p 个属性的相似度；α_{pk_p} 为对应属性的权重；n_p 为末段反导案例中第 p 类属性的总个数。

2.4　案例组织索引技术

CBR 强大的功能来源于它能从其案例库中快速准确地找到相似案例，然而要想快速准确找到相似案例，就必须对案例进行合理的组织与存储，建立有效的索引机制。因此，案例库的索引，其目标就是提供一种案例库的搜索机制，使得在将来案例检索中快速找到符合需要的案例集。一个案例的索引实际上就是这个案例的重要关键字的集合，这些关键字可以将这个案例同其他案例区分开来，而检索算法能够使用案例索引快速找到合适的案例。案例的索引应该有利于检索、有利于组织、有利于管理。

案例组织索引包括案例索引和案例库结构设计。目前常用的典型方法包括情节式动态组织索引方法、结构化案例组织索引方法和层次化的案例组织索引方法，但上述方法都存在一定的缺陷。为提高案例库组织的性能，Beattie 等 [120] 提出了利用栅格体把目标空间分解为多个经过分辨率定义的子空间，通过子空间来表达和存储案例内容，并称该方法为栅格 (tesseral) 体组织索引方法；Miquel 等 [121] 在将时序描述逻辑与插片式存储模型相结合的基础上，提出了一种时序插片式案例表达模型；李欣 [89] 针对应急案例的特点，结合栅格表达模型，提出了一种能够描述应急案例知识时空属性的案例组织模型；杨涛 [87] 结合元数据表达模型，提出了独立于领域和案例模式的案例组织模型。

为了对案例进行很好的组织索引，对案例进行聚类分层，根据聚类信息建立分层索引是其中关键的技术环节。为研究需要，下面重点对几种聚类方法与 B+ 树方法进行介绍，然后介绍基于案例聚类的 B+ 树索引构建方法。

2.4.1 案例聚类方法

1. GRC *方法*

基于图论的松弛聚类 (graph-based relaxed clustering，GRC) 算法是一种谱聚类算法。谱聚类算法的思想来源于谱图划分理论。即假定将每个数据样本 (对应于案例库中的每一个案例) 看作图中的顶点 V，根据样本间的相似度将顶点间的边 E 赋权重值 $\boldsymbol{W}$，这样就得到一个基于样本相似度的无向加权图 $G(V,E)$。那么在图 G 中，可将聚类问题转化为在图 G 上的图划分问题。基于图论的最优划分准则就是使划分成的两个子图内部相似度最大，子图之间的相似度最小。划分准则的好坏直接影响到聚类结果的优劣。当今已有多种子图划分理论被提出，如比例划分 (ratio cuts)[122]、最小划分 (minimum cuts)[123] 、平均划分 (average cuts)[124] 和标准化划分 (normalized cuts)[125] 等。基于这些理论的相关研究也纷纷出现，2008 年 Lee 等 [126] 提出了便捷、适应性强的方法，即 GRC 方法。

Lee 等提出求解标准化划分的半正定规划松弛形式为

$$\begin{cases} \max -\boldsymbol{y}^{\mathrm{T}}\boldsymbol{L}\boldsymbol{y} \\ \text{s.t.}\ \|\boldsymbol{y}\| = 1, \quad \boldsymbol{e}^{\mathrm{T}}\boldsymbol{y} = 0 \end{cases} \tag{2.16}$$

式中，$\boldsymbol{e}^{\mathrm{T}} = (1,1,\cdots,1)$；$\boldsymbol{L} = \boldsymbol{D} - \boldsymbol{W}$ 称为 Laplace 矩阵，$\boldsymbol{D} = \operatorname{diag}(d_1, d_2, \cdots, d_n)$，$d_i = \sum\limits_{j=1}^{n} w_{ij}$ 代表从节点 i 到其他所有节点的相似度之和；$\boldsymbol{W}$ 是图 $G(V,E)$ 的 $n \times n$ 相似度矩阵，基于某一相似性度量方法，如 (2.17) 式所示为一个相似性度量公式：

$$w_{ij} = \exp\left(-\left\|x_i - x_j\right\|^2 / 2\sigma^2\right), \sigma > 0 \tag{2.17}$$

式 (2.16) 中的两个限制条件主要针对二分聚类问题，不适合多类情况。为了解决多类情况，Lee 等对式 (2.16) 的限制条件进行了进一步放宽，如式 (2.18) 所示：

$$\begin{cases} \max -\boldsymbol{y}^{\mathrm{T}}\boldsymbol{L}\boldsymbol{y} \\ \text{s.t.}\boldsymbol{A}\boldsymbol{y} = \zeta, \ \zeta \neq 0 \end{cases} \tag{2.18}$$

其中 $\boldsymbol{A} = \boldsymbol{e}^{\mathrm{T}}$。式 (2.18) 称为 GRC 算法的二次规划形式，通过引入 Lagrange 乘子法，可以推导出它的解析解：

$$\boldsymbol{y} = \boldsymbol{L}^{-1}\boldsymbol{A}^{\mathrm{T}}(\boldsymbol{A}\boldsymbol{L}^{-1}\boldsymbol{A}^{\mathrm{T}})\zeta \tag{2.19}$$

式 (2.19) 的解 $\boldsymbol{y}$ 为 GRC 的聚类指示标签向量，该向量图示化后将呈现出若干条明显的水平线，水平线的数目就代表原数据集包含的分类数，同属一水平线的数据点归为一类。由此可以看出，该聚类算法具有便捷性，可以一次分出所有类，其次还具有适应性，算法不需要预设类别数。

2. 主成分分析方法

主成分分析 (principal component analysis，PCA) 方法是将多个相关的变量转化为少数几个相互独立的变量的一种有效方法。本质上讲，是把高维信息投影到低维子空间，并保留主要信息。在保持尽量多的数据信息的前提下，对由一个相互之间存在相关性的变量所组成的数集进行降维以获得相互之间不相关的主元的过程。也就是说，用较少的主元去描述和表征数据信息的变化。从线性代数的角度来看，PCA 的目标就是使用另一组基去重新描述得到的数据空间，而新的基要能尽量揭示原有的数据间的关系。从更严格的数学定义上来说，PCA 回答的问题是：如何寻找到另一组正交基，它们是标准正交基的线性组合，而且能够最好的表示数据集。对于复杂的研究对象，为了获取充分信息以便对问题做出比较可靠的推断，往往选择多个变量去进行观测，每个变量都在不同程度上反映所研究问题的信息。但是变量个数太多会增加分析问题的复杂性。在很多情况下，这些变量反映的信息有一定相关关系，即变量反映的信息有一定的重叠。PCA 就是将原来提出的所有变量 (设为 m 个) 综合成尽可能少的几个 (设为 l 个，$l<m$) 综合型变量，并且要求这 l 个综合型变量尽可能充分反映原来观测的 m 个变量所反映的信息，且变量之间互不相关。主元空间的信息抽取实质上是选择几个有代表性的主元，解释数据中大部分变化。通常，一个标准的 $m\times n$ 维的数据矩阵 $\boldsymbol{X}$ 可以分解为

$$\boldsymbol{X}=(\bar{\boldsymbol{X}}\boldsymbol{O})^{\mathrm{T}}+(\boldsymbol{O}\boldsymbol{E})^{\mathrm{T}} \tag{2.20}$$

式中，矩阵 $\boldsymbol{X}$ 的行表示 m 个变量 (测量变量所反映的信息)，列表示 n 组样本；$\bar{\boldsymbol{X}}$ 表示 $\boldsymbol{X}$ 的模型值，是一个 $l\times n$ 矩阵；$\boldsymbol{E}$ 表示残差矩阵，是一个 $(m-l)\times n$ 矩阵。$\bar{\boldsymbol{X}}$ 和 $\boldsymbol{E}$ 可以分别表示成如下形式：

$$\bar{\boldsymbol{X}}=\boldsymbol{T}\boldsymbol{P}^{\mathrm{T}}=\sum_{i=1}^{l}t_ip_i^{\mathrm{T}} \tag{2.21}$$

$$\boldsymbol{E}=\boldsymbol{T}_e\boldsymbol{P}_e^{\mathrm{T}}=\sum_{i=1+1}^{m}t_ip_i^{\mathrm{T}} \tag{2.22}$$

$$\boldsymbol{T}=\boldsymbol{X}\boldsymbol{P}=(\bar{\boldsymbol{X}}+\boldsymbol{E})\boldsymbol{P} \tag{2.23}$$

式 (2.21)~ 式 (2.23) 中，$l<m$ 为主元个数；$\boldsymbol{T}$ 和 $\boldsymbol{P}$ 分别表示得分 (score) 矩阵和负载 (loading) 矩阵。显然有 $\boldsymbol{T}=[t_1,\cdots,t_l]$，$\boldsymbol{P}=[p_1,\cdots,p_l]$，$\boldsymbol{T}_e=[t_{l+1},\cdots,t_m]$，$\boldsymbol{P}_e=[p_{l+1},\cdots,p_m]$。$\boldsymbol{X}$ 阵的分解方式是确保 $[\boldsymbol{P},\boldsymbol{P}_e]$ 是正交阵，以及 $[\boldsymbol{T},\boldsymbol{T}_e]$ 是正交阵。此主元投影将原来 $\boldsymbol{X}$ 的 m 个变量减少到现在的 l 个主元 T，从而达到了利用 PCA 技术减少变量个数的要求。

PCA 方法具有概念简单、计算方便、最优线性重构误差等优良特性, 是特征提取常用技术之一。

3. k-means 算法

k-means 算法是最为经典的基于划分的聚类方法，是十大经典数据挖掘算法之一。k-means 算法的基本思想是：以空间 K 个点为中心进行聚类，对最靠近他们的对象归类。通过迭代的方法，逐次更新各聚类中心的值，直至得到最好的聚类结果。假设要把样本集分为 c 个类别，算法描述如下。

步骤 1：适当选择 c 个类的初始中心；

步骤 2：在第 K 次迭代中，对任意一个样本，求其到 c 个中心的距离，将该样本归到距离最短的中心所在的类；

步骤 3：利用均值等方法更新该类的中心值；

步骤 4：对于所有的 c 个聚类中心，如果利用步骤 2、步骤 3 的迭代方法更新后，值保持不变，则迭代结束，否则继续迭代。

该算法的最大优势在于简洁和快速。算法的关键在于初始中心的选择和距离公式。

2.4.2 B+ 树索引方法

B 树和 B+ 树索引是最常用的数据库索引类型，也常被用于进行案例组织和索引。B+ 树索引是被划分为多个范围的有序的值列表。通过关键字和指针将多行关联起来，B+ 树索引可以完成对多种类型查询的高性能检索，包括精确查询和范围查询。

一棵 m 阶 B 树的特性如下：①树中每个节点最多含有 m 个孩子 $(m \geqslant 2)$；②除根节点和叶子节点外，其他每个节点至少有 $\lceil m/2 \rceil$ 个孩子 (其中 $\lceil x \rceil$ 是一个取上限的函数)；③若根节点不是叶子节点，则至少有 2 个孩子若根节点没有孩子节点，即根节点为叶子节点，则整棵树只有一个根节点；④所有叶子节点都出现在同一层，叶子节点不包含任何关键字信息；⑤每个非终端节点中包含有 n 个关键字信息：$(n, P_0, K_0, P_1, K_1, P_2, K_2, \cdots, P_n, K_n)$。其中 K_i 为关键字，且关键字按顺序升序排序 $K_{i-1} < K_i$；P_i 为指向子树根的指针，且指针 P_{i-1} 指向子树中所有节点的关键字均小于 K_i，但都大于 K_{i-1}。关键字的个数 n 必须满足：$\lceil (m/2)-1 \rceil \leqslant n \leqslant m-1$。

B 树的类型和节点定义如下：

```
typedef Struct BTNode  PBTNode;
struct BTNode {
int keyNum;            /*实际关键字个数*/
PBTNode  *parent;       /*指向父指针      */
PBTNode  *ptr;         /*子树指针向量ptr[0]…ptr[keyNum-1]    */
```

```
keyType   *key;        /*关键字向量: key[0]…key[keyNum-1]   */
}
```

简化 B 树如图 2.6 所示。

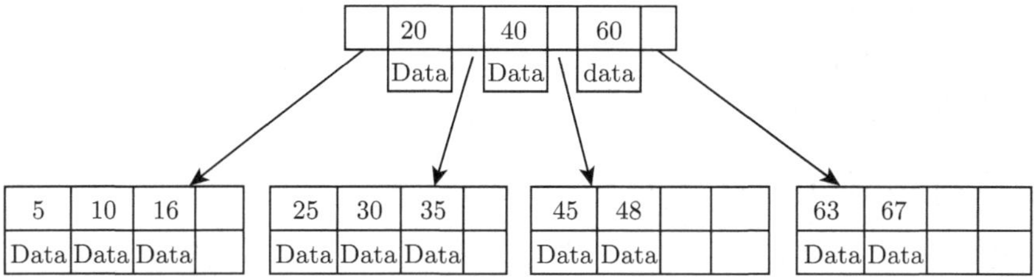

图 2.6　简化 B 树

B 树具有如下特点：①所有键值分布在整个树中；②任何关键字出现且只出现在一个节点中；③搜索有可能在非叶子节点结束；④在关键字全集内做一次查找，性能逼近二分查找算法。

B 树的检索是一个交替的两步过程，从 B 树的根节点开始：在当前节点中对关键码进行二分法检索。如果找到检索关键码，就返回这条记录。如果当前节点是叶节点，而且没有找到关键码，就报告检索失败。否则，沿着正确的分支重复这一过程。

B+ 树是 B 树的一个变种，又叫平衡多路查找树。B+ 树与 B 树最显著的差异在于，B+ 树只在叶子节点存储记录。内部节点存储关键码值，这些关键码值只是用于引导检索，起着索引的作用。这就是说，叶子节点与内部节点在结构上是完全不同的。内部节点存储关键码以引导检索，并把每个关键码与一个指向子女节点的指针关联起来；叶子节点存储实际记录。

简化 B+ 树如图 2.7 所示。

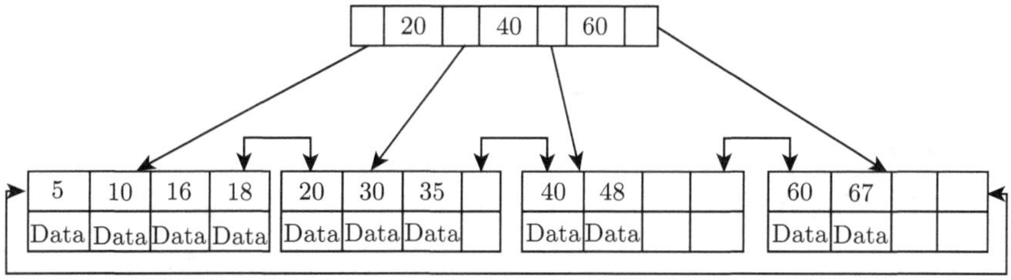

图 2.7　简化 B+ 树

从图 2.7 中也可以看到，B+ 树与 B 树的不同在于：①B+ 树的所有关键字存储在叶子节点，非叶子节点不存储真正的 data；②B+ 树为所有叶子节点增加了一个链指针。

B+ 树尤其适用于范围查询。一旦找到了范围内的第一条记录，通过顺序处理节点中的其余记录，然后继续下去，尽可能深入叶节点链表，就可以找到范围内的其余记录。

B+ 树的检索必须一直到达相应的叶节点，除此以外，它与正规 B 树的检索完全一样。即使在内部节点找到了检索关键码值，这个值也只是占据一个位置，并不提供对实际记录的访问。

2.4.3 基于案例聚类的案例索引 B+ 树构建方法

假设有 N 个案例样本数据点，通过某一聚类算法聚类后得到 T 个类，对于任意一个类 C_j，其中 $j=1,2,\cdots,T$，该类中的样本案例数记为 $|C_j|$，且满足 $\sum_{j=1}^{T}|C_j|=N$，如何建立每一类中各个案例样本点 (如 C_j 类中的样本点 V_i) 的索引就是后文要讨论的问题。

1. 索引键值的计算

索引键值的计算是索引构建的一项基础性而关键的环节，Zhuang 等 [127] 给出了一种基于对称双距离编码的方法，这里在该方法的基础上给出一种基于改进双距离编码的索引键值计算方法。

定义 2.1 (基点距离，origin distance)　假设 V 为 R^n 中的点，称它到原点 O 的距离为 V 的基点距离，记做 $\mathrm{OD}(V)=d(V,O)$，其中 $O=(0,0,0,\cdots,0)$，$d(V,O)$ 为 R^n 中的距离函数。

定义 2.2 (类心)　对于任意一个类 C_j，$C_j=\{V_{j1},V_{j2},\cdots,V_{jm}\}$，$V_{j_i}=(s_{ji1},s_{ji2},\cdots,s_{jin})\in R^n$，称 $O_j=\left(\frac{1}{n}\sum_{k=1}^{n}s_{j1k},\frac{1}{n}\sum_{k=1}^{n}s_{j2k},\cdots,\frac{1}{n}\sum_{k=1}^{n}s_{jmk}\right)$ 为 C_j 的类心。其中 m 为类 C_j 中点数。

定义 2.3 (类半径)　对于任意一个类 C_j，O_j 为其类心，称 $\mathrm{CR}_j=\max_{V\in C_j}\{d(O_j,V)\}$ 为 C_j 的类半径。

定义 2.4 (类超球)　给定任意一个类 C_j，CR_j 为其类半径，称

$$\Theta(O_j,\mathrm{CR}_j)=\{V\,|d(O_j,V)\leqslant CR_j,V\in R^n\}\ \text{为}C_j\ \text{的类超球。}$$

定义 2.5 (类心距离，class center distance)　给定任意一个点 $V_i\in\Theta(O_j,\mathrm{CR}_j)$，称 $d(V_i,O_j)$ 为 V_i 的类心距离，记做 $\mathrm{CD}(j,V_i)$，简称 $\mathrm{CD}(V_i)$。

定义 2.6 (基点片)　对于一个类超球 $\Theta(O_j,\mathrm{CR}_j)$，以 O 为原点，以 $[\mathrm{OD}(O_j)-\mathrm{CR}_j]+[2*\mathrm{CR}_j/\alpha]*\lambda\,(\lambda=0,1,\cdots,\alpha)$ 为半径对类超球进行 $\alpha+1$ 次切分，称相

邻切分间的空间称为基点片。该类超球中的第 λ 个基点片表示为 $\mathrm{OS}(\lambda, j)$，其中 α 基点片数且取值为偶数。

定义 2.7 (类心片)　对于一个类超球 $\Theta(O_j, \mathrm{CR}_j)$，以 O_j 为原点，以 $[\mathrm{CR}_j/\beta] * \gamma (\gamma = 1, 2, \cdots, \beta)$ 为半径对类超球进行切分，称相邻切分之间的空间环称为类心片，第 γ 个类心片表示为 $\mathrm{CR}(\gamma, j)$，其中 $\gamma \in [1, \beta]$。

定义 2.8 (远端基点片边界)　对于一个类超球 $\Theta(O_j, \mathrm{CR}_j)$，按照该类中的点所对应的基点距离均匀切成 α 片后，称最外围基点片的远边界为远端基点片边界。

定义 2.9 (远端类心片边界)　对于一个类超球 $\Theta(O_j, \mathrm{CR}_j)$，按照该类中的点所对应的类心距离均匀切成 β 片后，称最外围类心片的远边界为远端类心片边界。

基点片和类心片编号原则如下：

假设点 $V_i \in \Theta(O_j, \mathrm{CR}_j)$，当 $\mathrm{OD}(V_i) \in [\mathrm{OD}(O_j) - \mathrm{CR}_j, \mathrm{OD}(O_j) + \mathrm{CR}_j]$ 时，该点对应基点片编号随着基点距离的增加而增加，类心片编号随着该点所对应的类心距离的增加而增加，如图 2.8 所示。

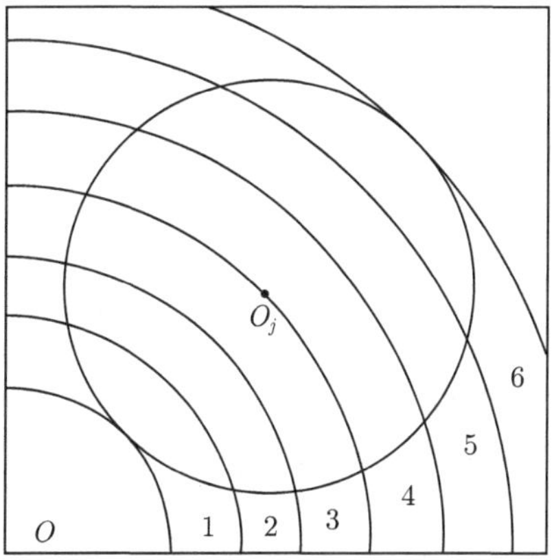

(a) 基点片

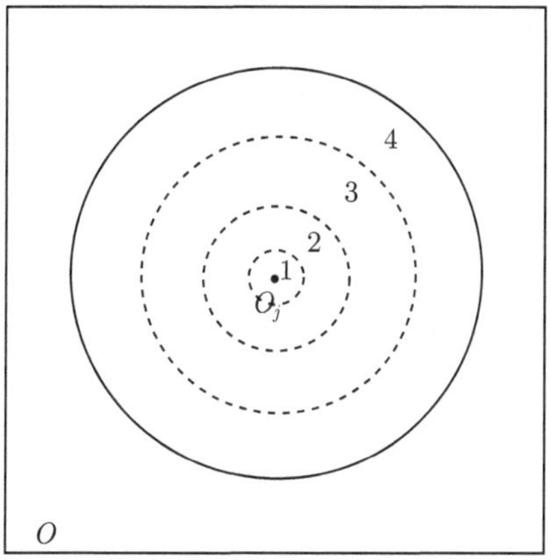

(b) 类心片

图 2.8　基点片与类心片示意图

这样，对于每个类超球 $\Theta(O_j, \mathrm{CR}_j)$ 来说，将其均匀切成 α 个基点片和 β 个类心片，满足 $\alpha/2 + 1 = \beta$，并假设 $\alpha < 10$，点 V_i 就可以用三元组表示：

$$V_i ::< j, \mathrm{OD\_ID}, \mathrm{CD\_ID} > \tag{2.24}$$

式中，j 表示 V_i 所在类的编号，$j \in \{1, 2, \cdots, T\}$；OD_ID 表示 V_i 所在位置的基点片编号；CD_ID 表示 V_i 所在位置的类心片编号。这样对于每个超球类中的点 V_i 来说，其对应的 OD_ID 和 CD_ID 表示为

$$\mathrm{OD\_ID}(V_i) = \left\lceil \frac{\mathrm{OD}(V_i) - (\mathrm{OD}(O_j) - \mathrm{CR}_j)}{2\mathrm{CR}_j/\alpha} \right\rceil + 1 \tag{2.25}$$

$$\mathrm{CD\_ID}\left(V_i\right) = \left\lceil \frac{\mathrm{CD}\left(V_i\right)}{\mathrm{CR}_j/\beta} \right\rceil + 1 \tag{2.26}$$

因此 V_i 的统一编码或其键值可以表示为

$$\begin{aligned} \mathrm{key}\left(V_i\right) &= \sigma \times \mathrm{OD\_ID}\left(V_i\right) + \mathrm{CD\_ID}\left(V_i\right) \\ &= \sigma \times \left\lceil \frac{\mathrm{OD}\left(V_i\right) - \left(\mathrm{OD}\left(O_j\right) - \mathrm{CR}_j\right)}{\mathrm{CR}_j/\alpha} \right\rceil + \left\lceil \frac{\mathrm{CD}\left(V_i\right)}{\mathrm{CR}_j/\beta} \right\rceil + 1 \end{aligned} \tag{2.27}$$

σ 可根据 α 和 β 的不同取值法而去不同的值，在这里可取值 10。

2. 案例索引 B+ 树构建

案例索引树结构采用基于分片的 B+ 树。即通过聚类后，将每个类超球中的点分别采用一棵子 B+ 树建立索引，作为案例树的一个子索引，同时需要建立一张哈希表来根据点所在类的编号快速地找到对应的子索引。

案例索引 B+ 树生成算法如下。

输入：高维案例数据库；

输出：Cindex (1 to T)：案例高维索引；

步骤 1：采用 k-means 或 GRC 方法对 N 个案例样本进行聚类，得到 T 类；

步骤 2：for $j = 1$ to T do;

步骤 3：Cindex(j) = new Case Treefile( );

步骤 4：对于第 j 类超球中的每个案例样本点 V_i；

步骤 5：计算每个案例样本点 V_i 对应的基点距离 $OD\left(V_i\right)$ 和类心距离 $CD\left(V_i\right)$；

步骤 6：计算 V_i 点对应的键值 key $\left(V_i\right)$，并插入第 j 个 B+ 树 Cindex(j)；

步骤 7：返回对应的分片索引 Cindex(j)；

步骤 8：End for。

2.5　案例检索技术

案例的检索是从案例库中找到一个或多个与当前问题最相似的案例。当接受了一个求解新问题的要求后，CBR 利用相似性知识和特征索引从案例库中找出一组与当前问题相关的符合要求的案例，并从中选择一个最佳案例。因为检索得到的案例的数量和质量直接影响问题的解决效果，所以案例检索在 CBR 系统中是非常关键的环节。

案例检索策略及方法研究方面，最常用的检索策略主要有包括最近邻法、归纳索引法、知识引导法、模板检索策略和层次模型。近年来，随着智能技术研究和应用的不断深入，国内外学者提出了许多新的智能检索算法。其中，Micarelli 等 [128,129] 基于多层前馈神经网络提出了多级别案例检索方法，当特征、子类及多元案例是按层次级别构造时这种检索防范特别有效；Kraslawski 等 [130] 基于概率论和神经网络方法，提出了一种利用概率相似度评价尺度进行案例匹配的检索方法；罗晨等 [131] 建立了一种夹具设计案例特征表示的新型检索机制；李保刚 [132] 给出一种基于 k 近邻和粗糙集的故障案例检索方法；修建新等 [133] 针对以往基于类似 R 树索引结构易形成“维数灾难”的问题，在设计 VAR 树并对其进行改进的基础上，给出了基于这种索引结构的最近邻和反最近邻的检索算法；李锋刚 [85] 将朴素禁忌搜索技术和高级禁忌搜索技术相结合，研究了基于禁忌搜索算法和图结构的检索技术，设计了一种两阶段案例检索算法，提高了复杂案例的检索效率；周艳平 [134] 提出了模糊分类和最近邻法相结合的两级检索方法，避免了检索时对所有案例进行比较，大大减少了案例的检索范围，提高检索效率。

这里针对上节给出的案例索引 B+ 树构建方法，研究基于 k 近邻的案例索引 B+ 树检索方法，以提高检索效率。同时，介绍案例匹配必不可少的内容，即案例的相似性度量方法。

2.5.1　基于 k 近邻的案例索引 B+ 树检索方法

假设 V_q 是目标案例，$\Theta(V_q,r)$ 是要查询的超球，r 是超球的半径。假设 $\Theta(V_q,r)$ 与超球 $\Theta(O_j,\mathrm{CR}_j)$ 相交，直接的查询可以是对第 j 棵 B^+-TREE 依次检索。但这种检索效率低，因此需要研究要查询的超球究竟与哪些基点片和类心片相交。

定义 2.10 (基点片下界，lower origin piece)　给定两个相交的超球 $\Theta(V_q,r)$ 和 $\Theta(O_j,\mathrm{CR}_j)$，$\Theta(V_q,r)$ 在 $\Theta(O_j,\mathrm{CR}_j)$ 对应的基点片下界是指离类远端基点片边界最远的相交基点片，表示为 LOP(j)。

定义 2.11　(基点片上界，up origin piece)　给定两个相交的超球 $\Theta(V_q,r)$ 和 $\Theta(O_j,\mathrm{CR}_j)$，$\Theta(V_q,r)$ 在 $\Theta(O_j,\mathrm{CR}_j)$ 对应的基点片上界是指离类远端基点片边界最近的相交基点片，表示为 UOP(j)。

定义 2.12 (类心片下界，lower center of class piece)　给定两个相交的超球 $\Theta(V_q,r)$ 和 $\Theta(O_j,\mathrm{CR}_j)$，$\Theta(V_q,r)$ 在 $\Theta(O_j,\mathrm{CR}_j)$ 对应的类心片下界是指离远端类心片边界最远的相交类心片，表示为 LCP(j)。

定义 2.13 (类心片上界，up center of class piece)　给定两个相交的超球$\Theta(V_q,r)$ 和 $\Theta(O_j,\mathrm{CR}_j)$，$\Theta(V_q,r)$ 在 $\Theta(O_j,\mathrm{CR}_j)$ 对应的类心片上界是指离远端类心片边界最近的相交类心片，表示为 UCP(j)。

LOP、UOP、LCP、UCP 示意图见图 2.9。对于查询超球 $\Theta(V_q,r)$，对应基点距离的查询范围为 $[\mathrm{OD}(V_q)-r,\mathrm{OD}(V_q)+r]$，类心距离的查询范围为 $[\mathrm{CD}(V_q)-r,\mathrm{CD}(V_q)+r]$。对于每个类超球 $\Theta(O_j,\mathrm{CR}_j)$ 来说，假设将其均匀切成 α 个基点片和

β 个类心片，则可以得到基点片和类心片上界、下界的计算如下：

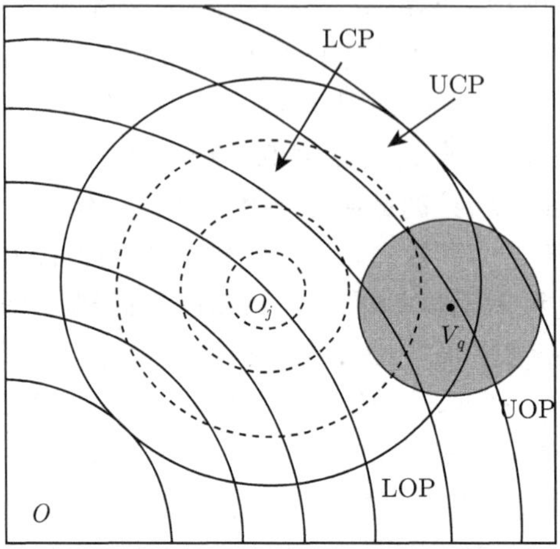

图 2.9　LOP、UOP、LCP、UCP 示意图

$$\mathrm{LOP}(j)=\begin{cases}\left\lceil\dfrac{\mathrm{OD}(V_q)-r-(\mathrm{OD}(O_j)-\mathrm{CR}_j)}{2\mathrm{CR}_j/\alpha}\right\rceil+1,\\ \qquad \mathrm{OD}(O_j)-\mathrm{CR}_j<\mathrm{OD}(V_q)-r<\mathrm{OD}(O_j)+\mathrm{CR}_j\\ 1,\quad \mathrm{OD}(V_q)-r\leqslant \mathrm{OD}(O_j)-\mathrm{CR}_j\end{cases}\tag{2.28}$$

$$\mathrm{UOP}(j)=\begin{cases}\left\lceil\dfrac{\mathrm{OD}(V_q)+r-(\mathrm{OD}(O_j)-\mathrm{CR}_j)}{2\mathrm{CR}_j/\alpha}\right\rceil+1,\\ \qquad \mathrm{OD}(V_q)+r<\mathrm{OD}(O_j)+\mathrm{CR}_j\\ \alpha,\quad \mathrm{OD}(V_q)+r\geqslant \mathrm{OD}(O_j)+\mathrm{CR}_j\end{cases}\tag{2.29}$$

$$\mathrm{LCP}(j)=\begin{cases}\left\lceil\dfrac{\mathrm{CD}(V_q)-r}{\mathrm{CR}_j/\beta}\right\rceil+1, & 0<\mathrm{CD}(V_q)-r<\mathrm{CR}_j\\ 1, & \mathrm{CD}(V_q)-r\leqslant 0\end{cases}\tag{2.30}$$

$$\mathrm{UCP}(j)=\begin{cases}\left\lceil\dfrac{\mathrm{CD}(V_q)+r}{\mathrm{CR}_j/\beta}\right\rceil+1, & \mathrm{CD}(V_q)+r<\mathrm{CR}_j\\ \beta, & \mathrm{CD}(V_q)+r\geqslant \mathrm{CR}_j\end{cases}\tag{2.31}$$

这样可以给出如下的 k 近邻查询算法 kNNSearch(V_q,k)，其伪代码如下：

kNNSearch(V_q,k)

输入：查询点 V_q,k;

输出：查询结果 S;

```
r ← 0, S ← Φ;                    /*  初始化 */
while(||S|| < k)                 /*  当返回候选点个数小于 k，继续循环  */
    r ← r + Δr;                  /*  Δr 很小，用于逐步增加半径值  */
    S← RSearch(V_q,r);           /*  嵌套调用范围查询 RSearch()  */
    if (||S|| > k) then          /*  当返回候选点个数大于 k */
      for count:=1 to ||S|| − k − 1
          V_far ← Farthest(S,V_q);
          S ← S − V_far; /* 将 V_far 从候选点集 S 中删除 */
      end for
    end if
end while

RSearch(V_q,r)  /* 完成以V_q为中心，r为半径的范围查询得到的候选点集合*/
S1← Φ, S2← Φ;                    /*  初始化  */
for j:=1 to T do                 /*  T 表示总的聚类个数  */
      if Θ(O_j, CR_j) does not intersect with Θ(V_q,r) then
      continue;
      else
          S2← V_qSearch(V_q,r,j);
          S1← S1⋃S2
          if Θ(O_j, CR_j) contains Θ(V_q,r) then
              break;
          end if
      end if
end for
return S1;                       /*  返回候选点 */

V_qSearch(V_q,r,j)        /*  在第 j 个索引的范围内查询得到的候选点集合 */
left← σ×LOP(j)+LCP(j);
right← σ×UOP(j)+UCP(j);
S3←BRSearch(left,right,j); /*B+ 树检索 */
for each point V_i ∈ S3 do
      if d(V_q,V_i) > r then S3← S3−V_i;        /*  从 S3 删除 V_i */
return S3;
```

k 近邻查询算法的本质是通过嵌套地调用范围查询算法来得到 k 个 V_q 的最近邻点。开始用一个较小的半径去进行范围查询，当得到的候选点个数小于 k 时，再增大查询半径，重新搜索。由于通过上述方法得到的候选点个数可能会大于 k 个，可将距离大的点删除。

2.5.2 基于概率支持向量机的检索方法

案例检索可以看作是一个案例分类问题或模式识别问题。支持向量机 (support vector machine，SVM) 作为统计学习理论的实现方法，解决了有限样本情况下的学习难题，在模式识别、数据挖掘等领域有着极为广泛的应用。然而在解决样本分类的不确定问题中，传统的 SVM 方法不能提供后验概率的输出，只考虑两种极端情况，即属于某一类的概率为 1 或为 0。Wahba[135] 和 Platt[136] 在 SVM 方法中引入后验概率，扩展了传统 SVM 的能力。后验概率的确定主要有两类方法：一类是采用贝叶斯框架理论，先求出各类的条件概率密度，再依据贝叶斯理论求出其后验概率；另一类方法是不计算类概率密度，直接拟合后验概率。这些方法都是标准 SVM 中引入后验概率的有益尝试。下面介绍一种基于交叉熵的后验概率 SVM 建模方法，利用交叉熵作为目标函数，建立优化模型，通过求解优化模型，获得概率支持向量机模型参数的最优值。该方法中，每个支持向量机给出的分类结果采用概率的方式给出，即通过后验概率来确定样本的类别，使样本在分类时不仅具有定性的解释还具有定量的评价。

1. 支持向量机后验概率分类器

支持向量机的标准输出为

$$y = \operatorname{sign}(f(x)) \tag{2.32}$$

式中，$f(x) = (w^* \times x) + b^*$，$w^*$ 是最优分类面的权系数向量，b^* 是分类的域值。最优分类面示意图如图 2.10 所示。

对于离分类面最近的样本点 (支持向量)，应满足 $\|f(x)\| = 1$；对于分类面上的点有 $f(x) = 0$；对于其他的样本点，有 $f(x) = \pm r \cdot \|w\|$。其中，r 表示样本点 x 到分类面之间的距离，正负号表示该样本点在分类面的两侧，支持向量到分类面之间的距离为：$r_{\text{sv}} = 1/\|w\|$。

任意样本点 x 到分类面之间的距离为：$r_x = f(x)/\|w\|$。进而可得

$$f(x) = r_x / r_{\text{sv}} \tag{2.33}$$

从图 2.10 所示的最优分类面可以看出，通过样本与最优分类面之间距离的远近，可以定量地评价两类分类问题中样本属于某类程度的大小，由式 (2.33) 可以看

出，$f(x)$ 是 r_x 与 r_{sv} 的比，这样就可以通过 SVM 方法的标准输出 $f(x)$ 来度量样本的后验概率，因此后验概率模型可看作是 $f(x)$ 的函数。

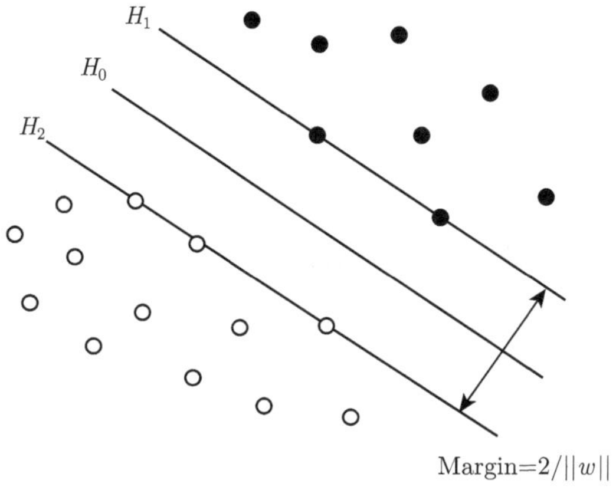

图 2.10　最优分类面示意图

SVM 概率输出函数应该满足：①函数的值域为 [0,1]；②函数必须满足单调性。通过对几种单调函数作为概率输出函数的对比分析，在 SVM 的输出概率建模中，含两个参数 A 和 B 的 sigmoid 函数具有灵活的函数形式，在实际应用中表现出较好的分类精度，因此采用含两个参数 A 和 B 的 sigmoid 函数作为后验概率模型。在两类分类问题中，采用含两个参数 A 和 B 的 sigmoid 函数，给出 SVM 的概率输出形式为

$$\begin{cases} P\left(y=1|f(x)\right)=\dfrac{1}{1+\mathrm{e}^{A\cdot f(x)+B}} \\ P\left(y=-1|f(x)\right)=1-P\left(y=1|f(x)\right) \end{cases} \tag{2.34}$$

式中，参数 A 和 B 控制 sigmoid 函数的形态；$f(x)$ 为 SVM 中样本 x 的标准输出值。可以看出，对传统 SVM 进行概率建模后，通过上面两式即可确定样本 x 的类别，后验概率的大小也提供了样本属于所在类的程度的大小，也可以把它叫作可信度。而传统 SVM 是通过式 (2.32) 中 y=1 或 $y=-1$ 来确定样本 x 的类别。

2. SVM 后验概率分类器参数计算

通过支持向量机的标准输出 $f(x)$ 建立 sigmoid 函数的后验概率模型后，需要确定概率模型中的参数 A 和 B。下面从交叉熵的角度，采用最小化交叉熵方法来确定 sigmoid 函数的参数。

设随机变量 x 来自分布 $p(x)$，由于 $p(x)$ 未知，可以用一已知形式的分布 (如某种参数模型)$q(x)$ 来表示它。定义 $q(x)$ 与真实分布 $p(x)$ 间的交叉熵 (cross entropy) 为

$$-\int p(x)\ln q(x)\mathrm{d}x \tag{2.35}$$

只有当所选模型 $q(x)$ 等于真正的分布 $p(x)$ 时，交叉熵达到最小。

对于两类分类问题，假定 $y=p(c_1|x)$，$1-y=p(c_2|x)$，相当于 x 属于 c_1 时应有输出 t=1，属于 c_2 时应有输出 t=0，则有

$$p(t|x)=y^t(1-y)^{1-t} \tag{2.36}$$

可见 $p(t|x)$ 服从 Bernoulli 分布，若训练样本 $(x_i,y_i)(i=1,2,\cdots,n)$ 是独立选取的，则其似然函数可写为 $\prod\limits_{i=1}^{n}p(t_i|x_i)$，即

$$\prod_{i=1}^{n}y_i^{t_i}(1-y_i)^{1-t_i} \tag{2.37}$$

式 (2.37) 取负对数后有

$$E=-\sum_{i=1}^{n}\left[t_i\ln y_i+(1-t_i)\ln(1-y_i)\right] \tag{2.38}$$

可以证明式 (2.38) 就是 $y(x)$ 与目标 t 的分布间的交叉熵。

有了上面的准备工作，设案例训练样本集 $(x_i,y_i)(i=1,2,\cdots,n)$ 为支持向量机的训练样本，为了求取参数 A、B，可以将另一组样本 $(f_i，y_i)(i=1,2,\cdots,n)$ 作为训练样本，其中 $(f_i=f(x_i))$，$f(x_i)$ 为支持向量机的标准输出值，$y_i\in\{-1，1\}$。设 y_i=1 类的样本数为 N_+，设 $y_i=-1$ 类的样本数为 N_-。

为了避免采用小数据集拟合 Sigmoid 函数时出现过拟合现象，最简单的方法是在原始数据集中加入噪声，在重新构造的训练样本集中，正样本的支持向量机输出值为 $f(x_i)$，对应的目标值为 $t_i=1-\varepsilon_+$，而没有令 t_i 等于 1。同样，负样本对应的目标值为 $t_i=\varepsilon_-$，利用 Bayes 后验概率估计 $\varepsilon_+=\dfrac{1}{N_++2}$ 和$\varepsilon_-=\dfrac{1}{N_-+2}$，即得到重新定义的一组训练样本 $(f_i，t_i)(i=1,2,\cdots,n)$，$t_i$ 为加噪声后 $f(x_i)$ 对应的目标值。其表达式如下：

$$t_i=\begin{cases}\dfrac{N_++1}{N_++2}, & y_i=1;\\ \dfrac{1}{N_-+2}, & y_i=-1.\end{cases} \tag{2.39}$$

目标是求取模型 p_i，即求 p_i 表达式中的参数 A、B，使 p_i 的值尽可能贴近 t_i，为此建立 p_i 与 t_i 的交叉熵：

$$E=-\sum_{i=1}^{n}\left[t_i\ln p_i+(1-t_i)\ln(1-p_i)\right] \tag{2.40}$$

通过对新训练样本集的交叉熵的最小化，求取 sigmoid 函数的参数 A、B。将求解参数 A 和 B 用向量的形式表示为 $Z=[A,B]^{\mathrm{T}}$，目的就是使式 (2.41) 最小化：

$$\min_{Z=(A,B)^{\mathrm{T}}} F(Z) \tag{2.41}$$

式中，$F(Z)=-\sum_{i=1}^{n}\left[t_i\ln p_i+(1-t_i)\ln(1-p_i)\right]$；$p_i=\dfrac{1}{1+\mathrm{e}^{Af(x_i)+B}}$。

采用具有逆向线性搜索特点的牛顿迭代方法，求解式 (2.41) 中的参数 A 和 B。该迭代算法的基本步骤如下。

首先：求 $F(Z)$ 的梯度 $\nabla\boldsymbol{F}(Z)$ 和$F(Z)$ 的 Hessian 矩阵 $\boldsymbol{G}(Z)$，其表达式如下：

$$\nabla\boldsymbol{F}(Z)=\begin{bmatrix}\sum_{i=1}^{n}\dfrac{\partial F}{\partial p_i}\dfrac{\partial p_i}{\partial A}\\ \sum_{i=1}^{n}\dfrac{\partial F}{\partial p_i}\dfrac{\partial p_i}{\partial B}\end{bmatrix}=\begin{bmatrix}\sum_{i=1}^{n}(t_i-p_i)f_i\\ \sum_{i=1}^{n}(t_i-p_i)\end{bmatrix}$$

$$\boldsymbol{G}(Z)=\nabla^2\boldsymbol{F}(Z)=\begin{bmatrix}\sum_{i=1}^{n}p_i^2f_i^2(1-p_i) & \sum_{i=1}^{n}p_i^2f_i(1-p_i)\\ \sum_{i=1}^{n}p_i^2f_i(1-p_i) & \sum_{i=1}^{n}p_i^2(1-p_i)\end{bmatrix}$$

首先，给定初始点 z^0，参数 $\sigma\geqslant 0$，以使得 $\boldsymbol{G}(z^0)+\sigma\boldsymbol{I}$ 是正定的。

其次，将上述问题的求解转换为下面的迭代求解式：

$$\left[\boldsymbol{G}\left(z^k\right)+\sigma\boldsymbol{I}\right]\delta^k=-\nabla\boldsymbol{F}\left(z^k\right)$$

α^k 依次从序列 $1,\dfrac{1}{2},\dfrac{1}{4},\cdots$ 中取值，满足：

$F\left(z^k+\alpha^k\delta^k\right)\leqslant F\left(z^k\right)+0.0001\cdot\alpha^k\left(\nabla F(z^k)^{\mathrm{T}}\delta^k\right)$ 的序列中的第一个元素作为 α^k。

再次，设 $z^{k+1}=z^k+\alpha^k\delta^k$，继续迭代。

最后，通过迭代求解，即可得到 A 和 B 的值，从而通过式 (2.34) 确定样本 x 属于某一类的后验概率。

3. 案例所属类别的决策及相似案例检索

上面给出的是一个两类分类问题的 SVM 概率模型，实际的分类问题更多的是多类分类问题。对多类分类问题的概率建模，目前主要采用将多个两类分类的概率结果进行组合的方式进行概率建模。最常用的组合方法是投票法，该方法在对各两类分类器的分类结果进行组合时，将各分类器的重要性同等看待，即在合并每个两类分类器得到的后验概率时，没有考虑另一类样本出现的概率情况，因此该方法得到的是一种近似的后验概率。下面给出一种简单实用的计算方法。

该方法的基本思想是：对于 M 类的分类问题，利用 “一对一” 分类方法，构造 $M(M-1)/2$ 个两类分类器，即每任意两类构造一个支持向量机分类器。采用上面给出的两类问题的 SVM 后验概率分类器计算目标案例在 C_i 与 C_j 两类中的后验概率，然后，结合 $M(M-1)/2$ 个两类分类器计算得到的后验概率来确定目标案例在每个类中的最终后验概率。

定义目标案例 x 属于第 C_i 类的最终后验概率为

$$p(C_i|x)=\frac{2}{M(M-1)}\cdot\sum_{j=1,j\neq i}^{M}p_{i\circ j}\left(C_i|C_j;x\right)\quad i=1,2,\cdots,M \tag{2.42}$$

其中，$p_{i\circ j}\left(C_i|C_j;x\right)$ 表示由第 C_i 类与 C_j 类构成的两类 SVM 分类器计算得到的 x 属于第 C_i 类的后验概率。

在确定目标案例所属的类之后，计算目标案例 x 与该类中每一案例的相似度，相似度最大的几个案例作为最终检索结果。

2.6　案例修正技术

在 CBR 方法研究中，方案修正被公认为是最具挑战性的问题之一，也是 CBR 领域的一个研究热点。近年来，已经出现的典型方法有：基于差异特征的可拓修正方法、基于混合学习算法的修正方法、基于机遇促发学习的修正方法、基于方案库学习的修正方法等。从知识的应用角度分析，可将修正方法简单分为结构修改和诱导修改两种。结构修改方法就是直接应用规则或公式修改所存储案例的结论以适应新的问题，它又可分为不修改、参数调整、重实例化和组合修改等四种方式；诱导修改是重用得出以前案例结果的规则或公式，它又可分为诱导重放和模型引导两种方式，典型的实例有 BOGART 和 CASEY 等系统。近年来，国内外学者针对不同应用领域，提出了多种案例修改策略，Florentino 等 [137] 将粗糙集和最小描述长度方法相结合，提出了一种基于 β-TSK Fuzzy 的案例修改方法；Amélie 等 [138]、Fadi 等 [139] 和 Susan 等 [140] 对基于修改规则的案例修改方法进行了研究，并提出了各具特色的修正规则学习策略；Santiago 等 [141] 将案例推理应用于自动故事生成，提出了基于论据的案例修正算法 (argument-based revision algorithm，ARA)，设定了冲突规则，减少了自动生成的故事中的语义错误。国内的徐圆等 [142] 提出基于差异特征的案例可拓修改方法，通过相似案例间的差异特征对待用解决方案进行修改，并通过精馏塔理论板数的确定进行了验证，为案例修正提供了一种新的思路；张媛等 [143] 提出了一种解决高维案例空间中有限案例之间的适应性问题，即利用自组织匹配 (self organizing map，SOM) 和虚拟诱导自组织匹配 (visualization induced self organizing map，VISOM) 相结合的案例修正方法以解决类似情况下的案例修正问题；文天柱等 [144] 提出了基于可拓理论的案例修正方法，利用可拓增删变换修改可拓案例中的故障征兆基元和权重，达到对案例修改目的。此外，Gu 等 [145] 提出一种基于约束矩阵的修正方法；本书作者团队提出了一种重用共异相似案例的修正方法 [82]。

2.6.1　重用共异相似案例的修正技术

检索出的匹配案例与目标案例整体相似，但有一小部分不相似，针对这一小部分的不相似，在案例库中找出同样也是这一小部分不相似的两个相似案例，比较这一对相似案例方案上的变化，根据这一变化，对检索出案例的方案进行修正，使之适用于目标案例。这种修正方法，称为重用共异相似案例的修正方法。

1. 相关概念

定义 2.14 (差异属性)　设有相似案例 s_1 与 s_2(即 $s_1 \sim s_2$，$\mathrm{sim}(s_1,s_2) \geqslant \mathrm{sim}_{\mathrm{thre}}$)，当存在属性 $c(c(s_1) \in s_1$，$c(s_2) \in s_2)$，使得 $\mathrm{sim}(c(s_1),c(s_2)) \leqslant \mathrm{sim}_{\mathrm{thre}}$ 记作 $c(s_1) \sim c(s_2)$(即案例 s_1 与 s_2 的属性 c 不相似) 时，称属性 c 为相似案例 s_1 与 s_2 的差异属性。

定义 2.15 (共异相似案例)　设有相似案例 s_1^* 与 s_2^*(即 $s_1^* \sim s_2^*$)，若属性 c 满足 $c(s_1^*) \sim c(s_1)$，$c(s_2^*) \sim c(s_2)$，则称案例 s_1^* 与 s_2^* 为案例 s_1 与 s_2 的共异相似案例，即两对相似案例有共同的差异属性 c。

2. 重用共异相似案例修正步骤

重用共异相似案例的案例修正技术，其基本思路是：提取匹配案例与目标案例的差异属性，根据差异属性是数值性属性 (包括确定型数值属性和区间型数值属性) 还是文字类属性 (包括关键类属性、模糊属性和文本类属性)，设计两种筛选规则得到共异案例集，从共异案例集中筛选得到共异相似案例，参照共异相似案例的方案变化，对匹配案例的方案进行修正。具体步骤如下。

输入：情景描述相似案例集 $S^*(s_1,\cdots,s_l)$，目标案例 t，案例库 S；

输出：修正后的目标案例解决方案集 M^*；

步骤 1：初始化：$k=1$，$j=1(k \in [1,l])$；

步骤 2：提取相似案例集 S^* 中案例 s_k，将目标案例 t 的初始解决方案 $M_0^k(t)$ 定为案例 s_k 的解决方案 $M(s_k)$，即令 $M_0^k(t)=M(s_k)$；

步骤 3：提取案例 s_k 与 t 的差异属性 $c_1,\cdots,c_m$；

步骤 4：判断 $c_j(j \in [1,m])$ 属性，若为数值类属性转步骤 5，若为文字类属性则转步骤 6；

步骤 5：根据案例 s_k 和 t 中差异属性 c_j 的特征值 $v_j(s_k)$ 和 $v_j(t)$ 设定其度 $vf_j(s_k)$ 和 $vf_j(t)$(即在范围 $vf_j(s_k)$ 和 $vf_j(t)$ 内，属性 c_j 不会发生质变)，并从案例库 S 中筛选出属性 c_j 特征值 v_j 分别在两个度内的案例集 $S_1(v_j \in vf_j(s_k))$ 和 $S_2(v_j \in vf_j(t))$，转步骤 7；

步骤 6：根据案例 s_k 和 t 中差异属性 c_j 的特征值 $v_j(s_k)$ 和 $v_j(t)$，从案例库中筛选出属性 c_j 特征值 v_j 等于 $v_j(s_k)$ 和 $v_j(t)$ 的案例集 $S_1(v_j = v_j(s_k))$ 和 $S_2(v_j = v_j(t))$；

步骤 7：剔除两个案例集 S_1 和 S_2 中所有案例的差异属性 c_j，计算剩余属性的相似度 $\mathrm{sim}(s_1, s_2)$，其中 $s_1 \in S_1$，$s_2 \in S_2$，取最大值 $\max(\mathrm{sim}(s_1, s_2))$，判断 $\max(\mathrm{sim}(s_1, s_2))$ 是否满足阈值要求，满足转步骤 8，不满足则跳出循环，进行人工修正；

步骤 8：取 $\max(\mathrm{sim}(s_1, s_2))$ 对应的两个案例 s_1^* 和 s_2^* 为相似案例 s_k 和 t 的共异相似案例。根据案例 s_1^* 与 s_2^* 的解决方案 $M(s_1^*)$ 和 $M(s_2^*)$ 的差异，对目标案例 t 的现有解决方案 $M_{j-1}^k(t)$ 依据一定的修正规则进行修正，得到修正后的解决方案 $M_j^k(t)$；

步骤 9：判断 j 是否小于 m，若小于，$j+1$，并转步骤 4，不小于转步骤 10；

步骤 10：令 $M_k = M_j^k(t)$，输出 M_k 并判断 k 是否小于 l，若小于，令 $j = 0$、$k = k+1$，并转步骤 2，若不小于，则结束。

对于步骤 8 中的修正规则，不同的应用问题具有不同的修正规则，需要根据要解决的问题本身而确定。可以有专家预先确定，也可以通过从现有案例库中学习获得修正规则。

2.6.2　案例的评价技术

目前关于案例推理中案例评价的研究较少，文献 [146] 和 [147] 提到案例评价，但前者主要强调的是领域问题本身的评价，后者偏重的是案例评价的分类方法，系统性研究案例评价的文献较少。相反，针对方案评估的研究较早，成果也相对较丰富，比较典型的评估技术有逼近理想点法、层次分析法、主成分分析法、模糊综合评判法、灰色评估方法、粗糙集评估方法、集对分析方法和人工神经网络评估法等。单一的评估方法往往由于评估对象的复杂性和自身的一些缺陷使可信度降低，在方案评估时常采用一种或多种评估方法相结合。这些方法为案例评价提供了基础。众多评价方法中，集对分析在具有不确定信息的多属性决策研究中，提供了一种新的思路，该方法可以从问题本身分离出相对确定性信息和相对不确定性信息，在相对确定条件下进行决策，然后利用相对不确定性信息对决策结果进行稳定性分析，因此集对分析在不确定性信息处理方面应用广泛。

1. 集对分析基本理论

集对分析 (set pair analysis，SPA) 是我国学者赵克勤 [148] 提出的一种关于确定不确定系统同异反定量分析的系统分析方法。若用集合表示成对的事物 (或概念) 中的任一方，则成对的事物 (或概念) 就是一个由 2 个集合组成的对子。

定义 2.16 (集对)[148]　集对是指具有一定联系的两个集合所组成的对子。若用 X、Y 表示集合，H 表示集对，则 $H=(X,Y)$。集对分析认为，"联系是关系之和"。两个集合的联系状况由这两个集合的所有关系决定。

定义 2.17 (集对的特征函数)[148]　用来表征集对中两个集合的关系数与关系性质的函数称为集对的特征函数，也称为两个集合关系的特征函数，简称特征函数。若用 H 表示集对，集对 H 的特征函数就记为 $\mathrm{CF}(H)$。

例如，集对 $H=(X,Y)$，$X=\{1,2,3,4,5\}$，$Y=\{1,-2,-3,4,5\}$，若分析其中一个集合中的每一元素与另一个集合中的每一个元素的关系，则共有 25 对关系。一一分析这 25 对关系，发现有 3 对元素是标准的相同关系 (简称同关系)，分别是 (1,1)、(4,4)、(5,5)；有 2 对元素是标准的相反关系 (简称反关系)，分别是 (2,–2)，(3,–3)；其余 20 对元素的关系，如 (1,–2)，(1,–3)，(1,4)，(1,5)，(2,1)，(2,–3) 等，既不是标准的同关系，也不是标准的反关系，具体有多大程度的相同，有多大程度的相反，则需要到微观层次上具体分析。单纯从 "标准程度确定、标准程度不确定" 这种 "二分法" 的角度去描述集对的特征函数，可以得到该集对 H 的特征函数为 $\mathrm{CF}(H)=5+20i$，i 代表不确定关系的标记。若从 "三分法" 的角度看，由于确定是标准的同关系有 3 个，确定是标准的反关系有 2 个，其他相异于同关系也相异于反关系的关系有 20 个，这时该集对 H 的特征函数可表示为

$$\mathrm{CF}(H)=3+20i+2j \tag{2.43}$$

式中，i 是代表异关系 (不确定关系) 的标记；j 是代表反关系的标记。

一般地，若集对 $H=(X,Y)$ 在某个具体的问题背景下和在某个分析过程中，论述了 N 个关系，其中 A 个是同关系，C 个是反关系，还有 B 个关系既不是标准的同关系，也不是标准的反关系，但同时又含有一定程度的同关系性质和反关系性质，则此集对的特征函数为

$$\mathrm{CF}(H)=A+Bi+Cj。$$

若令 $a=A/N,b=B/N,c=C/N,\mu=\mathrm{CF}(H)/N$，则有

$$\mathrm{CF}'(H)=\mu=a+bi+cj$$

集对的特征函数是关于集对中两个集合关系的一种数量性描述，也是在给定问题背景下关于关系分类的一个函数。分析越精细，得到的关系刻画就越精细。

定义 2.18 (联系度)[148]　联系度是集对的特征函数，是一种结构函数。结构函数是一种构造型的，具有一定形式的、能反映研究对象不同关系和不同系统结构的函数。

对于不同研究问题需要，可以给出多种联系度的构造方法，如二元联系度、三元联系度、四元联系度等。三元联系度目前使用较多，因此重点给出三元联系度的定义。

定义 2.19 (三元联系度)[148]　设 A、B、C 为实数，$j=-1$，$i\in[-1,1]$，称 $U=A+Bi+Cj$ 为三元联系度。

令 $A+B+C=N$，$\mu=U/N,a=A/N,b=B/N,c=C/N$，则有 $\mu=a+bi+cj$ 也为三元联系度，简称联系度。

a、b 和 c 分别为集对的同一度、差异度和对立度，且有 $a+b+c=1$。

定义 2.20 (态势函数)[148]　态势是指联系度中各联系分量大小关系所确定的系统状态和趋势。不同的联系度中联系分量的大小关系不同，但又有一定的规律，因此可以用联系度的态势函数来描述这种规律。势函数是一种构造函数，可以根据问题的需要给出不同的构造模型。态势函数又叫联系度的伴随函数或势函数。

例如，二元联系度中，可定义 $\mathrm{SHI}(\mu)=a/b$，根据 $\mathrm{SHI}(\mu)$ 的值可判定集对处于什么势。对于三元联系度，可定义 $\mathrm{SHI}(\mu)=a/c$，为避免分母为 0，可定义 $\mathrm{SHI}(\mu)=\mathrm{e}^a/\mathrm{e}^c$ 等。当 $\mathrm{SHI}(\mu)>1$ 时为同势，$\mathrm{SHI}(\mu)=1$ 为均势，$\mathrm{SHI}(\mu)<1$ 为反势。

从集对及其联系度的定义中可以看出，集对分析法有一个显著的本质特征，即所要分析不确定系统的几个问题 (集合) 之间有一定的联系，相互之间有一定的影响。这一特征限制了该方法适用范围，不能运用其分析一些确定不确定系统，如系统中的问题之间相互独立、系统中只存在单一对象、不确定系统中各因素难以量化等问题。

2. 基于集对分析的案例评价方法

案例评价本质上是一种多属性决策问题。假设备选案例集为 $C=\{C_l\}$，$l=1,2,\cdots,n$，每个案例的属性集合为 $A=\{A_k\}$，每一个属性的权重为 $W=\{w_k\}$，$k=1,2,\cdots,m$；案例决策矩阵为 $\boldsymbol{D}=(d_{ij})_{m\times n}$，则基于集对分析的案例评价步骤如下。

步骤 1：归一化决策矩阵。

对决策矩阵 $\boldsymbol{D}=(d_{ij})_{m\times n}$ 进行归一化处理，获得其相对应的优属度矩阵 $\boldsymbol{R}=(r_{ij})_{m\times n}$，记做 $\boldsymbol{R}=(\boldsymbol{R}_1,\cdots,\boldsymbol{R}_l,\cdots,\boldsymbol{R}_n)$，其中 $\boldsymbol{R}_l=(r_{1l},r_{2l},\cdots,r_{ml})^{\mathrm{T}}$。

步骤 2：确定案例的正理想方案与负理想方案。

案例正理想方案为 $\boldsymbol{R}^{+}=\left(r_1^{+},r_2^{+},\cdots,r_m^{+}\right)^{\mathrm{T}}$，$r_k^{+}=\max\limits_{l=1,2,\cdots,n}(r_{kl})$，$k=1,2,\cdots,m$。

案例负理想方案为 $\boldsymbol{R}^{-}=\left(r_1^{-},r_2^{-},\cdots,r_m^{-}\right)^{\mathrm{T}}$，$r_k^{-}=\min\limits_{l=1,2,\cdots,n}(r_{kl})$，$k=1,2,\cdots,m$。

步骤 3：确定案例与正理想方案的联系度。

对于案例优属向量 $\boldsymbol{R}_l$，$l=1,2,\cdots,n$，其与正理想方案为 $\boldsymbol{R}^{+}=(r_1^{+},r_2^{+},\cdots,r_m^{+})^{\mathrm{T}}$ 可以组成集对 $(\boldsymbol{R}_l,\boldsymbol{R}^{+})$，其属性集对 $\left(r_{kl},r_k^{+}\right)$ 的联系度为

$$\mu_{kl}^{+}=a_{kl}^{+}+b_{kl}^{+}i+c_{kl}^{+}j \tag{2.44}$$

式中，同一度 $a_{kl}^{+}=r_{kl}/r_k^{+}$；对立度 $c_{kl}^{+}=(r_k^{+}-r_{kl})/r_k^{+}$；差异度 $b_{kl}^{+}=0$。μ_{kl}^{+} 是对集对 $\left(r_{kl},r_k^{+}\right)$ 的相对确定性的同一、对立刻画，r_{kl} 越接近 r_k^{+}，μ_{kl}^{+} 的同一度就越大，对立度就越小；反之，同一度越小，对立度越大。$r_{kl}=r_k^{+}$ 时，$\mu_{kl}^{+}=1+0j$，表示集对 $\left(r_{kl},r_k^{+}\right)$ 完全确定。

集对 (R_l,R^{+}) 的联系度定义为

$$\mu_l^{+}=a_l^{+}+c_l^{+}j \tag{2.45}$$

式中，$a_l^{+}=\sum\limits_{k=1}^{m}w_k\cdot a_{kl}^{+}$；$c_l^{+}=\sum\limits_{k=1}^{m}w_k\cdot c_{kl}^{+}$。

步骤 4：确定案例与负理想方案的联系度。

对于案例优属向量 $\boldsymbol{R}_l$，$l=1,2,\cdots,n$，其与负理想方案为 $\boldsymbol{R}^{-}=(r_1^{-},r_2^{-},\cdots,r_m^{-})^{\mathrm{T}}$ 可以组成集对 $(\boldsymbol{R}_l,\boldsymbol{R}^{-})$，其属性集对 $\left(r_{kl},r_k^{-}\right)$ 的联系度为：$\mu_{kl}^{-}=a_{kl}^{-}+b_{kl}^{-}i+c_{kl}^{-}j$

其中同一度 $a_{kl}^{-}=r_k^{-}/r_{kl}$，对立度 $c_{kl}^{-}=(r_{kl}-r_k^{-})/r_{kl}$，差异度 $b_{kl}^{+}=0$。μ_{kl}^{-} 是对集对 $\left(r_{kl},r_k^{-}\right)$ 的相对确定性的同一、对立刻画，r_{kl} 越接近 r_k^{-}，μ_{kl}^{-} 的同一度就越大，对立度就越小；反之，同一度越小，对立度越大。$r_{kl}=r_k^{-}$ 时，$\mu_{kl}^{-}=1+0\mathrm{j}$，表示集对 $\left(r_{kl},r_k^{-}\right)$ 完全确定。

集对 $(\boldsymbol{R}_l,\boldsymbol{R}^{-})$ 的联系度定义为

$$\mu_l^{-}=a_l^{-}+c_l^{-}\mathrm{j} \tag{2.46}$$

式中，$a_l^{-}=\sum\limits_{k=1}^{m}w_k\cdot a_{kl}^{-}$；$c_l^{-}=\sum\limits_{k=1}^{m}w_k\cdot c_{kl}^{-}$。

步骤 5：确定案例与综合理想方案的联系度。

在一些决策问题中，接近正理想方案的备选方案不一定同时远离负理想方案，而且步骤 3、步骤 4 得到的联系度都是确定的，不能对决策结果进行稳定性分析，为此需要定义一种由案例与其综合理想方案 (记做：$\boldsymbol{R}_0$) 构成的集对的联系度度量方法。

在步骤 3 和步骤 4 得到的 a_{kl}^+ 和 c_{kl}^- 分别表示 r_{kl} 接近 r_k^+ 和远离 r_k^- 的趋势，而 c_{kl}^+ 和 a_{kl}^- 分别表示 r_{kl} 远离 r_k^+ 和接近 r_k^- 的趋势，为此定义 r_{kl} 在区间 $[r_k^-, r_k^+]$ 上接近 r_k^+ 并远离 r_k^- 的联系度为

$$\mu_{kl} = a_{kl} + b_{kl}i + c_{kl}j \tag{2.47}$$

式中，$a_{kl} = \left(r_{kl} - r_k^-\right)/r_k^+$；$c_{kl} = r_k^-/r_{kl} - r_k^-/r_k^+$；$b_{kl} = 1 - \left(r_{kl} + 2r_k^-\right)/r_k^+ - r_k^-/r_{kl}$。

当 $r_{kl} = r_k^+$ 时，$a_{kl} + b_{kl} = 1$，$a_{kl} = \left(r_k^+ - r_k^-\right)/r_k^+$ 取得最大值；当 $r_{kl} = r_k^-$ 时，$c_{kl} + b_{kl} = 1$，$c_{kl} = \left(r_k^+ - r_k^-\right)/r_k^+$ 取得最大值，但此时联系度同一度 (或对立度) 小于 1，也就是说在同一性或对立性的判断上具有不确定性，这也说明联系度对系统不确定性的刻画与传统模糊数学不同。

进而可以得到案例集对 (R_l, R_0) 的联系度：

$$\mu_l = a_l + b_l i + c_l j \tag{2.48}$$

式中，$a_l = \sum_{k=1}^{m} w_k \cdot a_{kl}$；$b_l = \sum_{k=1}^{m} w_k \cdot b_{kl}$；$c_l = \sum_{k=1}^{m} w_k \cdot c_{kl}$。

步骤 6：案例集对 $(\boldsymbol{R}_l, \boldsymbol{R}_0)$ 的势函数。

根据上述步骤计算得到的每个案例与综合理想案例构成集对的联系度 μ_l，$l = 1, 2, \cdots, n$，计算集对的势值 $\mathrm{SHI}(\mu_l) = \mathrm{e}^{a_l}/\mathrm{e}^{c_l}$，根据势值即可得到案例排序结果。

需要说明的是，势函数是构造函数，所以可以有不同的构造方法。比较典型的是杨俊杰等 [149] 提出的相对确定可能势排序依据，具体定义如式 (2.49) 所示：

$$\mathrm{SHI}(\mu) = 2 \times a/(b + c) - c/(a + b) \tag{2.49}$$

同时提出相对乐观可能势和相对悲观可能势作为趋势演化分析的有偏好度量，具体定义如式 (2.50) 和式 (2.51) 所示：

$$\mathrm{SHI_o}(\mu) = (2a + \gamma b)/((1 - \gamma)b + c) - c/(a + b) \tag{2.50}$$

$$\mathrm{SHI_p}(\mu) = 2a/(b + c) - (c + \gamma b)/(a + (1 - \gamma)b) \tag{2.51}$$

式中，$\gamma \in [0, 1]$，且 $\mathrm{SHI_o}(\mu)$ 反映了 b 向同一度 a 转化的趋势，$\mathrm{SHI_p}(\mu)$ 反映了 b 向对立度 c 转化的趋势。

在方案排序时，可以综合考虑 $\mathrm{SHI}(\mu)$、$\mathrm{SHI_o}(\mu)$、$\mathrm{SHI_p}(\mu)$ 和 γ 的取值区间，给出精准排序。

步骤 7：案例排序稳定性分析。

步骤 6 定义的势函数中，$\mathrm{SHI}(\mu)$ 不考虑 b 的变化所带来的影响，所以基于 $\mathrm{SHI}(\mu)$ 的排序不受不确定因素的影响，排序结果是稳定的。$\mathrm{SHI_o}(\mu)$ 和 $\mathrm{SHI_p}(\mu)$

能反映系统在演化过程中不确定因素向同一度和对立度转变的趋势，基于 $\mathrm{SHI_o}(\mu)$ 和 $\mathrm{SHI_p}(\mu)$ 的排序，当 γ 在 [0,1] 变化时，会影响排序结果的稳定性，因此，想得到稳定的排序结果，即用不同势函数得到的排序结果是一致的，还需要确定 γ 的取值区间。

下面以 $\mathrm{SHI_o}(\mu)$ 为例说明其稳定性分析方法。

设两联系度在 $\gamma=0$ 时的排名为 k 和 l，联系数记做 μ_k、μ_l，若 $k<l$，则要求 $\mathrm{SHI_o}(\mu_k)<\mathrm{SHI_o}(\mu_l)$，代入式 (2.50) 可得

$$2\times a_k/(b_k+c_k)-c_k/(a_k+b_k)<2\times a_l/(b_l+c_l)-c_l/(a_l+b_l) \tag{2.52}$$

当 $\gamma\neq 0$ 时，若 $k<l$，则要求 $\mathrm{SHI_o}(\mu_k)<\mathrm{SHI_o}(\mu_l)$，代入式 (2.51) 可得

$$\begin{aligned}&2a_k/(b_k+c_k)-(c_k+\gamma b_k)/(a_k+(1-\gamma)b_k)<\\&2a_l/(b_l+c_l)-(c_l+\gamma b_l)/(a_l+(1-\gamma)b_l)\end{aligned} \tag{2.53}$$

求解式 (2.52) 和式 (2.53) 可以得到保持排序结果稳定的 γ 的容许范围：

$$0<\gamma<\min\left\{1,\frac{a_lb_l\left(1-a_k\right)^2-a_kb_k\left(1-a_l\right)^2}{a_lb_lb_k-a_kb_kb_l}\right\}$$

同样的方法可以确定 γ 对 $\mathrm{SHI_p}(\mu)$ 排序稳定性。

第 3 章　基于案例推理的反导任务规划框架

CBR 技术以其在处理非结构性问题上的优越性在故障诊断、专家系统、智能商务、应急处理工程和装备设计等领域得到广泛应用，但在 CBR 与军事相结合的研究方面，尤其是 CBR 与反导任务规划相结合的应用性研究还很少。在对 CBR 方法的理论研究上，虽然不同学者从各自研究领域出发，已针对 CBR 方法的原理模型和关键环节提出了多种实际有效的方法。但由于各种方法所具有的领域特性，目前将 CBR 方法用于解决反导作战问题的理论研究还很少，且大多为基本 CBR 方法的直接套用，真正将 CBR 方法与反导作战特点相结合，对反导作战预案 (或方案) 的表示、检索、修正和学习维护等关键环节进行针对性理论方法的研究还屈指可数。

目前，在世界各国大力加强防空反导体系建设的大背景下，将 CBR 方法引入反导任务规划领域，对 CBR 方法的反导任务规划所涉及的理论方法和应用技术进行系统性深入研究，是一个符合军用任务规划技术发展和军事需求的研究方向，是一个具有重大理论意义和应用价值的研究内容。针对弹道导弹飞行弹道相对固定的特性，通过预案的制定和应用，充分发挥反导作战预案的作用，前移部分决策任务到战前阶段，为有效解决战时决策的实时性和准确性问题提供基础。

3.1　CBR 方法的基础分析

3.1.1　CBR 方法的问题求解过程

对于 CBR 方法的问题求解过程，Hunt、Allen、Kolodner 和 Leake 分别从心理学、识别科学、逻辑学等角度出发，提出了各自不同 CBR 过程模型；1994 年，Aamodt 和 Plaza 在分析归纳案例推理关键环节的基础上，提出了 CBR 应用的 “4R” 模型，即检索 (retrieve)、重用 (reuse)、修正 (revise) 和保存 (retain) 四个阶段，该模型是目前最常用的 CBR 过程模型 [150]，具体模型如图 3.1 所示。

基于 “4R” 模型的 CBR 推理过程主要包括以下四个步骤。

步骤 1：依据输入情景描述，从案例库中检索出与待处理问题相近的案例 (或案例集)；

步骤 2：把步骤 1 获得的案例 (或案例集) 中的知识、信息或策略复用到待处理问题上，得到待处理问题的候选解答；

步骤 3：对候选解答进行修正获得待处理问题的建议解答；

步骤 4：对本次获得的建议解答进行学习，并将结果保存起来，以备后用。

通常一个待处理的问题被描述为一个目标案例，以该目标案例为匹配对象，依据一定的策略，从案例库中检索出一个或多个相似案例，通过案例重用环节，检索到的相似案例与目标案例结合成一个包括解答信息或知识的新案例，即待处理问题的建议解答；然后，如果该建议解答可以直接应用，则直接作为本次求解的最终解答；若不能直接应用，则对建议解答进行适应性修正，直到得出符合待处理问题的解答为止；最后，通过对有价值的推理过程或经验的学习以及将其保存起来，实现案例库的扩充。

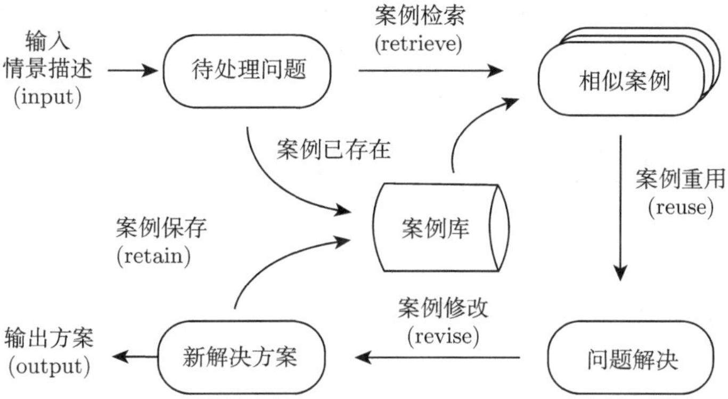

图 3.1　CBR 方法的“4R”模型

2004 年，Sun 等 [151] 为解决“4R”模型中存在的问题，在引入再分配 (repartition) 子过程的基础上，提出了 CBR 的“5R”模型，为案例库的组织和案例检索提供了数学与逻辑推理的基础，也将案例库的相关研究纳入到 CBR 研究领域；2007 年，杨振刚 [152] 针对智能决策领域，提出了“CR^4”模型，该模型将分类 (cluster) 环节与“4R”模型相结合，其基本思想是：案例库的构建同样是一种基于相似性的推理过程，要基于具体领域和问题解决进行案例划分和存储。

3.1.2　CBR 方法的优势与不足

1. CBR 方法的优势

1) 智能化

在人工智能领域，案例推理是一个重要的分支，是一种重要的机器学习方法，一种模拟人类思维过程的特殊求解方法。案例推理与基于规则的推理、基于模型的推理并列为“知识推理”的三大方法。从 CBR 原理分析可知，其整个求解体现了人类心理的认知活动，符合人类的思维过程，体现了一定的智能化特性。

2) 知识获取代价低

CBR 系统使用的主要知识是案例，由于案例的获取不需要分解和泛化经验以形成规则，案例的获取要比规则获取容易得多。在一些应用领域中存在着“天然”的案例 (历史记录或文档)，其获取的代价相对较低。对于获取或构建案例有困难的领域，可借助“范例工程”来分析案例的构成信息，设计案例知识的表示方法，并通过从可提供的数据中抽取信息来构建案例。即使这种情况下，CBR 仍然具有优势，因为多数领域专家对提取案例规则感到“困惑”，但却愿意讲述其解决实际问题时的现实“经验”。

3) 解决问题的范围扩大

传统的专家系统是一种演绎推理，所有对于问题的解答都预先包含在系统的知识库中，不具有创新求解能力。而 CBR 系统主要是基于类比的推理，通过案例的适应性修正，可以形成与旧案例不同的创新性解答。即 CBR 优于传统的专家系统，CBR 能够处理“例外”于规则的问题。

4) 知识库的维护方便

知识库是基于“知识推理”的系统的核心，然而初始阶段对人们对领域问题的认识常常是不完备的，且随着任务需求和环境的变化，现有知识也将慢慢过时和失效。但 CBR 机制为用户进行知识维护提供了巨大的便利，在没有领域专家干预和帮助的情况下，用户只需将需要的案例添加到案例库中，即就完成了案例知识学习的过程。

5) 求解过程简单

对于解释、规划和修正等复杂问题的求解，CBR 方法一般无须考虑问题求解的具体细节，且依靠案例重用环节可节省大量的推理时间，从而提高了问题求解的效率。当相似问题再次出现时，无须像传统专家系统那样进行新的重复操作，CBR 利用学习获得的以往案例知识来解决当前问题，从而避免了组合爆炸问题。且由于 CBR 可同时保存失败和成功的经验知识，可使系统避免一些潜在的问题。

6) 解的质量提高

因为 CBR 推理所使用的案例是真实事情的翔实记录，所以通常要比规则链更准确。当人们对某个领域没有达到完美理解的时候，某些隐性的知识是不可能被察觉和发现的，故能获得的规则性知识往往是不全面的。在这种情况下，由基于案例推理获得的结果可能要比基于规则推出的结果更加可靠，因为案例本身既蕴含显性推理规则又包含某些未被发现的隐性知识。很显然，CBR 方法的这些优点可以很好地解决问题求解过程中知识储备不足和推理规则不清等问题，可以尽量避免决策者因主观臆断导致的重大决策失误。

7) 解更易被用户接受理解

一般情况下，用户在得到解答后，可能需要证明其是否可信。目前，基于人工神经元网络的系统还无法对其得出的结论给出解释；基于规则的系统通过其所包含的规则来解释结论，但由于规则可能不被用户完全理解或接受，其给出的结论也可能受怀疑；而 CBR 系统提供给用户的是具体案例，这些案例可以展示给用户，作为系统得出结论的有力支持，从而更容易让用户接受和理解。

8) 学习和泛化能力提高

CBR 作为学习方法的特殊形式，从学习器泛化的角度看，具有更强的泛化能力。通常的机器学习算法将学习器泛化工作放在样本数据训练的过程中，而案例学习将泛化工作放在对新案例的分类时进行。这样做的最大优势在于学习器不必在整个假设空间中一次性估计目标函数，而是针对每个待分类的新案例按照某个策略 (甚至可以是不同的策略) 做局部的相异性估计，这有利于提高学习器的泛化能力。

9) 适用于解决结构不良问题

对于某些复杂、非结构化的领域，构建完整清晰的求解模型是不可能的，有的甚至都没有模型可建，将传统的专家系统用于这样的领域是比较困难的。CBR 通过基于新旧案例的类比来求解问题，不需要完整的领域模型，故适用于求解结构不良的问题。

10) 系统的通用性强

案例知识是 CBR 进行问题求解的基础，通过向案例库中添加不同领域的知识，即让 CBR 系统处于不同的学习环境中，随着时间的推移，CBR 系统就能通过学习和保留积累适用于该领域的案例知识，从而使 CBR 系统适用于新的问题领域。

2. CBR *方法的不足*

在不同的应用领域中，CBR 系统都有出色的表现，但传统的 CBR 系统还是存在着以下不足之处。

1) 案例表示技术不成熟

案例表示技术不成熟主要表现在三个方面：①现有案例表示方法不能很好地表达案例的深层性、特殊性知识；②表达方法没有统一的标准，案例信息无法共享、交换和集成；③案例表示方案具有强领域性，细微的模式变化都会引发方法的重新设计，不具有扩展性。

2) 推理过程对噪音数据敏感

随着案例库的增大，可能出现一些不一致、冗余或错误的案例数据，这可能导致 CBR 的匹配效率降低，且修改环节可能出现多次迭代运算，使整个系统性能降低。

3) 案例提取的自动化程度不高

对于提取案例有困难的领域，需要建立 “案例工程”，但目前通过 “案例工程” 来获取案例的自动化程度较低，且对于案例修正知识和规则的自动化获取方面的研究还未获得实质性进展。

3.2　CBR 应用于反导任务规划领域的可行性分析

3.2.1　CBR 原理与反导任务规划的相似性

对反导任务规划流程 (图 1.11) 和 CBR 原理流程进行对比分析，可得表 3.1 所示的关键环节对照结果。

表 3.1　反导任务规划流程与 CBR 原理流程关键环节对照表

反导任务规划流程	CBR原理流程	对照结果说明
预案匹配	案例检索	两者都以案例 (预案) 库为基础，通过对目标问题进行匹配 (或相似性检索) 得出相似案例 (预案) 集
修正判断	案例重用	反导任务规划依据修正判断结果，对相似案例集合进行分类重用，而 CBR 的案例复用是从相似案例集合中选择若干最佳匹配案例进行复用
预案修改	案例修改	两者都对可重用的相似案例进行实时和非实时的修改，其中，由于反导作战的特殊性，反导任务规划更突出利用当前态势信息，对方案进行实时的规划规划
预案评价	—	现有的 CBR 过程模型都还未突出案例评价环节的作用，缺乏独立的案例评价环节
预案保存	案例保存	两者都对最终新的解决方案进行存储

如表 3.1 所示，除在方案评价环节还无法比较外，反导任务规划与 CBR 原理在流程上存在极大的相似性。其中，无法比较是因为当前 CBR 原理模型中还无完全独立的案例评价环节，还未重视案例评价环节的重要作用。因此，从总体看，反导任务规划与 CBR 原理流程是相似的。

3.2.2　CBR 方法对反导任务规划的适用性

任何技术或方法的发展都是以实际需求为牵引，技术应用于某个具体领域，必须满足一定的适用性条件。将 CBR 方法的优势与反导任务特点、作战应用对反导任务规划系统的需求进行对比，得到的 CBR 优势与反导任务规划特点及其系统设计需求的适用性对照关系具体如图 3.2 所示。

从图 3.2 中可清晰发现，CBR 方法不仅符合反导任务规划的特点，而且满足作战应用对于反导任务规划系统的要求。其中，CBR 方法求解结果质量较高的优势，能为规划过程获得满足时空要求的高精准性方案提供支持；由求解过程简单带来的 CBR 方法的高求解效率优势，以及能利用案例信息将求解工作向前转移的特性，对提高规划实时性具有很强的现实意义，适应作战应用对规划系统快速化的需求；CBR 求解问题范围的扩大源于其基于案例的求解方法，整个过程既应用了显性知识，又利用了隐性知识，并在进行适应性调整的基础上得出综合解答方案，将有助于规划的全局性和协同性；而 CBR 方法适用于结构不良问题的优势，能很好地应对反导任务规划这一复杂非结构化问题；CBR 方法的知识库维护简单和通用性强的优势，正好满足作战应用对规划系统的普适化需求；CBR 方法知识获取代价低、解更易被人接受理解和学习泛化能力强的优势，符合作战应用对规划系统实用化和开放化的需求。因此，CBR 方法适用于解决反导任务规划问题。

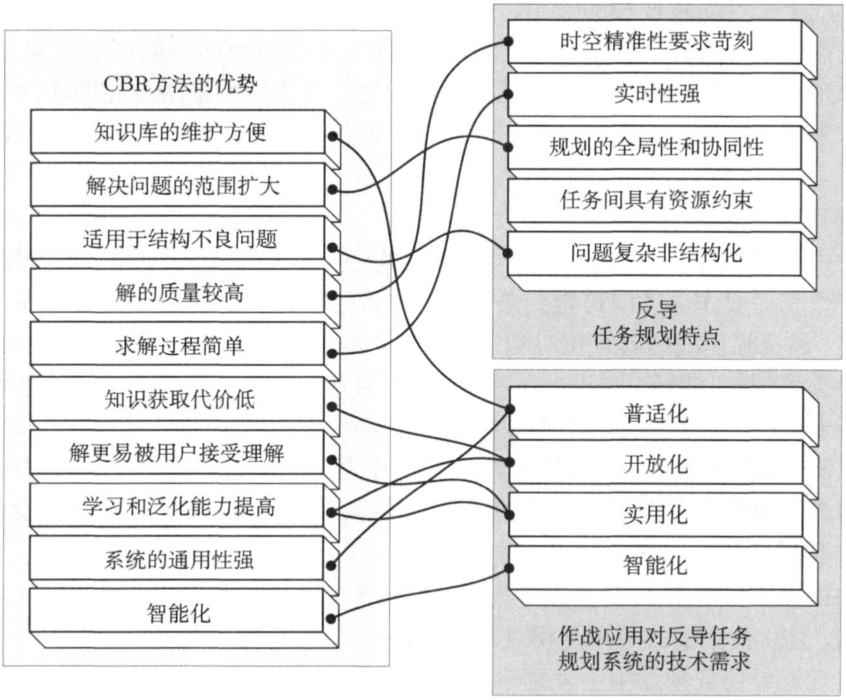

图 3.2 CBR 优势与反导任务规划特点及设计需求适应性关系

3.2.3 反导任务规划中 CBR 基础假设的存在性

任何模型、方法和技术的提出，都有一定的假设前提，即前提条件，只有在满足该条件 (或条件集合) 的情况下，模型、方法和技术才能发挥其真正的效能。故应用 CBR 方法解决反导任务规划问题，必须满足 CBR 方法的正则性、典型性、一致性和易适应性等基础性假设条件。

1) 反导任务规划满足正则性假设

CBR 方法中的正则性假设是指：在相同情况下执行相同的操作或行为，将会导致相似或相同的结果。在反导任务规划领域，在确定来袭弹道导弹种类、关机点参数 (速度、高度和角度等) 和发射点参数的基础上，目标的飞行轨迹是相对固定，即针对不同时刻的相同来袭目标，在敌我态势情况、外部电磁和上级命令意图等都相同的情况下，反导任务规划得出的作战行动方案往往是相似的，甚至是相同的。因此，反导任务规划满足 CBR 方法的正则性假设。

2) 反导任务规划满足典型性假设

CBR 方法中的典型性假设是指：情况和事件常常会重复发生，当前所遇到的问题和所获得经验 (知识) 可能在未来的环境中是典型的或相似的。作战预案是反导作战全部行动和过程的牵引，而作战预案是对未来可能发生的典型反导作战问题的预先设想，它是通过想定设计、方案制定、仿真推演和验证等步骤得到的，是对未来情况的预判性结果，即反导任务规划假设作战预案所描述的作战想定可能在未来的实际作战中真正发生。因此，反导任务规划满足 CBR 方法的典型性假设。

3) 反导任务规划满足一致性假设

CBR 方法中的一致性假设是指：当情况发生局部或细微的变化时，解决方案只需稍作变动或作调整即可得到最终解答。虽然整个反导作战受很多不确定性因素影响，但反导作战仍具有相对稳定性。尤其是目标进入末段后，多种诱饵 (轻诱饵和箔条等) 被过滤掉，弹头光学特性增强，且针对末段低层武器系统的多种干扰手段还未开启，这都使反导作战具有更好的相对稳定性，或称一致性。当作战任务和需求发生稍许变化时，反导任务规划系统通过对相似预案进行部分实时修正，即可得出最终的满意解答。因此，反导任务规划满足 CBR 方法的一致性假设。

4) 反导任务规划满足易适应性假设

CBR 方法中的适应性假设是指：现实世界存在细微差别的事件和问题是普遍存在的，且认为微小的差别是相对容易调整 (或适应) 的。满足正则性和一致性条件已体现反导任务规划中小差别事件的存在性，而基于预案应用的规划流程中的修正环节就是基于小差别规划案例容易调整的前提 (即实时性方面，在基于预案应用的反导任务规划应高于无预案情况下的规划) 而设计的。因此，反导任务规划也满足 CBR 方法的易适应性假设。

3.3　CBR 的反导任务规划实现框架设计

为更好模拟指挥员的决策思维过程，减少指挥决策过程的人为臆断失误。本节将从指控模型视角对传统 CBR 过程模型进行改进，并结合改进后的模型，对 CBR 的反导任务规划总体框架进行设计。

3.3.1　基于指控过程视角的 CBR 过程模型改进

反导任务规划本质上可理解为一个观察、判断、修正、评估和学习的循环过程。从作战指控过程的视角，可将其映射为识别决定 (recognition-primed decision, RPD) 模型。识别决定模型指出：指挥过程中，指挥决策者首先会将当前遇到的问题环境与记忆中的某个情况相匹配；其次，从记忆中获取一个存储的解决方案；最后，对该方案的适合性进行评估，如果合适，则采取这一方案，如果不合适，则进行改进或重新选择另一个存储的方案，再进行评估及其迭代循环，直到找到满意解答为止。评估是指挥员有意识的思维模拟的行为过程。反导任务规划的最终目的是获得最优作战方案，并为作战指挥员提供决策支持。实际作战应用要求规划过程在追求结果最优的同时应尽量符合指挥员的思维过程。

美军的观察–判断–决策–行动 (observe-orient-decide-act，OODA) 环作战理论提出：“要使对方作战限于 OODA 的死循环中”。在信息化的体系作战条件下，针对 OODA 环中的决策这一核心环节，美军提出可利用心理战和网络战来达到迟滞敌方决策的目的，导致敌方的反应完全不符合即将发生的态势变化，从而获得己方作战的胜利。虽然最终的作战决策还是要靠指挥员，但为减少敌方心理战给指挥员造成的压力，提高决策效率，在技术条件和作战原则允许的前提下，合理的压缩人工干预环节，充分发挥计算机辅助决策的能力，为指挥员提供更多支持信息。

因此，在将 CBR 方法引入反导作战领域，用于解决反导任务规划问题时，有必要在 CBR 过程模型中设计独立的案例评价环节，以此来体现作战方案评估在指挥决策环节的重要性，并进一步提高反导作战决策的准确性。

在 Finnie 提出的 “5R” 过程模型的基础上，将独立的案例评估环节引入 CBR 过程循环中，则改进后的 CBR 循环过程模型如图 3.3 所示。

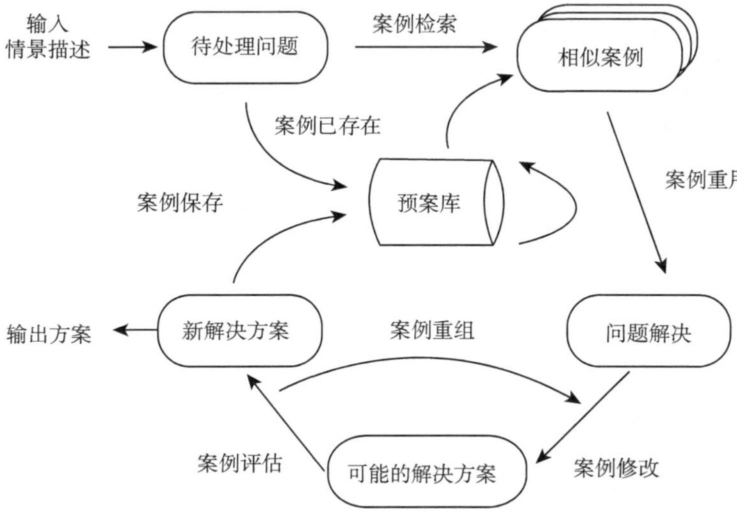

图 3.3　改进后的 CBR 循环过程模型 (R^5E 过程模型)

图 3.3 中，该循环过程主要包括案例检索 (retrieve)、案例重用 (reuse)、案例修改 (revise)、案例重组 (repartition)、案例保存 (retain) 和案例评估 (evaluation) 等六个环节，并称该循环为 CBR 的 "R^5E" 过程模型。与原有 "4R" 模型 [150]、"5R" 模型 [151] 和 "CR^4" 模型 [152] 相比，"R^5E" 过程模型突出强调了案例评估对于整个循环过程的作用，当可能解决方案的评估结果不符合要求 (实时作战需求或指挥员意图) 时，循环过程将评估信息返回给案例修改环节，并对案例进行重新修改，这一评估过程使 CBR 过程模型更加符合作战指挥员在反导作战指挥中实际的决策思维过程。

3.3.2 实现框架的总体设计

结合改进后得到的 "R^5E" 过程模型，依据反导任务规划的具体流程及其特点，本书设计了基于案例推理的反导任务规划实现框架，其具体结构如图 3.4 所示。

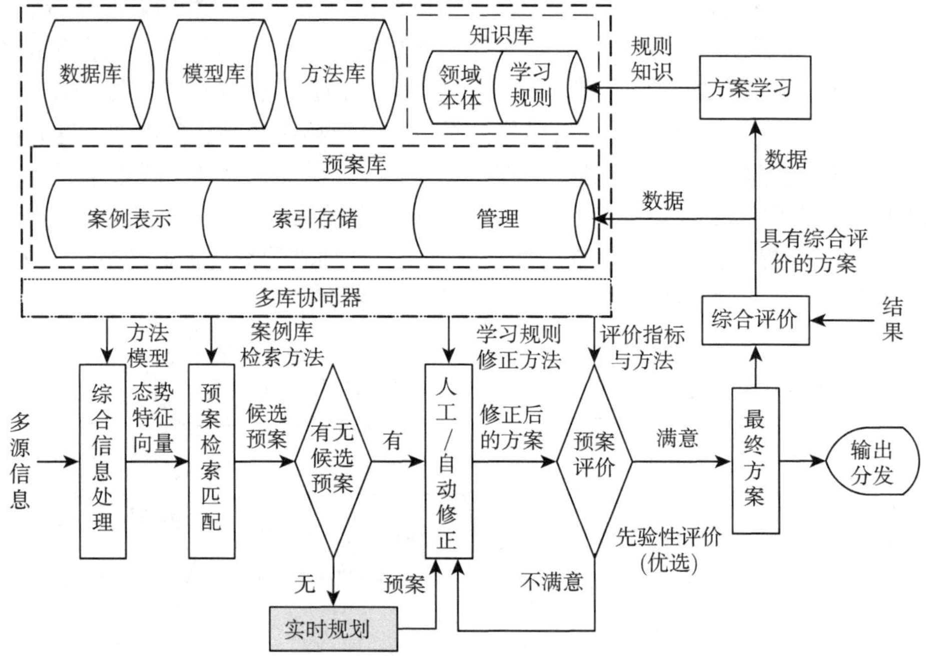

图 3.4 基于案例推理的反导任务规划框架设计

对实现框架结构图分析可知，整体实现框架以 "R^5E" 过程模型为主线来完成 CBR 方法的反导任务规划求解，求解过程主要包括综合信息处理、预案检索匹配、人工/自动修正、预案评价 (先验性评价和综合评价)、预案学习和实时规划等关键环节；根据完成任务的不同，在预案库、知识库、数据库、模型库和方法库等决策支持库的基础上，多库协同器向各环节提供其运行所需的模型、方法、数据和知识支持，实现各个环节的快速有效求解。

3.3.3　实现框架具体环节/模块

1) 预案表示环节

CBR 的反导任务规划框架总体设计中，案例是 CBR 的反导任务规划系统所依赖的最重要的知识，是规划系统中知识的容器，案例的集合组成案例库，案例知识是 CBR 系统的核心元件，而案例表示是 CBR 任务规划系统设计的基础性工作，案例表示的好坏直接影响案例推理的结果。

2) 预案索引环节

反导预案索引的目的就是提供一种案例库的快速搜索机制，使得在案例检索中快速从庞大案例库中的找到符合需要的案例集。反导案例的索引是反导案例重要关键字的集合，这些关键字可以将这个反导案例同其他反导案例区分开来。反导案例的索引应该有利于检索、管理和维护。为此可以把案例组织成树形层次结构或网络结构。而预案存储是以一种便于进行案例维护、计算机能够识别的语言将案例存储在计算机中的方法。

3) 综合信息处理环节

综合信息处理实质上就是将来自战场的多源 (多种信息来源平台) 态势信息表示为一组作战问题特征描述向量，即将当前反导任务规划问题转化为当前态势特征属性向量的过程。该过程在预案表示方法及模型的支持下，将输入的信息表述为适应预案检索需要的属性值向量，为后续的预案推理奠定基础。

4) 预案检索匹配环节

案例检索是能够使用案例索引快速找到合适的案例的过程，预案匹配是案例检索的关键环节，它依据综合信息处理环节输出的当前态势特征属性向量，依据匹配原则，从反导作战预案库中匹配出适用于当前态势的相似预案 (或预案集)，该过程就是从预案库中调用相似预案的过程。

5) 人工/自动预案修正环节

人工/自动预案修正环节对检索匹配得到的相似预案 (或预案集) 进行适应性修改，即对被调用的相似预案 (或预案集) 进行计算机辅助修改和人工干预修改，使相似预案适用于当前作战任务需求。其中，修正环节需要实时规划模块为其提供各种实时信息和修正建议。

6) 预案评价环节

在完成预案适应性修正后，得到的预案需要进行适应性评估，若不符合当前反导作战任务或适用性阈值，则返回修正环节进行进一步修正，故预案修正和评估环节可能是交叉迭代进行的。在一个预案被确认并执行后，还需结合执行结果，对该预案进行综合性评价，以便为案例学习提供信息支持。

7) 方案学习环节

当前反导任务规划问题通过 CBR 推理解决以后，形成了一个完整的新作战方案，为便于解决后期可能出现相同或相似的作战问题，按照修正规则学习策略和预案表示方法，对新作战方案进行规则学习和保留，并将学习获得的预案知识、规则知识分别存入预案库和修正规则库。

8) 决策支持库模块

多库协同器、预案库、知识库、数据库、模型库和方法库等共同组成实现框架的决策支持模块，其中，预案库是 CBR 推理过程的“知识源”，为求解过程提供预案数据；规则库是预案修正环节的重要支持，为预案修正提供修正知识和策略；数据库为框架的运行提供基础数据，如典型目标参数和武器装备参数等；模型库和方法库分别为推理各求解子环节提供模型、求解算法或方法等支持。

3.4 本章小结

本章结合末段高层反导作战的具体特点，首先，在对末段高层反导任务规划和 CBR 方法的一般性理论进行研究的基础上，对两者在技术上的“交叉点”和“融合点”进行了剖析，得出了 CBR 方法适用于末段高层反导任务规划问题的结论，该结论为 CBR 研究反导任务规划的可行性提供了有力的论据支持；其次，在对现有 CBR 过程模型进行改进的基础上，给出了一种具有独立评价环节的“R^5E”过程模型，新模型为完善 CBR 过程模型提供了理论支持；最后，结合“R^5E”过程模型，设计了一种 CBR 的反导任务规划实现框架，为后续进行分块深入研究提供了理论依据和框架基础。

第 4 章 反导作战预案表示技术

作战预案是基于预案规划技术的“知识源泉”，是整个规划技术的基础和前提，预案表示技术的研究是基于预案的反导任务规划研究的首要问题，主要涉及“选择什么要素组成反导作战预案”和“用什么表达方法对预案进行精确合理的描述及存储”等子问题。

4.1 基本概念

4.1.1 作战方案与作战预案

方案 (scheme) 在军事领域是指由作战意图转化成的具体作战实施计划。它是为了满足作战需要而出现的，是对实际作战过程的预想，是在复杂的战场环境下进行作战指挥不可缺少的基础。随着数字仿真在军事领域的应用和发展，方案从以往的图表、文书或口头命令发展到目前的数字方案。

在《中国人民解放军军语》[153] 中，作战方案 (operational concept plan) 的定义为：作战方案亦称作战预案，是司令部根据首长决心拟制的对作战进程和战法的设想。通常包括情况判断结论，上级企图和本部队任务，友邻任务及作战分界线，各部队的编成、配置和任务，作战阶段划分，各阶段情况预想及处置方案，保障措施、指挥的组织等。是制定作战计划的基础。一次作战行动，可有一个或数个作战方案。

作战方案是使用作战兵力达成一定战役或战斗目的的计划文件，是组织指挥部队作战行动的依据性文件，是作战意图和决心的集中体现。一般包括作战行动方案和保障方案，其中，作战行动方案是整个作战方案的重点和核心，其他方案必须依据作战行动方案进行编制。本书重点研究的是作战行动方案。

作战方案按照达成目的层次的大小可划分为不同等级的作战方案，如战役作战方案和战斗作战方案；按方案应用的作战领域和兵力区分，可细分为各种不同的作战方案，如海上舰艇编队作战方案和空中进攻作战方案等。

从《中国人民解放军军语》对于作战方案的定义看，作战预案和作战方案在概念上是等同的，但在实际概念使用中，作战预案侧重于描述战前对于具体作战进程和方法的预先设想，即作战预案更强调“预”字，一般是指依据未来可能发生的典型作战问题进行的预先设想，是还未经指挥员确认或批准的方案；而作战方案侧重于描述战时实时生成或由预案经调整修改、评估后得到，并经指挥员确认或批准后的方案。本章的反导作战预案 (anticipated operational scheme，AOS) 是作战预案在反导作战领域的具体化。

不同层次的反导任务规划，如战略层次、战役层次、战术层次、火力单元层次的方案，其组成内容不同，反导体系中不同装备的行动方案组成内容也不相同。本书的反导任务规划属于战术层次，是以反导武器系统的运用为核心，做出的具体作战行动序列的预先设想，以对火力任务和雷达任务的合理安排为重点内容。

4.1.2 反导作战预案的生成流程

反导作战预案的生成主要有两种方式：①临机生成，一般是指依据典型作战想定情况，经过任务分析、任务分解、任务调度、冲突检测与消解、评估优化和修改等环节来得到作战预案。②基于作战预案库的生成，一般是指依据典型作战想定情况，利用现有相似作战预案，在对其进行修改优化的基础上完成预案的制定。其反导作战预案的生成流程如图 4.1 所示。首先，根据某种作战想定给出来袭弹道导弹的目标类型、目标数量、发点信息、落点信息、拦截原则、防御方武器装备类型、数量及其当前状态等综合信息；然后，反导武器指控系统通过综合信息处理、任务

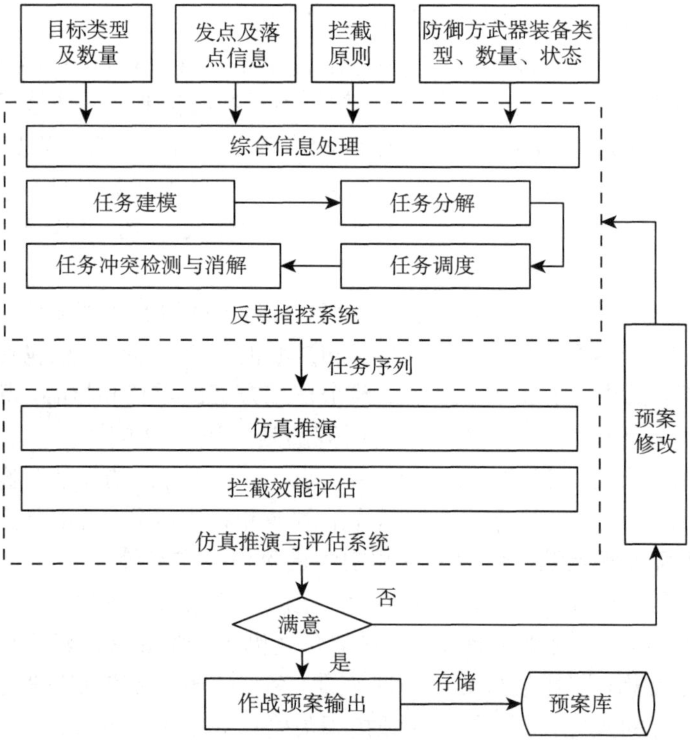

图 4.1 反导作战预案生成流程

分析、任务分解、任务调度和任务冲突检测与消解等环节，规划出符合综合想定的作战预案；仿真推演与评估系统利用其自身的仿真推演和拦截效能评估模块，对形成的预案进行综合推演与评估，并输出评估结果，若结果满足要求，则输出作战预案；若不满足要求，则进入预案修改环节，对当前作战预案进行修改与优化。

4.2　反导作战预案的要素

反导作战预案牵引着整体防御作战的每个过程和具体动作的实施，通过战前的预先制定和战时的实时应用，反导作战预案能辅助指挥员快速完成指挥决策，从而提高反导作战决策的实时性和有效性，为己方快速形成有利于抗击敌方来袭战术弹道导弹 (tactical ballistic missile, TBM) 的理想态势。反导作战预案主要解决当前反导作战体系内 “谁 (who)”，为何 “目标 (why)”，在 “何时 (when)”，“何地 (where)”，使用何 “资源 (resource)”，对 “谁 (target)” 做 “什么 (what)”，“怎么 (how)” 做的问题，即在满足当前作战需求条件下，解决对兵力、所达成的目标、采取的行动和方法进行优化配置的问题。这里用八元巴克斯–诺尔形式 (Backus-Naur form, BNF) 式的方法来对反导作战预案进行表示：

AOS::=<who><why><when><where><resource><target><what><how>

who 表示作战体系内的作战实体，一般包括各种可辨识的装备、人员和组织等。根据具体不同的作战样式、作战规模或指挥层次，作战实体划分层次的粒度可能存在较大差异。例如，在战役作战预案中，一套反导武器系统就可被认为是一个作战实体，而在战斗作战预案中，反导武器系统中的发射架可能才是符合当前划分粒度需求的作战实体。

why 表示实体执行作战任务或作战行动的动机、原因或所要达到的目的，即作战目的。例如，反导武器系统拦截来袭 TBM 最终所要达成的目的是保卫要地安全。

when 表示作战实体执行作战行动的时间节点，包括开始时间和结束时间 (或以开始和持续时间形式)，一般用绝对时间或相对时间来表示。

where 表示实体执行作战行动的作战空域信息，可以用具体的空域信息来表示，也可用相对空域信息来表示。不同的反导作战实体，空域信息的表示和度量具有不同形式，但它们之间可依据公式进行相互转化。

resource 表示实体执行行动所需要的资源，资源是实体执行作战行动所需要的各种依赖，不是一个能够单独执行具有军事意义的行为或同其他执行实体一起执行具有军事意义的行为的战场要素，如战场态势信息、装备备件等。

target 表示作战对象，在反导作战中，作战对象一般是指敌方来的弹道导弹。

what 表示作战任务，是由作战实体执行作战行动来完成，可由单个实体或多个实体间的协作来完成。

how 表示作战行动，包括一个或多个动作 (或过程) 按时序执行的行为，是完成作战任务需要实施行为 (或活动) 的序列。

结合反导作战的具体研究背景，下面将对反导作战预案中的作战目的 (operational purpose)、作战对象 (operational target)、作战实体 (operational actor)、作战任务 (operational task)、作战行动 (operational action) 和其他条件 (包括时间、空间和资源) 等要素及其子元素 (或概念) 进行详细分析。

4.2.1 反导作战目的

作战目的是指作战行动所要达到的预期结果，包括歼灭敌人的数量，攻占的地区、目标，扼守的地区、目标或时间等 [153]。反导作战目的通常由上级反导指控中心以任务或命令形式下，但也可由反导武器系统级指控中心自己制定并报上级指控中心审批获得。反导作战的作战目的比较明确，就是保卫我方要地。其中要地按照保卫等级的不同又可分为一级、二级和三级要地等。

4.2.2 反导作战对象

作战对象是指作战行动所要打击、夺取或防卫的对象。反导作战的作战目标主要是敌方来袭的各种弹道导弹，而反导作战预案 (或方案) 一般从属性和状态两个方面来描述和表示作战目标。本书将反导作战预案所涉及作战目标的描述属性进行概括，如表 4.1 所示。

表 4.1 反导作战目标描述属性表

描述类别	主要描述属性
属性	目标类型、机动类型、RCS、最大速度、最大射程、制导方式、制导精度 (CEP)、弹头数量、弹头隐身类型、诱饵类型、诱饵数量、再入角、有效载荷
状态	目标距离、速度、高度、航路捷径、方位角、关机点信息 (速度、经纬度)

4.2.3 反导作战实体

作战实体是执行各种作战任务的基本单位，是能够单独执行具有军事意义的行为或同其他实体一起执行具有军事意义的行为的战场要素，是作战行为序列的具体实施者 [40]。作战实体的描述应包括实体的结构、类型、属性、功能、状态和联系等内容。下面结合 THAAD 和 PAC-3 末段双层反导作战对作战实体进行解析。

1. 反导作战实体结构

作战实体结构是指作战实体之间的组成和分类，其组成如图 4.2(a) 所示，分类如图 4.2(b) 所示。例如，以末段高层反导武器系统 THAAD 为例，在不考虑支援保障装备详细分类和发射架异弹共架的情况下，将反导武器系统看成一个作战实体，则武器指控系统、高层拦截发射架、低层拦截发射架、X 波段制导雷达和支援保障装备间的实体关系结构如图 4.3 所示。

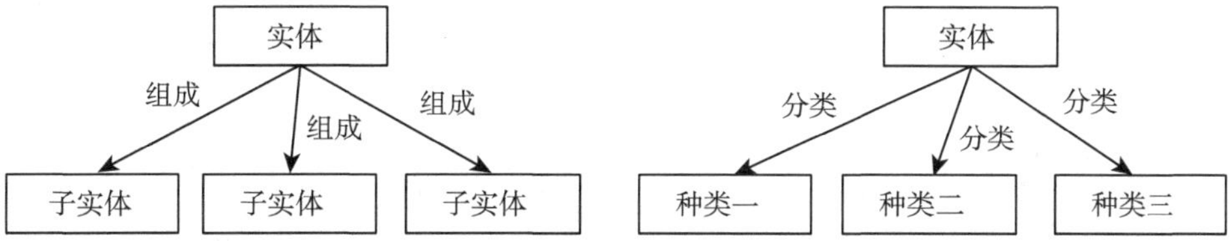

(a) 组成结构　(b)分类结构

图 4.2　作战实体结构示意图

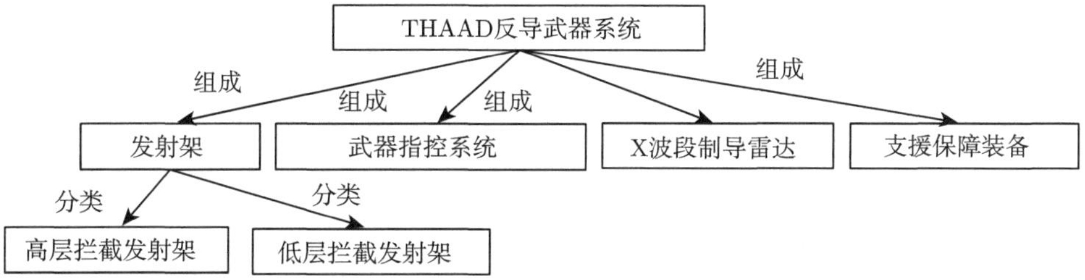

图 4.3　反导作战体系内的实体关系

2. 反导作战实体类型

在对反导作战体系内的作战实体进行分析后，本书将反导作战实体的类型概括为人员、装备和组织三类，它们之间的关系如图 4.4 所示。

1) 人员

反导作战预案涉及的人员实体主要包括指挥员和战勤操作人员，本书所研究的内容中只考虑指挥员和战勤操作人员，暂不研究与人员相关的行为决策模型。

2) 装备

装备是用以遂行或保障作战行动的武器、武器系统和军事技术器材等。这里将反导作战预案涉及的装备实体分为反导武器指控系统、发射架 (含弹) 和制导雷达三大类。

3) 组织

组织是由一定人员和装备组成的能够完成某种作战任务的对象。反导作战预案涉及的组织主要是指由反导武器系统及其指战人员构成的反导作战实体集合，如配备低层反导武器系统的地空导弹营可划分为一个作战组织。

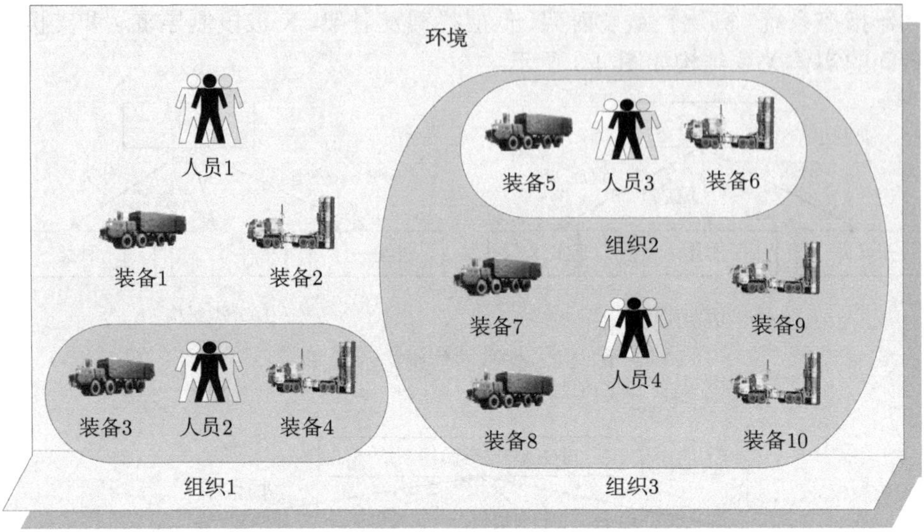

图 4.4　反导作战实体类型关系示意图

3. 反导作战实体属性

反导作战实体属性是对反导作战实体的性能指标或特性参数的描述，不同作战实体具有不同的指标和性能参数。反导武器指控系统 (含指挥员)、发射架 (含弹) 和制导雷达等实体是反导作战预案 (或方案) 的主要实施者，它们涉及的属性情况如表 4.2 所示。

表 4.2　反导主要作战实体属性表

装备/组织实体类型	主要属性
武器指控系统 (含指挥员)	反应时间、信息处理时间、信息容量、决策时间、指控容量、指控层次、运行模式
制导雷达	机扫方位角 (最大/最小)、机扫仰角 (最大/最小)、电扫范围 (最大/最小)、横向分辨力、探测距离、距离分辨力、角波束宽度、工作频率、工作波长、体制、功率
发射架 (含弹)	拦截弹最大速度、拦截弹最大射程、拦截最大/小拦截高度、单发杀伤概率、配弹数 (枚/架)、发射间隔、发射方式

4. 反导作战实体功能

作战实体功能是指作战实体能完成任务或行为序列时体现的能力。在分析各实体功能特性的基础上，本书将反导作战所涉及实体的功能进行分析总结，如表 4.3 所示。在反导作战领域中，一个实体往往因其具有多种功能而具有多种角色。例如，X 波段制导雷达既能实现对来袭弹道导弹的跟踪识别功能，又能完成对拦截弹的制导任务。

表 4.3 反导主要作战实体功能表

实体名称	主要功能
武器指控系统 (含指挥员)	指挥、控制、决策、通信、协同
X 波段制导雷达	搜索探测、截获、跟踪、识别、制导
发射架 (含弹)	对导弹加电、装订参数、发射拦截弹

5. 反导作战实体状态

作战实体状态是指对作战实体自身状况、完成任务序列节点或角色转换节点的描述。作战实体状态具有类型差异性，即不同类型的作战实体具有不同的实体状态。如表 4.4 所示，反导武器指控系统和 X 波段制导雷达具有不同的状态。

表 4.4 反导主要作战实体状态表

实体名称	主要状态
武器指控系统 (含指挥员)	等级转进、信息综合处理、任务规划、系统反应、导弹截获、识别确认、首次拦截决策、杀伤效果评估、二次拦截决策、下放拦截决策、战备等级 (一等、二等、三等)、系统故障
X 波段制导雷达	自主搜索、引导搜索、目标截获、目标跟踪、目标识别、导弹截获、导弹制导、导弹跟踪以及上述状态的组合
发射架 (含弹)	展开、导弹加电、参数装订、导弹发射

6. 反导作战实体联系

作战实体交互是指在某种条件下为完成某项任务，由作战实体产生的并作用于另一个或多个实体的影响因素。反导作战体系中，交互和行为紧密相关，一方面，交互是实体执行行为的外部触发条件，交互使实体状态发生改变，状态的改变会触发实体执行新的行为。另一方面，交互是行为执行的结果，实体在实施行为过程中，不断对其他实体施加影响和发送交互信息。

作战实体联系是指两个作战实体之间存在的交互关系，描述了实体间因执行行动而可能发生的交互。作战体系内实体之间可能存在的联系一般可概括为协同、指挥、控制、通信、保障和支持等。在分析各作战实体之间联系的基础上，以末段双层反导为例，将作战实体之间的联系概括总结为如图 4.5 所示。

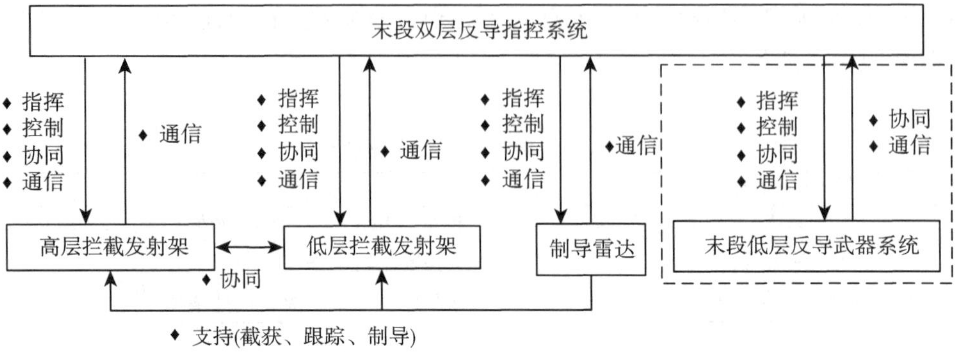

图 4.5 反导作战实体联系

4.2.4 反导作战任务

作战任务是作战力量为达成预定作战目的而需要执行的作战行动 (或行动集)。作战任务是由一系列的行动序列构成，而行动序列是由多个行动在添加执行约束后形成的次序化集合。作战任务、行动序列和行动三者之间的关系如图 4.6 所示。

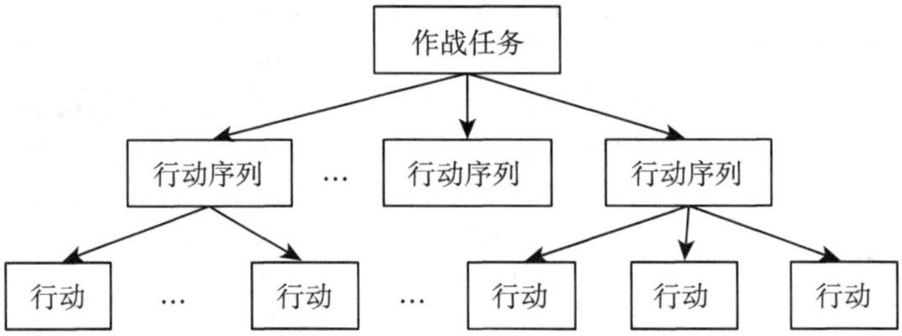

图 4.6 作战任务、行动序列和行动的关系示意图

图 4.6 所表示的关系揭示了作战实体行动重用性的特点，即通过重组实体行动来完成不同的作战目的，或在不同的作战情况下完成相同的作战目的。

作战任务是由作战实体通过执行行动来完成，因此，对作战任务的描述必须明确任务所包含的执行实体、实体行动 (或行动集) 以及行动所包含的执行关系。

1. 反导作战行动的执行关系

作战行动的执行关系是行动 (或行动集) 被实体执行过程中存在的时序逻辑关系。在时序逻辑执行关系的研究领域，Abbas 等 [154] 将不同行动 (动作、任务或过程) 之间的执行关系划分为 Before、Meets、Overlaps、Starts、During、Finishes 和 Equals 七种。本书将反导作战行动的时序逻辑执行关系概括并扩充为顺序、并行、条件及混合四大类 13 种关系，具体描述如表 4.5 所示。

表 4.5　反导作战行动执行关系表

<table>
<tr><th>序号</th><th>关系类型</th><th>示意图</th><th>备注</th></tr>
<tr><td rowspan="2">1</td><td rowspan="2">顺序</td><td></td><td>有间隔</td></tr>
<tr><td></td><td>无间隔</td></tr>
<tr><td rowspan="5">2</td><td rowspan="5">并行</td><td>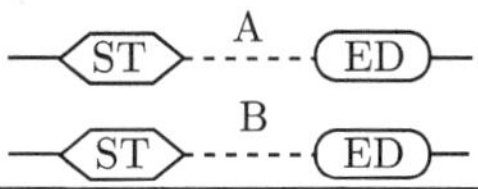</td><td>同步开始，同步结束</td></tr>
<tr><td>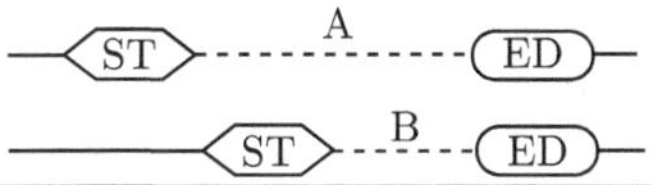</td><td>异步开始，同步结束</td></tr>
<tr><td>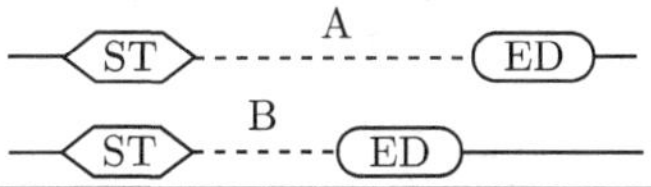</td><td>同步开始，异步结束</td></tr>
<tr><td>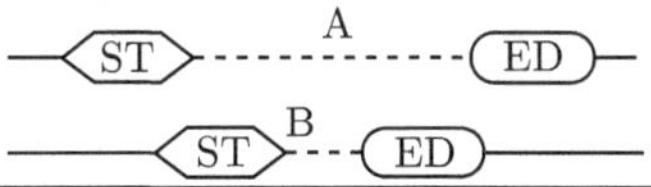</td><td>异步开始，异步结束</td></tr>
<tr><td>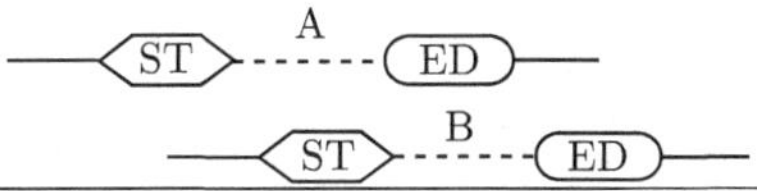</td><td>异步开始，异步结束</td></tr>
<tr><td rowspan="3">3</td><td rowspan="3">条件</td><td>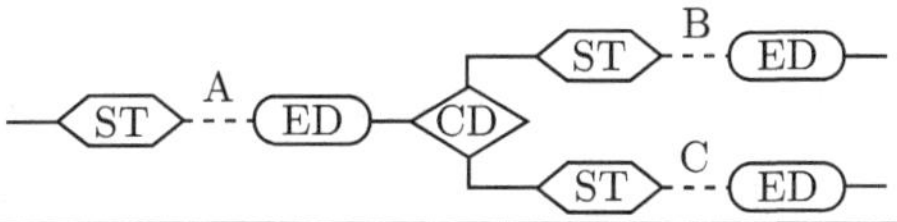</td><td>判断</td></tr>
<tr><td>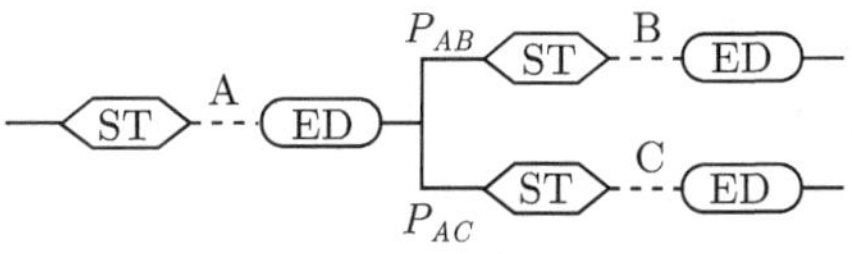</td><td>概率</td></tr>
<tr><td>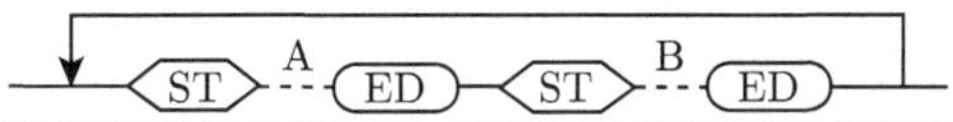</td><td>重复</td></tr>
<tr><td>4</td><td>混合</td><td>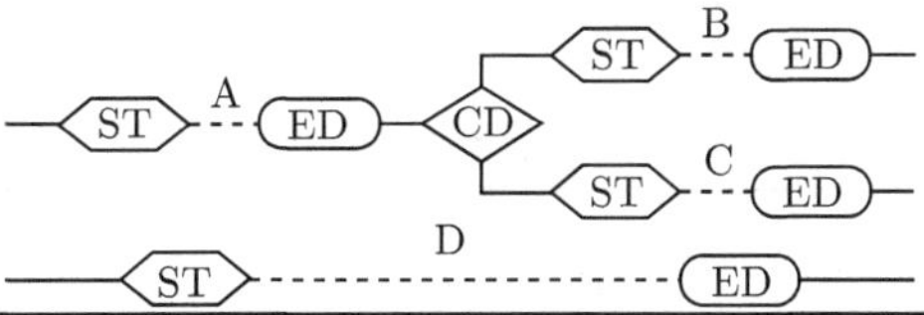</td><td>—</td></tr>
</table>

表 4.5 中，“ST”表示行动执行的开始节点；“ED”表示行动执行的终止节点；“CD”表示条件判断环节；“P_{ij}”表示概率阈值；“DL”表示时间延迟或时间间隔；A、B、C 和 D 分别表示四个不同的行动；“-----”虚线表示行动内部时间线；“—”实线表示行动外部时间线。

2. 反导作战行动序列

行动序列是指对多个 (或一组) 行动在添加执行关系后形成的次序化的行动集合。反导作战是以拦截来袭弹道导弹为作战任务，以制导雷达任务和火力任务安排为核心内容，故其作战任务可划分为制导雷达任务序列和火力任务序列，且每个任务序列根据不同粒度划分的需要，又可由多个子任务或子任务序列组成。本书将反导作战行动序列划分至在高层反导武器指控系统指挥控制和协调下，可由发射架 (含弹)、制导雷达和末段低层反导武器系统等作战实体能直接执行的任务粒度为止，具体如表 4.6 所示。

表 4.6　反导作战任务划分表

任务类型	任务名称
制导雷达任务	发现目标、截获目标、跟踪目标、识别目标、截获导弹、制导导弹、跟踪导弹、杀伤效果评估
火力任务	导弹加电、高层首次拦截、高层二次拦截、低层拦截、点火发射

4.2.5　反导作战行动

作战行动是指在给定作战需求、约束和条件情况下，作战实体完成某项作战任务 (或子任务) 时，不可再分或不必再分的基本作战行为，包括一个或多个动作 (或过程) 按时序执行的行为。

在实际作战中，实体为完成一个目标或任务而执行的一个或多个活动称为行为。行为又可细分为动作和过程，其中，动作是实体所执行的原子 (不可再分的) 行为，而过程是复杂的行为，它表征了实体的一个动作或多个动作所组成的动作序列，过程中的动作存在执行约束关系，过程与过程之间也可能存在嵌套关系 [39]。从定义看，作战行动可解析为一种被分派了作战实体、作战任务、执行关系和约束条件 (一般包括时间、空间、资源和信息等) 的活动。

基于反导武器系统的作战流程，这里将反导作战行动划分为制导雷达行动、火力行动和指控行动，具体如表 4.7 所示。

表 4.7　反导作战行动划分表

任务类型	行动名称
制导雷达行动	目标搜索探测、目标截获、目标跟踪、目标识别 (多次)、导弹搜索截获、导弹制导、导弹跟踪
火力行动	导弹准备 (加电)、参数装订、导弹发射、导引头开机、引信起爆
指控行动	状态等级转进、预警信息处理、拦截决策 (首拦、二拦和低拦)、请求上级授权、火力分配 (首拦、二拦和低拦)、诸元计算、杀伤效果评估 (首拦、二拦和低拦)

4.2.6　反导的其他条件和约束

其他条件和约束信息主要是指时间、空间和资源等三大方面。其中，时间是指作战实体完成各作战任务或行动序列的时间节点，包括开始时间和结束时间，可用相对或绝对时间进行表示。空间是指作战实体完成行动的作战空间。例如，末段反导作战的拦截空间常用近界、远界、高界、低界、最大航路角和航路捷径等参数描述。资源又可细分为有形和无形两大类，有形资源是指拦截弹、车辆、装备元器件等能被人眼所辨识的物体；无形资源是指战场中的信息，在反导作战中主要包括上级指控中心的任务和命令授权信息、预警中心系统的综合预警信息、地基多功能相控阵雷达的综合目标信息、友邻实体的支援信息、航空管制和环境信息 (包括气象、地理和电磁等) 等。

4.3　基于案例观点的反导作战预案要素

案例是指在实践活动中发生的具有典型性的事例，反映一个问题、一件工作、一个事件发生、发展和演变的过程，通过对这些典型事例的分析，提出解决问题的办法和思路。

案例是对典型问题和事件进行处置过程的具体记录，这些记录描述了如何解决此类问题的方法和思路。以案例的处置方案为参考可以对其相似或相近问题进行快速处理，但可能由于问题所处环境的变化需要对处理方法或策略进行修正，而对于处理过程和修正过程的学习记录会形成新的案例。

从反导作战预案生成的过程看，其反映了在某种反导作战想定情况下，应用反导武器系统拦截来袭弹道导弹的主要作战过程，记录了各作战实体执行各子任务 (行动或行动序列) 的过程；从预案应用的任务规划过程看，反导作战预案的应用流程类似于 CBR 方法的推理过程，即通过对相似预案的检索、修改及其实时规划来得出最终的作战方案。基于上述分析，可将反导作战预案理解为是一种案例，即反导作战预案是用于应对未来与某种作战想定相类似的反导作战问题的典型性作战事例，通过对其进行分析和应用可得出解决实际问题的方法和思路，并为反导作战指挥员提供决策支持。

在 CBR 系统中案例一般由案例情景、解决方案和结果描述三部分组成。依据 CBR 中案例表达的形式，结合反导作战预案构成及其应用特点，本书将整个反导作战预案概括表示为预案注释、预案情景描述、解决策略描述和预案结果描述四个部分，具体如表 4.8 所示，可用四元 BNF 的方法表示：

反导作战预案::=< 预案注释 >< 预案情景描述 >< 解决策略描述 >< 结果描述 >

表 4.8　基于案例观点的反导作战预案要素表示

预案表述部分	元素构成	备注
预案注释	预案编号、名称、类型、保密等级、制定的时间和单位	预案自身的说明信息
预案情景描述	作战对象信息、作战实体 (包括实体的状态、结构和类型)、作战目的、时间约束、空间约束、资源和信息等	预案所要解决的当前任务规划问题
解决策略描述	作战实体交互信息、作战任务和行动序列等	问题解决方法、策略和步骤
预案结果描述	执行结果、评价和新的状态信息等	结果和新的态势描述

其中，预案注释是预案表示的说明及注释部分，主要包括预案编号、名称、类型、保密等级、制定的时间和单位等预案自身的说明信息，以此区别不同的预案，便于查询和管理；预案情景描述是对预案要解决的反导作战问题及战场态势等信息的描述，主要包括作战对象信息、作战实体、作战目的、时间约束、空间约束、资源和信息等；解决策略描述是对当前反导作战想定 (或问题) 的解决方法、策略和步骤过程的具体描述，主要包括作战实体交互信息、作战任务和行动序列等；预案结果描述是对解决策略应用结果和新的战场态势的描述，主要包括预案执行结果、评价新的状态信息等。

4.4　反导作战预案表示的基本要求

对于反导作战预案的表示，必须考虑反导作战是一种复杂战场环境下的体系对抗的作战实践活动，它具有预警时效性强、指挥控制集中、作战决策难度大、火力与信息运用一体和保障集约精确化等特点。为使表示方法更好地满足反导作战的现实需求，除满足一般预案表示方法的基本要求外，反导作战预案表示方法还应满足如下要求。

(1) 应符合军事专家或指挥员对反导作战问题的基本认识，能够充分表达军事专家或指挥员解决反导作战问题的基本思路。分析问题、解决问题的方法主要是一种 “分析、判别、综合、决策” 的过程，这一过程应始终贯穿于识别及推理过程之中。反导作战预案将作为一种特殊的知识，帮助军事专家或指挥员认识问题、分析问题，并辅助他们做出指挥决策，从而得出用于应对当前作战问题的最终作战方案。知识是认识问题和分析问题的基础和关键。因此，反导作战预案表示的知识必须符合军事专家和指挥员对于反导作战问题的基本认识，并能有效辅助他们解决实际反导作战问题。

(2) 作战预案内容的表示应明确、无二义性、层次化，有利于不同指挥员之间达成统一认识，有利于作战知识的数字化共享。美军在制定联合作战计划时，要求计划任务必须明确表示，计划内容精确且无二义性，并按联合报告体系的要求统一了计划格式。反导作战涉及的作战实体类型众多，且实体之间存在复杂的联系，特别是人员类型实体，单次反导作战可能需要战役和战术级多位指挥员的指挥和决策，为保障各实体间对于同一作战问题的统一认识和理解，需要为反导作战预案设计语义明确、规范易懂、具有层次结构、无二义性的统一的表示方法，从而为实现反导作战指挥自动化、智能化奠定基础，并进一步推动不同反导作战知识数字化共享的进程。

(3) 应符合作战预案的实际应用流程，有利于问题的求解和推理。预案 (或方案) 的表示方法很多，但各有各的优点和缺点，应针对具体表达问题，选用或设计合适的表达方法。反导作战预案的应用是一个类似于 CBR 的过程，是对现有作战预案知识的匹配、修改和重用的过程，表示方法应易于实现预案的匹配，便于预案内容的修改和重用，实现问题的快速推理和求解，从而提高反导作战决策的实时性。

(4) 应具有可扩展性，便于预案的修改、扩充和学习。若将反导作战所涉及的知识看作一个系统，则该知识系统并不是封闭的静止系统，它是一个开放的动态系统。在反导作战过程中，当前系统中的知识内容可能会不断被修改、更新和扩充，反导作战预案表示方法应考虑知识表示的可扩展性。随着系统内知识的不断积累，系统会变得庞大、冗余、效率低下，客观上需要对系统中不断增加的知识的进行学习，从而在实现知识增量式积累的基础上，保证系统运行的效率。

(5) 应易于理解，易于实现语言的转换。由于人脑和计算机处理信息的差异，反导作战预案 (或方案) 表示方法作为联系军事专家、指挥员和计算机的一座思维“桥梁”，应既便于各领域军事专家和指挥员对于预案 (或方案) 的统一理解，即从人类语言角度，易于人类思维接受；又便于实现预案的数字化，易于转化为计算机可以直接操作的代码，即易于实现作战预案的数字化和代码化。

目前，CBR 在破障作战行动、作战工程保障、联合作战和空军进攻作战等军事领域中的应用，多采用自然语言、格式化和形式化等表达方法对作战预案 (方案或计划) 进行建模和表示较好地满足实际的作战需求。但将这些方法直接应用于反导作战预案的表示存在如下问题。

(1) 预案表示的过程容易产生描述模型的不一致性和冗余性。现有方法多以非完全形式化语言为表示基础和描述工具，由于其缺乏精确的明确化清晰化的语义，所建表示模型中各子视图间容易产生不一致性和冗余性。

(2) 预案的建模和验模环节相互分离，建模效率难以满足实际的工程需求。作战计划、方案和预案涉及因素种类众多、关系复杂，对其建模是一项庞大且耗时的工作，且完全依靠领域专家来发现和解决模型中存在的问题是不现实的。现有方法将建模和验模相互分离，无形中增加了建模和验模人员间的沟通环节，降低了建模的效率。

(3) 只注重预案的各类元素的建模，预案的存储形式难以满足快速存储和实时修改的要求。最终的存储和管理将对预案的应用产生巨大影响，而现有表示方法大多只注重预案内部各要素的描述和建模，忽略了对最终预案存储形式的考虑。

4.5　具有验证环节的反导预案表示技术

为满足实际的军事需求，实现对反导作战预案的有效描述和表示，本节将依据反导作战预案表示的基本要求，在对 SysML、网络本体逻辑描述语言 (OWL_DL) 和案例可扩展标记语言 (CBML) 等技术优势进行分析的基础上，对反导作战预案表示技术进行研究。

通过在预案建模过程中引入有效的模型验证环节，以实现建模和验模有机结合不失为一种有效的手段。这种改进技术不仅可以减少预案表示模型的不一致性和冗余性，而且可以提高预案建模的效率。

4.5.1　预案表示技术流程

在兼顾作战预案最终存储形式的基础上，将 SysML、OWL_DL、CBML 和基于关系型数据库的 XML 存储等技术的优势有机结合，提出一种具有模型验证环节的预案表示技术，其具体流程如图 4.7 所示。

在图 4.7 所示的表示技术中，利用 SysML 相比于其他格式化描述语言能够更好地描述作战任务、作战资源和约束条件之间关系的特性，提高作战预案与实际作战问题的符合程度和描述粒度，并降低模型构建环节可能出现不一致性的概率；利用 OWL_DL 具有明确化清晰化语义和语义逻辑推理功能的特性，实现对作战预案的语义描述和模型的逻辑验证，从而使建模与验模环节有机结合，并进一步减少模型的不一致性和冗余性；利用 CBML 的可扩展、易转化和可互操作等特性，提高作战预案描述的修改、扩充和交互特性；利用关系型数据库存储 XML 文件所具有的稳定性和易于操作管理的特性，实现作战预案的有效存储。

作战预案表示技术的具体实现步骤如下。

步骤 1：基于 SysML 的格式化描述。以 SysML 为描述语言，以提炼的反导作战预案元素为描述对象，在定义预案元素向 SysML 模型转化规则的基础上，分别利用块定义图、活动图和时序图，对作战实体、作战行动和作战任务等要素进行了描述，界定各要素的相互关系和数据类型，并建立反导作战预案的整体格式化描述模型。

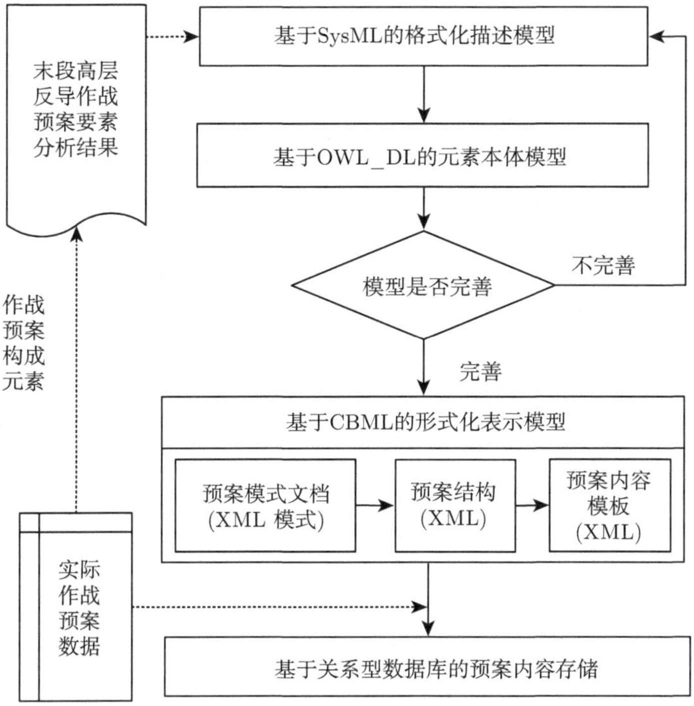

图 4.7　具有模型验证环节的作战预案表示技术

步骤 2：基于 OWL_DL 的元素本体模型验证。以 OWL_DL 为本体描述语言，根据所给出的 SysML 模型向描述逻辑语言转化的映射规则，构建反导作战预案的子元素本体模型，并利用本体推理机的逻辑推理功能对各要素模型进行验证。若模型不完善，则返回步骤 1 修改概念层模型；若完善，则继续下一环节。

步骤 3：基于 CBML 的形式化表示模型描述。以 CBML 为建模工具，对预案数据进行形式化表达。在定义 SysML 格式化描述模型向 XML 模式转化的映射规则的基础上，构建反导作战预案的 XML 模式文件 (*.xsd)，并依据模式文档结构，生成反导作战预案形式化内容文档 (*.xml) 模板。

步骤 4：基于关系型数据库的预案内容存储。在定义预案内容 XML 文件向关系型数据库映射规则的基础上，以步骤 3 生成的作战预案形式化内容文档 (*.xml) 模板为指导，以关系型数据库为预案数据的最终存储载体，将实际作战预案数据集映射转换为基于关系型数据库的反导作战预案数据库。

随着作战样式的变化，作战预案的构成要素也会随之改变，故在实际作战中，需根据具体情况，适时触发新一轮的作战预案表示过程。即在当前作战预案表示不适应现实表示需求时，需利用步骤 1～ 步骤 3 重新生成作战预案形式化内容文档模板，并指导生成新的作战预案数据库。

4.5.2 基于 SysML 的预案格式化建模

SysML 是一种功能强大的建模工具，消除了不同表达技术在术语使用上的差异，避免了符号表示和理解上可能出现的不必要的混乱。它能够支持各种复杂系统的详细建模、分析和设计，非常适用于对复杂战场环境下的作战行动进行建模。

要将面向军事人员的反导作战预案分析结果转化为面向技术人员和计算机的表示形式，首先需建立反导作战预案的格式化模型，即概念的格式化描述。利用 SysML 对作战预案进行格式化表达，必须先建立作战预案构成要素与 SysML 图表要素的对应关系。基于 4.1 节对反导作战预案构成要素的分析结果，建立反导作战预案要素与 SysML 元素的映射关系，如表 4.9 所示。

表 4.9　作战预案要素与 SysML 元素的映射关系

预案要素	SysML 元素	说明
作战实体	块定义图中的 Block、External Block 和 Domain Block	①实体类型、属性、角色、状态映射为块定义图的 ValueType、EnumerationType、references 和 parts 属性；②实体的结构映射为 Composition 和 Generalization 关系，并添加 multiplicity 约束；③联系映射为 Link，并建立各 Link 的 Name 和 Constraints
作战目的	块定义图中的 Domain Block	重要等级映射为块定义图的 ValueType
作战对象	块定义图中的 Domain Block	作战目标的类型、属性和状态映射为块定义图的 ValueType 和 EnumerationType
作战任务	块定义图中 Block	①任务的各种属性和参数映射为块定义图的 ValueType、EnumerationType、references 和 parts 属性；②任务之间的关系转化为 Link，并建立各 Link 的 Name 和 Constraints
作战行动	活动图、时序图	①作战行动关系映射为活动图，同一实体的内部交互用 Object Flow，不同实体间的交互用 Control Flow；②作战行动过程映射为时序图，其中包括各种 Message
其他条件或约束	块定义图中 Block 或 Constraint Block	①时间、空间和资源的指标等描述映射为块定义图的 ValueType 和 EnumerationType；②各种约束映射为 Constraint Relation

以末段双层反导作战为例，依据表 4.9 的映射规则，对末段双层作战预案要素分别用 SysML 的图表进行表示。其中，作战行动的时序过程如图 4.8 所示，反导作战行动的活动关系图如图 4.9 所示，整体作战预案的格式化描述模型如图 4.10 所示。

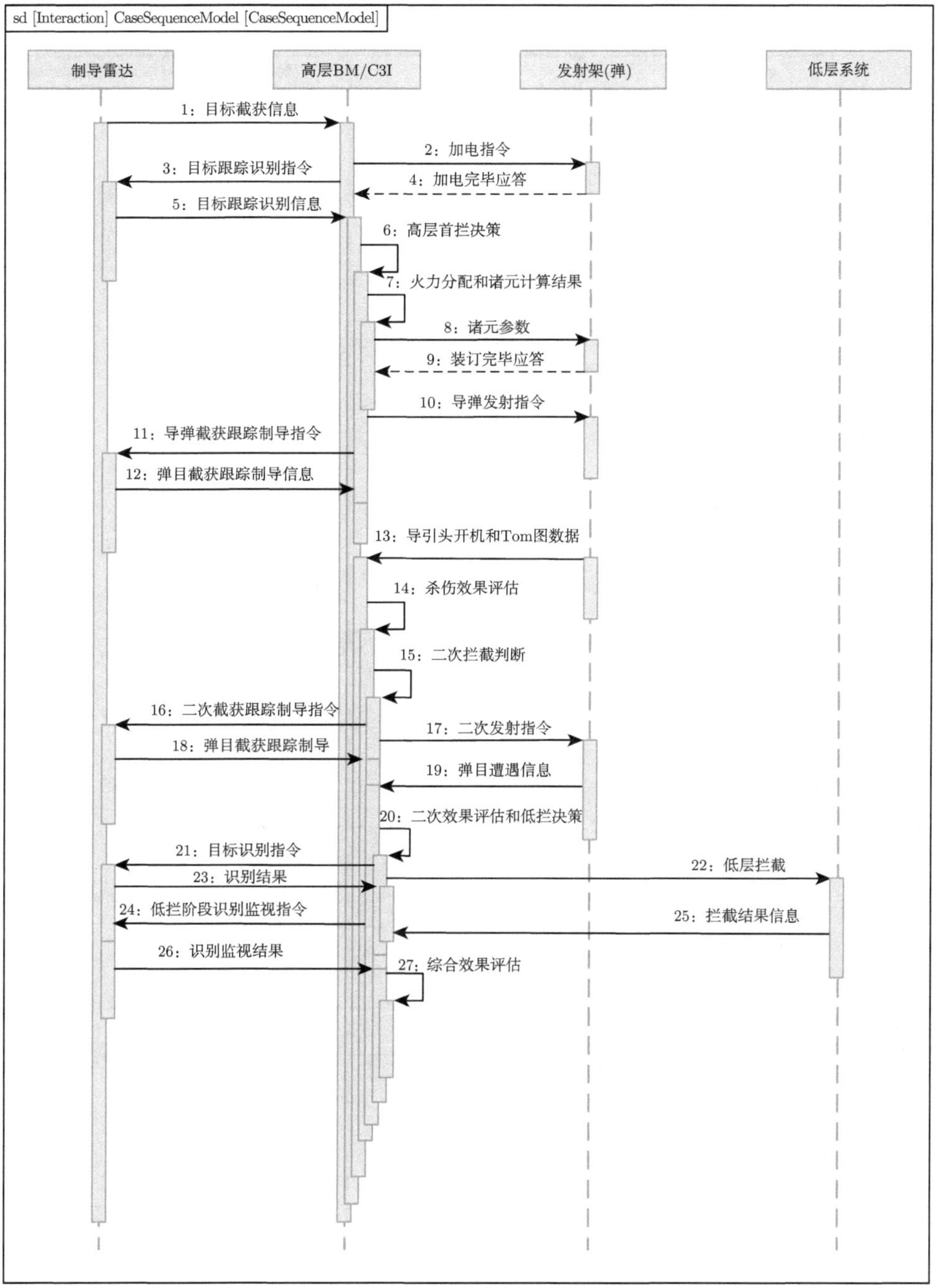

图 4.8　反导作战行动过程时序图

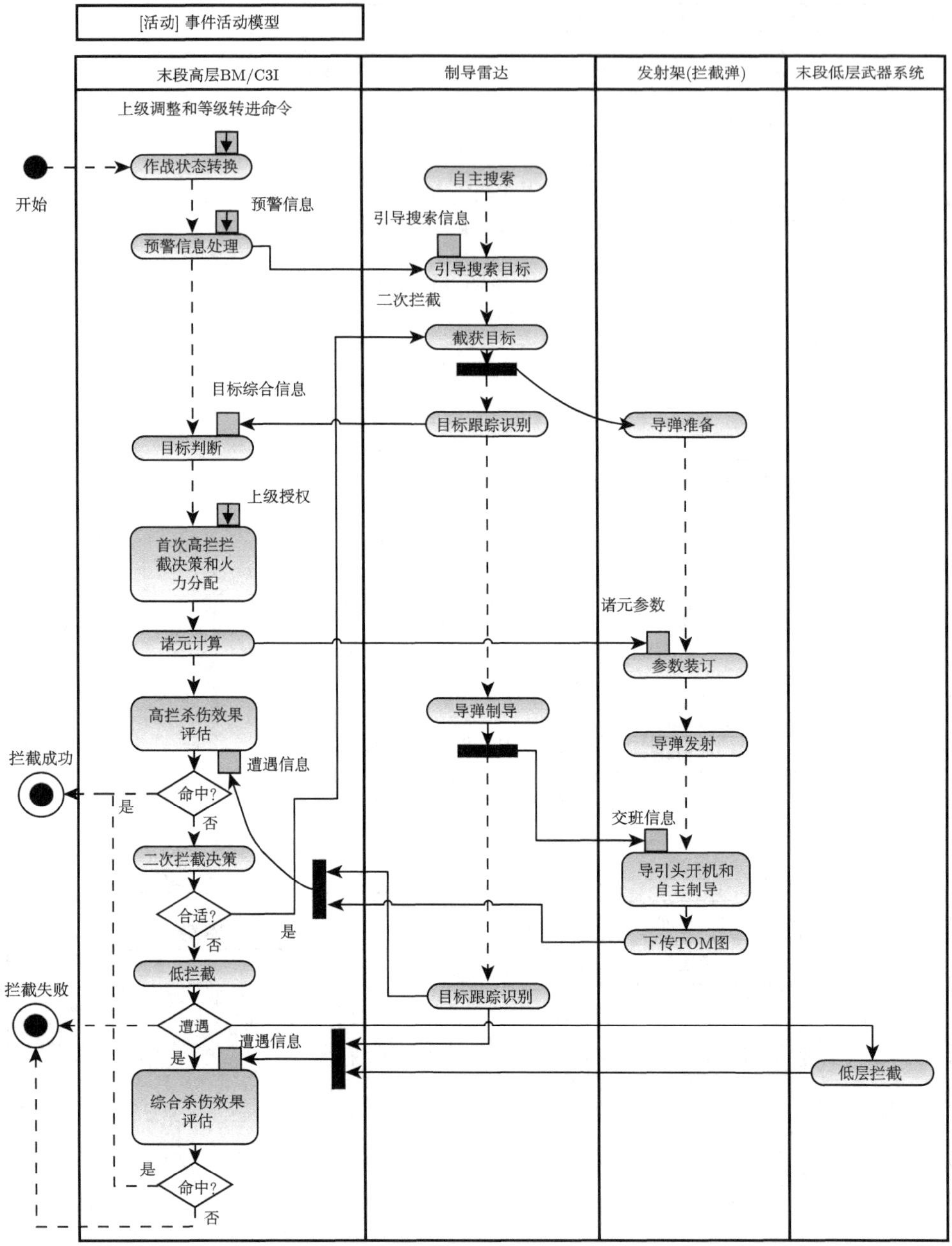

图 4.9　反导作战行动活动关系图

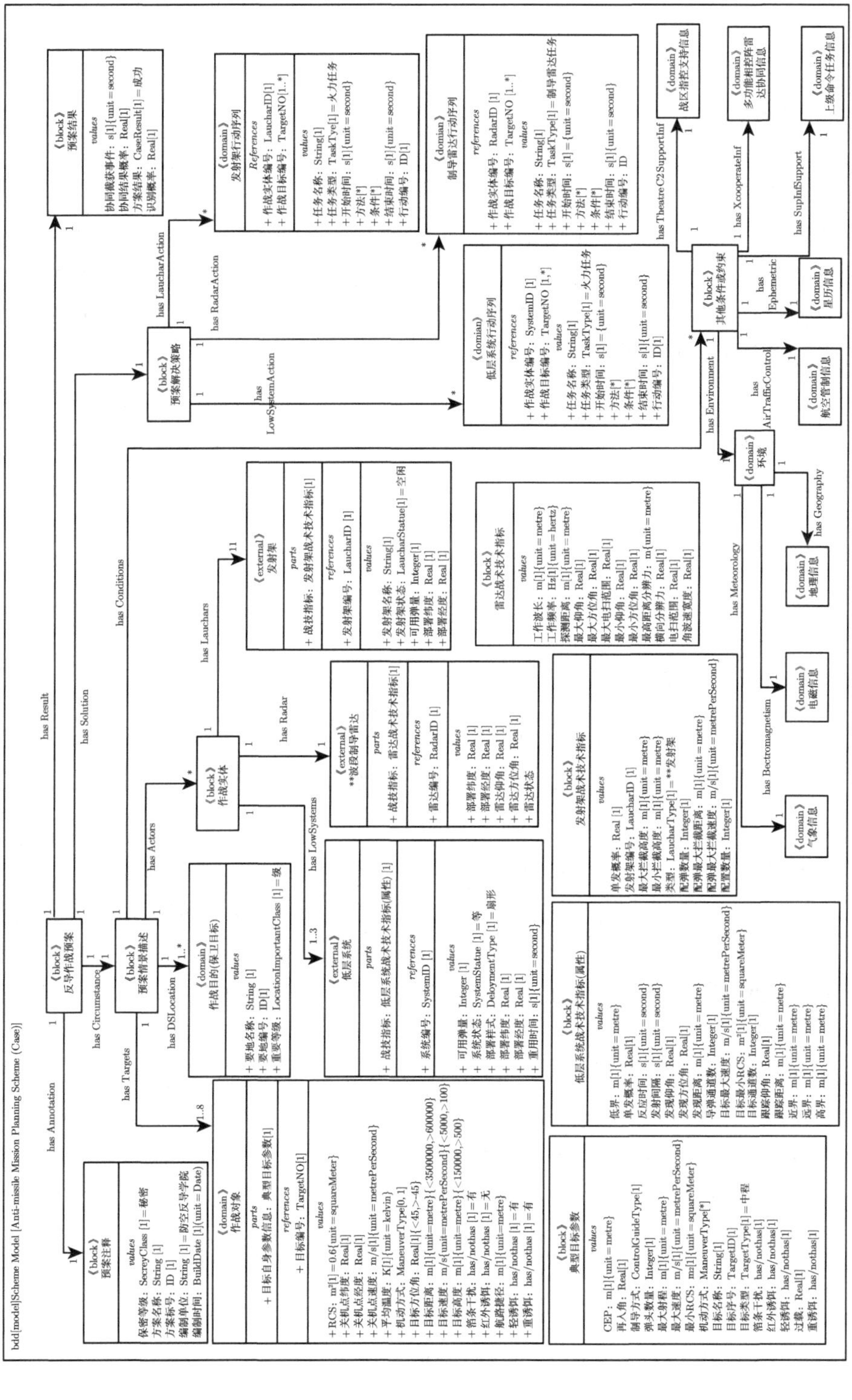

图4.10　反导作战预案格式化描述模型

4.5.3　基于 OWL_DL 的模型验证

OWL_DL 是 W3C 制定的面向语义 Web 的本体语言的子语言集之一，它采用 RDF 的数据类型机制和内嵌的 XML Schema 数据类型，以保证推理的可判定性和本体语言强表达能力作为主要目标，即 OWL_DL 不仅具有很强的语义表达能力，还保持了描述逻辑的可判定推理功能。

针对利用 SysML 语言所建模型中容易存在不一致性的缺点，依据 SysML 所构建的反导作战预案的格式化描述模型，这里在定义 SysML 格式化模型向 OWL_DL 本体模型映射规则 (表 4.10) 的基础上，采用 OWL_DL 语言分别对各个模型进行本体建模，并实现对预案模型的验证。

表 4.10　SysML 元素与 OWL_DL 元素的映射关系

SysML 元素	OWL_DL 元素	说明
Block(所有)、Message、Action 节点、Object 节点	Class	—
Enumeration	DataTpye 属性	需添加 Domain、类型和 Allowed values 约束
Value Type	DataTpye 属性	需添加 Domain 和类型
references 和 parts 属性部分	Object 属性	需添加 Domain、Range
multiplicity 约束	Cardinality 约束	—
Generalization	SubClassof	—
Composition、执行关系、Relations、Constraints 及其他约束	hasValue、allValueFrom 和 someValueFrom 约束	可以使用 ∪ 、∩ 、和 () 等符号构造复合约束式

为说明基于 OWL_DL 的概念模型验证技术的有效性，以整体反导作战预案 SysML 模型中的发射架和作战对象 (近程和中程弹道导弹) 的关系模型的为例。其中，发射架和作战对象各含有两个泛化关系，高层发射架与中程弹道导弹、近程弹道导弹存在一对多的可拦关系，低层发射架只与近程弹道导弹存在一对多的可拦关系，且假设低层和高层发射架的最大拦截高度分别为 40km 和 150km，则具体关系如图 4.11 所示。

图 4.11 中，Lauchar 为发射架，Acttack_Target 为作战对象，Low_Level_Lauchar 为低层发射架，High_Level_Lauchar 为高层发射架，Interme diate_Range_Target 为中程弹道导弹，Short_Range_Target 为近程弹道导弹，Intercept 为可拦截关系，InterceptorAttitude 为拦截高度，则图 4.11 中的关系可用如下 OWL_DL: 语言进行描述：

```
Low_Level_Lauchar⊆Lauchar;
High_Level_Lauchar⊆Lauchar;
Low_Level_Lauchar.InterceptorAttitude⩽40000;
```

```
High_Level_Lauchar.InterceptorAttitude⩽150000;
Intermediate_Range_Target⊆Acttack_Target;
Short_Range_Target⊆Acttack_Target;
Low_Level_Lauchar≡{Lauchar∩∀intercept.Intermediate_Range_Target };
High_Level_Lauchar≡{Lauchar∩∀intercept.(Intermediate_Range_
Target∪Short_Range_Target)};
```

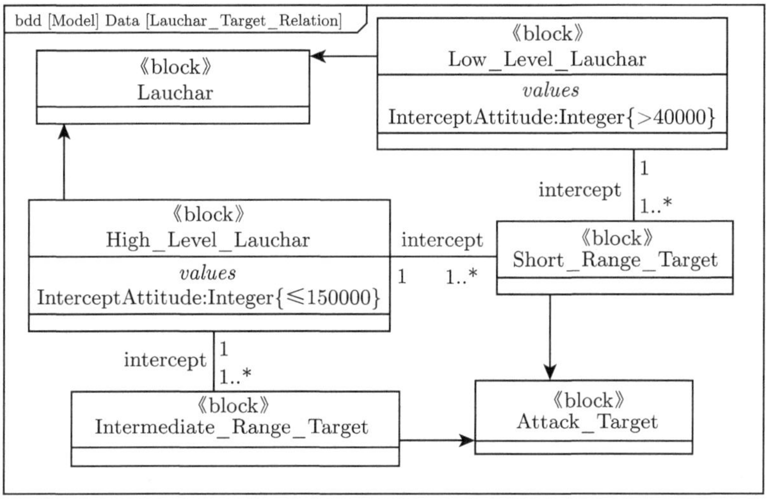

图 4.11 发射架和作战目标相互关系的块定义图

利用上述代码建立的本体模型如图 4.12 所示。

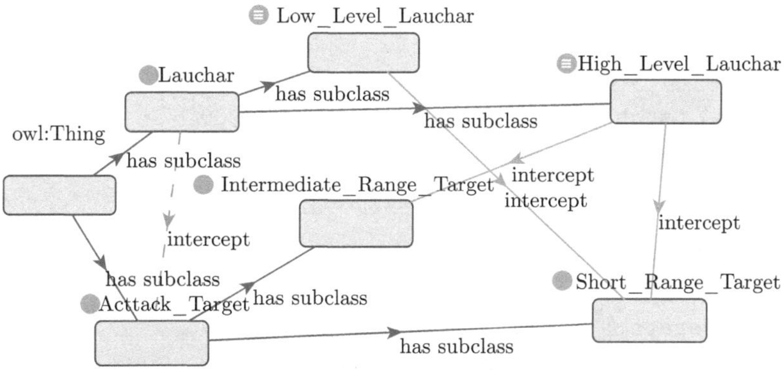

图 4.12 发射架和作战目标的相互关系本体模型

为检验上述模型的一致性和合理性，应用 Racer① 本体推理机对模型进行验证，其弹出的错误警告信息如图 4.13 所示，该信息指明了所建模型中存在的问题。

图 4.13　推理机推理验证错误和警告信息

由图 4.13 中的①②③处的警告和错误信息可知，现有模型中高层发射架和低层发射架的表述不是完全独立的类属关系，且高层发射架拦截高度涵盖了低层的拦截高度。在深入分析相关作战概念的基础上，针对上述问题，依据装备战术技术指标，在模型中分别添加系统间的相互协同关系 (hasCooperate) 和高层发射架拦截高度的下限阈值等两个约束，其修改后的 OWL_DL 模型如下所示：

```
High_Level_Lauchar ⊆ Lauchar;
Low_Level_ Lauchar ⊆ Lauchar;
High_Level_Lauchar.InterceptorAttitude ⩽40000∩ > 150000;
Low_Level_ Lauchar.InterceptorAttitude⩽40000;
Intermediate_Range_Target ⊆Attack_Target;
Short_Range_Target ⊆Attack_Target;
Low_Level_Lauchar≡{Lauchar ∩∀intercept. Intermediate_Range_Target
∩ hasCooperate. Low_Level_Lauchar };
High_Level_Lauchar≡{Lauchar∩∀intercept.(Intermediate_Range_
```

①Racer 是一个以描述逻辑为基础的功能强大的本体推理系统，它能完成对本体模型及其数据描述集的一致性和完整性检查，并发现模型中隐藏的类属关系和重复的逻辑关系。

Target∪Short_Range_Target)∩∀hasCooperate.　High_Level_Lauchar};

依据修改后的代码，对图 4.11 中的格式化模型进行改进后得到的块定义图和本体模型分别如图 4.14 和图 4.15 所示，其中，虚框表示新增加的关系和条件。

通过在预案表示技术中引入基于 OWL_DL 的模型验证环节，不仅可以检验和改进反导作战预案格式化模型存在的问题，增强模型的合理性和有效性，而且可以使预案的建模与验模环节有机融合，加快预案建模的进程。

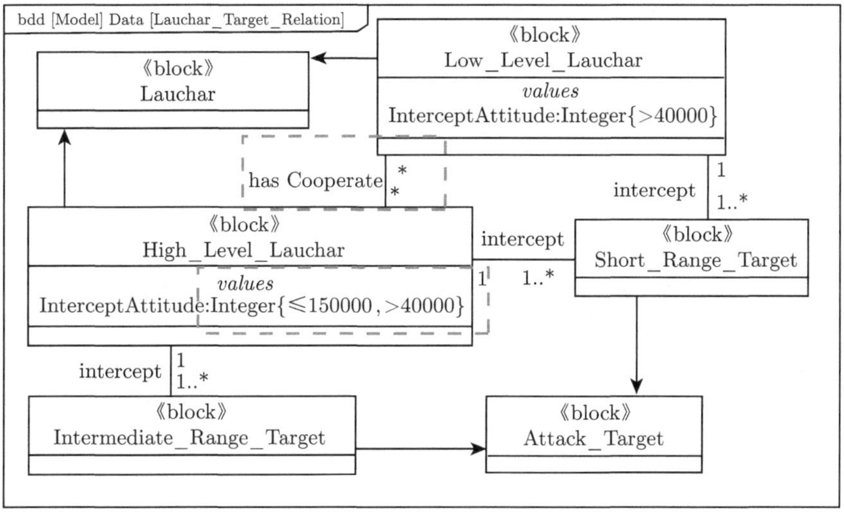

图 4.14　改进后的发射架和作战目标的相互关系块定义图

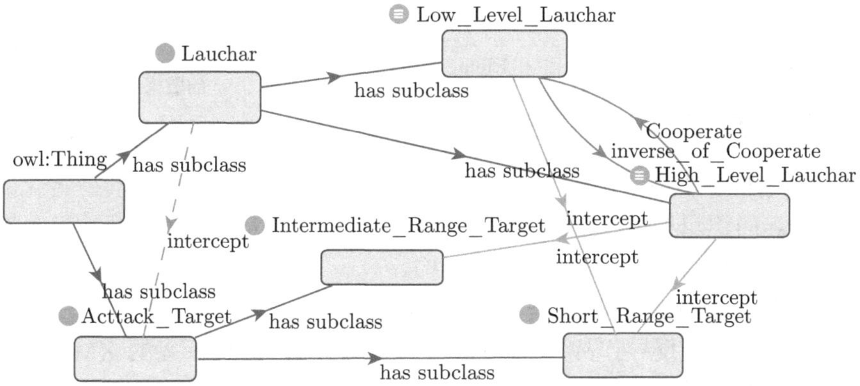

图 4.15　改进后的发射架和作战目标的相互关系本体模型

4.5.4 基于 CBML 的预案形式化表示

CBML 是一种基于 XML 语言的案例描述性语言。它充分利用了 XML 的可扩展性强、简单、互操作性强和处理过程与数据分离等优点，通过定义其自身的文档类型，使案例转化为一种数据描述形式，并可被其他的基于 XML 的程序处理、应用和集成，从而实现 CBR 系统和其他系统在分布式环境下的有效共享。

为便于应用和语言转换，反导作战预案需用一种既便于计算机理解处理又可实现分布式交互的建模语言来进行形式化描述，案例标记语言 CBML 是一个好的选择。CBML 由案例结构文档和内容文档等两个相互独立文档构成，用案例结构文档指导内容文档的结构化生成过程，并校验其内容结构正确性。其中，结构文档是通过 XML Scheme 定义和转化得到的，即应用 CBML 进行形式化建模首先是要建立预案的 Scheme 文档。依据预案构成要素特性，定义反导作战预案整体 SysML 格式化描述模型向 XML Schema 转换的映射规则如表 4.11 所示。

表 4.11　SysML 元素向 XML Schema 元素的映射规则

SysML 元素	XML Schema 元素	说明
Block(所有)	Element	全局或非全局
Enumeration 属性	Element、Facets	需添加侧面或枚举值，并制定数据类型
parts 属性	ComplexType	—
references 属性	Reference 或 SimpleType	与全局元素相关
multiplicity 约束	minOcc 和 maxOcc 约束	—
Generalization 和 Composition 关系	Sequence 和 All 关系	—
Value Type	Element	非全局类型，且需添加对应的数据类型描述
Constraints 及其他约束	minIncl 和 maxIncl 约束	—

按照表 4.11 的规则，将图 4.10 中的反导作战预案整体格式化模型转化为基于 XML Scheme 的逻辑模型，如图 4.16 所示。需要说明的是，这里展开的仅是整体作战预案逻辑模型的部分 XML Scheme 结构。

在建立预案 XML Scheme 逻辑模型后，利用 XML Scheme 向 XML 文档自动生成接口功能，可将反导作战预案 Scheme 文档转化为作战预案的 XML 内容模板文档，即反导作战预案的物理层模型，反导作战预案 XML 内容文档实例如下：

```
<?xml version="1.0" encoding="UTF-8"?>
<!-反导作战预案XML内容文档由团队成员制定-->
```

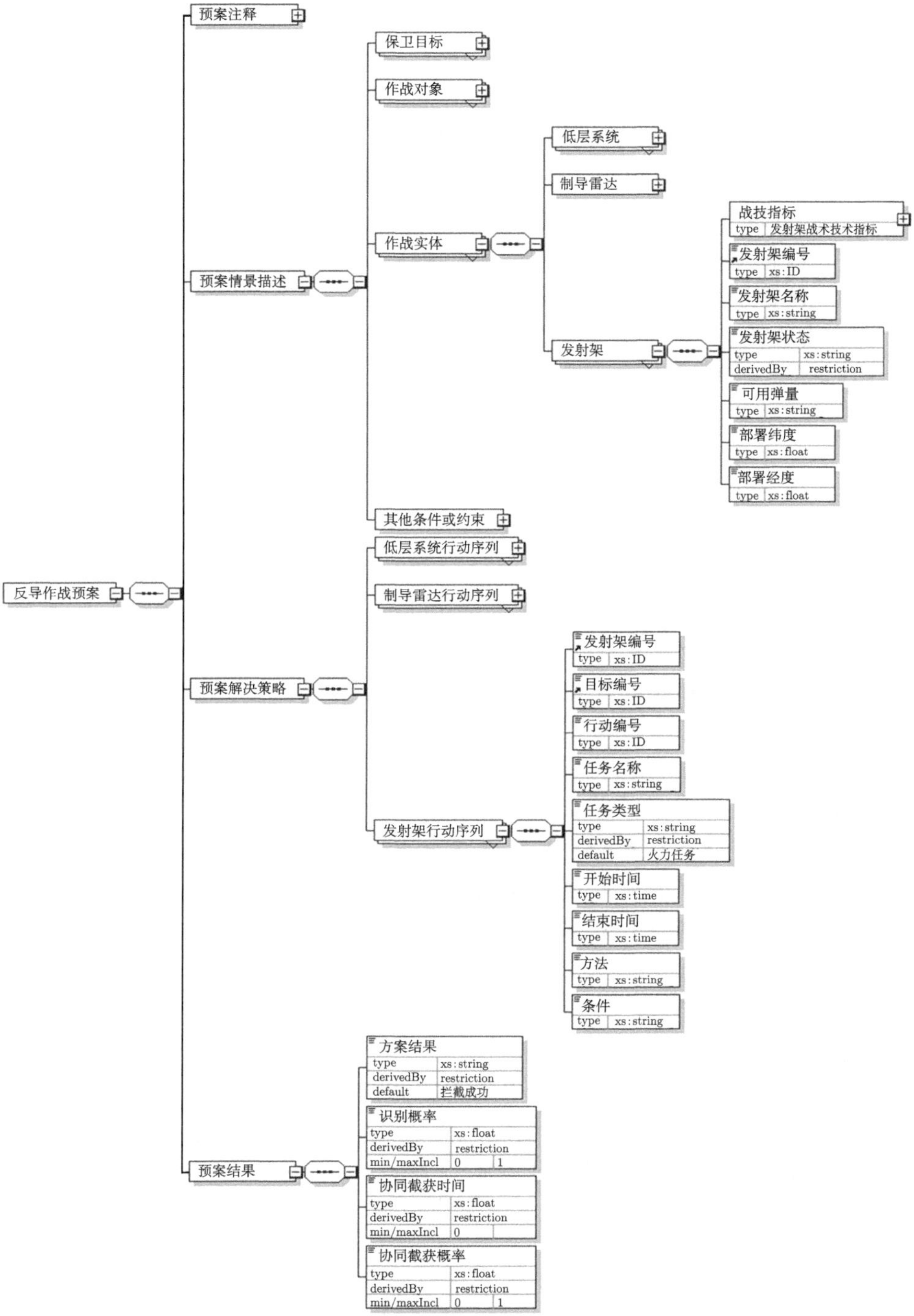

图 4.16　反导作战预案 XML Schema 文档结构图

```
<反导作战方案xsi:noNamespaceSchemaLocation="CaseModel.xsd"xmlns:xsi=
"http://www.w3.org/2001/XMLSchema-instance">
    <方案注释>
        <方案编号>ID_1</方案编号>
        <方案名称>BJ-中程（海基）-3-1</方案名称>
        <编制单位>KJGCDX</编制单位>
        <编制时间>2018-01-31</编制时间>
        <保密等级>公开</保密等级>
    </方案注释>
    <方案情景描述>
        <保卫目标>
            <要地编号>YD_1</要地编号>
            <要地名称>BJTAM</要地名称>
            <重要等级>一级</重要等级>
        </保卫目标>
        <作战目标>
            <目标自身参数信息>
                <目标序号>ID_4</目标序号>
                <目标名称>某国海基未知型号</目标名称>
                <目标类型>中程</目标类型>
                <最大射程>2000</最大射程>
                <最大速度>3500</最大速度>
                <机动方式>无</机动方式>
                <箔条干扰>有</箔条干扰>
                <红外诱饵>无</红外诱饵>
                <轻诱饵>有</轻诱饵>
                <重诱饵>无</重诱饵>
                <制导方式>闭环捷联式惯导系统+GPS末端修正或雷达复合制导
                </制导方式>
                <再入角>55</再入角>
                <弹头数量>1</弹头数量>
                <最小RCS>0.2</最小RCS>
                <CEP>50</CEP>
                <过载>5</过载>
            </目标自身参数信息>
```

```
        <目标编号>TBM0</目标编号>
        <RCS>0.3</RCS>
        <关机点纬度>30° 72′ 51″  </关机点纬度>
        <关机点经纬>13° 84′ 94″ </关机点经纬>
        <平均温度>1200</平均温度>
        <机动方式>无</机动方式>
        <关机点速度>3752</关机点速度>
        <目标方位角>117.7338</目标方位角>
        <目标距离>1646.8769</目标距离>
        <目标速度>3152.65</目标速度>
        <目标高度>354.2932</目标高度>
        <航路捷径>16.3423</航路捷径>
        <箔条干扰>有</箔条干扰>
        <红外诱饵>无</红外诱饵>
        <轻诱饵>有</轻诱饵>
        <重诱饵> 无</重诱饵>
    </作战目标>
    <作战目标>
        <目标自身参数信息>
            <目标序号>ID_4</目标序号>
            <目标名称>某国海基未知型号</目标名称>
            <目标类型>中程</目标类型>
            <最大射程>2000</最大射程>
            <最大速度>3500</最大速度>
            <机动方式>无</机动方式>
            <箔条干扰>有</箔条干扰>
            <红外诱饵>无</红外诱饵>
            <轻诱饵>有</轻诱饵>
            <重诱饵>无</重诱饵>
            <制导方式>闭环捷联式惯导系统+GPS末端修正或雷达复合制导
            </制导方式>
            <再入角>55</再入角>
            <弹头数量>1</弹头数量>
            <最小RCS>0.2</最小RCS>
            <CEP>50</CEP>
```

```
            <过载>5</过载>
        </目标自身参数信息>
        <目标编号>TBM1</目标编号>
        <RCS>0.3</RCS>
        <关机点纬度>30° 72′ 51″ </关机点纬度>
        <关机点经纬>13° 84′ 94″ </关机点经纬>
        <平均温度>1200</平均温度>
        <机动方式>无</机动方式>
        <关机点速度>3752</关机点速度>
        <目标方位角>117.7338</目标方位角>
        <目标距离>1646.8769</目标距离>
        <目标速度>3152.65</目标速度>
        <目标高度>354.2932</目标高度>
        <航路捷径>16.3423</航路捷径>
        <箔条干扰>有</箔条干扰>
        <红外诱饵>无</红外诱饵>
        <轻诱饵>有</轻诱饵>
        <重诱饵> 无</重诱饵>
    </作战目标>
    <作战目标>
        <目标自身参数信息>
            <目标序号>ID_6</目标序号>
            <目标名称>日本陆基未知型号</目标名称>
            <目标类型>中程</目标类型>
            <最大射程>1500</最大射程>
            <最大速度>3000</最大速度>
            <机动方式>无</机动方式>
            <箔条干扰>有</箔条干扰>
            <红外诱饵>无</红外诱饵>
            <轻诱饵>有</轻诱饵>
            <重诱饵>无</重诱饵>
            <制导方式>闭环捷联式惯导系统+GPS末端修正或雷达复合制导
            </制导方式>
            <再入角>45</再入角>
            <弹头数量>1</弹头数量>
```

```
            <最小RCS>0.15</最小RCS>
            <CEP>100</CEP>
            <过载>5</过载>
        </目标自身参数信息>
        <目标编号>TBM2</目标编号>
        <RCS>0.3</RCS>
        <关机点纬度>30° 72′ 51″ </关机点纬度>
        <关机点经纬>13° 84′ 94″ </关机点经纬>
        <平均温度>1200</平均温度>
        <机动方式>无</机动方式>
        <关机点速度>3115</关机点速度>
        <目标方位角>114.2025</目标方位角>
        <目标距离>1227.8425</目标距离>
        <目标速度>2765.23</目标速度>
        <目标高度>219.4558</目标高度>
        <航路捷径>20.0809</航路捷径>
        <箔条干扰>有</箔条干扰>
        <红外诱饵>无</红外诱饵>
        <轻诱饵>有</轻诱饵>
        <重诱饵> 无</重诱饵>
    </作战目标>
    <作战实体>
        <低层系统>
            <战技指标>
                <单发概率>0.97</单发概率>
                <反应时间>20</反应时间>
                <发射间隔>3</发射间隔>
                <发现仰角>14</发现仰角>
                <发现方位角>360</发现方位角>
                <发现距离>40</发现距离>
                <导弹通道数>12</导弹通道数>
                <目标最大速度>1200</目标最大速度>
                <目标最小RCS>0.2</目标最小RCS>
                <目标通道数>6</目标通道数>
                <跟踪仰角>55</跟踪仰角>
```

```
            <跟踪方位角>360</跟踪方位角>
            <跟踪距离>30</跟踪距离>
            <低界>5</低界>
            <近界>10</近界>
            <远界>40</远界>
            <高界>27</高界>
        </战技指标>
        <低层系统编号>PAC-3</低层系统编号>
        <可用弹量>12</可用弹量>
        <系统状态>值班</系统状态>
        <部署样式>扇形部署</部署样式>
        <部署纬度>39° 23′ 35″ </部署纬度>
        <部署经度>116° 32′ 43″ </部署经度>
        <部署海拔>11.4315</部署海拔>
        <防御方向>44.6° </防御方向>
    </低层系统>
    . . . (此处省略3套低层系统的代码)
    <制导雷达>
        <战技指标>
            <工作波长>5</工作波长>
            <工作频率>8000</工作频率>
            <探测距离>1400</探测距离>
            <最大仰角>90</最大仰角>
            <最大方位角>178</最大方位角>
            <最大电扫范围>60</最大电扫范围>
            <最小仰角>-90</最小仰角>
            <最小方位角>-178</最小方位角>
            <最小电扫范围>-60</最小电扫范围>
            <最高距离分辨力>15</最高距离分辨力>
            <横向分辨力>4.88</横向分辨力>
            <角波速宽度>0.14</角波速宽度>
        </战技指标>
        <雷达编号>CRD_1</雷达编号>
        <部署纬度>39° 56′ 25″ </部署纬度>
        <部署经度>116° 7491″ </部署经度>
```

```
            <部署海拔>13.0125</部署海拔>
            <当前方位角>90</当前方位角>
            <雷达状态>值班</雷达状态>
        </制导雷达>
        <发射架>
            <战技指标>
                <发射架编号>ID_THA</发射架编号>
                <类型>高拦发射架</类型>
                <单发概率>0.9</单发概率>
                <最大拦截高度>150</最大拦截高度>
                <最小拦截高度>30</最小拦截高度>
                <配弹数量>8</配弹数量>
                <配弹最大拦截距离>220</配弹最大拦截距离>
                <配弹最大拦截速度>2800</配弹最大拦截速度>
                <发射方式>垂直发射</发射方式>
                <战斗部>直接碰撞</战斗部>
                <制导方式>程序制导+指令制导+主动制导</制导方式>
            </战技指标>
            <发射架编号>THA_1</发射架编号>
            <发射架名称>1号发射架</发射架名称>
            <发射架状态>值班</发射架状态>
            <可用弹量>8</可用弹量>
            <部署纬度>39° 38′ 68″ </部署纬度>
            <部署经度>116° 79′ 59″ </部署经度>
            <部署海拔>13.0012</部署海拔>
        </发射架>
        . . . （此处省略10个发射架的代码）
        <环境>
            <气象信息>*******</气象信息>
            <电磁信息>*******</电磁信息>
            <地理信息>********</地理信息>
            <航空管制信息>********</航空管制信息>
            <星历信息>********</星历信息>
        </环境>
    </作战实体>
```

```
        <其他条件或约束>
            <战区指控支持信息>有</战区指控支持信息>
            <上级命令任务信息>有</上级命令任务信息>
            <多功能相控阵雷达协同信息>有</多功能相控阵雷达协同信息>
            <预警中心支持>有</预警中心支持>
            <授权方式>首拦需报批</授权方式>
        </其他条件或约束>
    </方案情景描述>
    <方案解决策略>
        <制导雷达行动序列>
            <雷达编号>CRD_1</雷达编号>
            <目标编号>TBM0</目标编号>
            <行动编号>Task_1</行动编号>
            <任务名称>等级转进</任务名称>
            <任务类型>传感器任务</任务类型>
            <开始时间>25</开始时间>
            <结束时间>175</结束时间>
            <方法>********</方法>
            <条件>*******</条件>
        </制导雷达行动序列>
        . . . （此处省略制导雷达25个作战行动）
        . . . （此处省略发射架7个作战行动）
        <发射架行动序列>
            <发射架编号>THA_7</发射架编号>
            <目标编号>TBM2</目标编号>
            <行动编号>Task_12</行动编号>
            <任务名称>导弹加电</任务名称>
            <任务类型>火力任务</任务类型>
            <开始时间>492.5</开始时间>
            <结束时间>610.5</结束时间>
            <方法>*****</方法>
            <条件>*****</条件>
        </发射架行动序列>
        . . . （此处省略发射架5个作战行动）
    </方案解决策略>
```

```
    <方案结果>
        <方案结果>拦截成功</方案结果>
        <识别概率>0.98</识别概率>
        <协同截获时间>1.5</协同截获时间>
        <协同截获概率>0.95</协同截获概率>
    </方案结果>
</反导作战方案>
```

4.5.5 基于关系型数据库的预案存储

在基于预案应用的任务规划系统中，作战预案将以数据形式存储于计算机中，而不合理的数据存储、组织和索引形式，将增加预案应用过程的数据访问时间和计算机 CPU 资源的占用率，从而降低规划系统的决策效率，即预案的最终存储将对其后期的应用产生巨大影响。

在完成基于 CBML 的反导作战预案形式化表示后，虽然作战预案内容可直接用基于 XML 的序列化的文件系统形式进行存储，但直接用文件系统来存储预案数据还存在如下问题。

(1) 维护困难。每次访问文件系统的文档都需对它进行解析，被解析的文件都必须驻留在内存里，且在文档上建立的外部索引难以被更新和维护。而在反导作战过程中，用于支持任务规划求解的信息巨大，若所有信息都驻留在内存中，则将使系统因占用资源过大而崩溃。

(2) 缺乏并发性。在文件系统中，一个文件在一个时间只能有一个人对其进行处理，且在同一时刻对同一文档进行不同操作，易产生信息丢失和错误。而由于反导任务规划复杂度高，对于同一数据文件需同时进行不同操作，且存在多人同时调用同一数据的情况，基于 XML 的文件系统存储形式不满足反导任务规划对于数据存储的并发性需求。

(3) 安全性。安全性是反导任务规划实现框架不得不考虑的问题。而基于 XML 的文件系统的安全性只到达文件级，即文件系统并不能实现对文件重要信息数据设置访问权限的功能。

针对基于 XML 文件系统的存储和管理，利用关系数据库来存储是一种较有前景的方式。针对上述文件系统存储的问题，结合反导作战预案 XML 模式逻辑模型的特点，可以采用 SQL Server 关系型数据库来对反导作战预案进行映射和存储，其中，转换过程所利用的元素映射关系如表 4.12 所示。

基于如表 4.12 所示的映射关系，以基于 XML 的反导作战预案内容形式化模板为指导，将现有作战预案数据关系映射为基于 SQL Server 关系型数据库的数据表关系模型如图 4.17 所示 (为便于阅读，英文字段名已被译成中文)。

表 4.12　反导作战预案 XML 模式向 SQL 关系数据库的映射规则

XML 模式元素	关系数据库元素	说明
Element(未指定数据类型，且后继连接中含有 Sequence 或 All 关系)	数据表	需要添加 ID 属性元素，并设定对应的主键
ComplexType	数据表	类型描述中的叶子节点映射为数据表的元素
Element(被指定数据类型(除非 ID 类型意外)，且为叶子节点)	数据表的元素	需添加相应的约束，并制定数据类型
minIncl 和 maxIncl 等各种约束	数据元素的约束	—
SimpleType、具有 ID 类型的叶子节点 Element	数据表的主键元素	—
Reference、Sequence 和 All 关系	数据表之间的关系	—

图 4.17　反导作战预案的关系型数据表模型

上述基于关系数据库的存储模型是最基本的预案数据物理模型，为提高反导作战预案在实际应用中的实时性，还需依据实际作战的需要，建立具有针对性的数据索引结构。由于索引与反导作战预案的存储和组织结构紧密相关，下一章在讨论预案存储和组织结构的同时探讨反导作战预案索引策略。

4.6 本章小结

本章在对反导作战预案生成过程进行分析的基础上，对反导作战预案构成要素进行分析和提炼，给出了反导作战预案表示的基本要求；在有机融合多种方法优势的基础上，提出了一种具有模型验证环节的反导作战预案表示方法，该表示方法能有效减少预案模型的逻辑错误，并大大提高预案建模的效率，为反导作战预案的组织索引、检索、修改和评价等环节奠定基础。

第 5 章 反导作战预案组织与索引技术

对作战预案进行合理的组织，并建立有效的索引结构，是提高检索效率的有效手段，而在没有 (或有限) 先验知识的情况下，对具有大量数据的作战预案库进行组织划分是研究反导作战预案组织和索引的核心，其主要涉及案例相似性度量、案例聚类划分、案例聚类标签和索引构建等问题。

5.1 基本概念

5.1.1 反导作战预案相似度

反导作战预案相似度指预案情景描述部分与当前作战态势的符合程度。假设，预案属性值个数为 n，$\boldsymbol{s}=[s_1,s_2,\cdots,s_n]$ 为预案情景描述部分的属性值向量，$\boldsymbol{t}=[t_1,t_2,\cdots,t_n]$ 为当前问题特征描述的属性值向量，若函数 $\mathrm{sim}(\boldsymbol{s},\boldsymbol{t})$ 满足案例相似的三条性质，则定义 $\mathrm{sim}(\boldsymbol{s},\boldsymbol{t})$ 为反导作战预案 $\boldsymbol{s}$ 和当前问题 $\boldsymbol{t}$ 之间的相似度，简称反导作战预案相似度。

预案属性值可用文字、符号、确定数值、模糊数 (或概念)、区间值和序号 (有数值意义和无数值意义) 等进行表示，但预案属性具有领域差异性，不同领域的预案可由不同属性类别构成。虽然反导作战预案涉及的要素复杂，但从其属性值的类型来看，其属性可概括为如下五类。

(1) 标称 (文字、符号) 类：指那些用具有一定意义的文字或符号来简要表示的预案属性值。例如，用符号 “THA_1” 表示 1 号高层发射架的名称。

(2) 确定数值类：指那些用具有确定大小意义的数值来表征属性实际数值意义的预案属性值。例如，弹道导弹的射程表示为 3500km。

(3) 模糊数 (或概念) 类：指那些用模糊数值或模糊概念来表示属性模糊性的预案属性值。例如，目标跟踪状态 “良好”。

(4) 区间值类：指那些用一对具有大小意义的数值来表示属性不确定性的预案属性值。例如，目标的制导精度 (CEP) 为 100~300m，则 [100,300] 为反应属性值描述的不确定性。

(5) 二值类：指那些用两个数值或符号来表示两种不同属性状态的预案属性值。例如，有无远程预警雷达的支持，其中的 “有和无” 就是一对二值属性值。

5.1.2　关键属性和属性值裕度

预案库中每个作战预案的应用，必须满足一定的条件或约束，故对其进行相似性度量不仅需要考虑属性值在数值空间的距离、信息概率和概念语义等方面的相近程度，还应考虑反导作战的各种约束或条件对于作战预案与当前作战问题相似程度的影响。在对各种约束对属性值相似性影响分析的基础上，本书认为相比于其他相似性度量，反导作战预案相似性度量具有如下特点。

(1) 关键属性对反导作战预案的相似度具有决定作用。在反导作战预案属性集合中存在一些具有关键描述作用的属性值，如远程预警雷达协同的有无。在现有技术条件下，反导武器系统必须有远程预警雷达的协同才可截获目标，而截获目标是反导作战的关键之一，即协同的“有”和“无”决定了最终的作战结果。关键属性的属性值不同时，不管案例的其他属性值多么相似，作战预案的最终相似性度量都应为零，即当前作战预案对于当前问题的适用程度为零。

(2) 属性值裕度对反导作战预案的相似度具有较大影响。借用统计学中的裕度概念来描述预案当前属性值距离最优值的程度。在反导作战预案属性中，存在很多具有裕度特性的属性值。例如，等级转进的可用时间，它对反导作战是一个重要约束，时间值越大，可用来反应和等级转进的余地越大。在两个预案的其他非裕度属性值相同的情况下，假设预案 s_1 和 s_2 的可用时间取值分别为 110s 和 130s，当前作战问题中 t_1 的取值为 120s，若单从数值差分析，s_1、s_2 与 t_1 的相似应是相同的，但由于作战过程具有时间约束 (如某反导武器系统的装备等级转进时间必须大于 120s) 的限制，s_1 应为不可修改预案，即 s_1 应与 t_1 不相似。故在末段反导作战预案的相似性度量中应充分考虑由各种约束引起的相似度差异。

5.2　反导作战预案相似性度量方法

相似性度量方法很多，这些方法大多结合问题背景从数值空间距离、信息学概率统计和概念语义等角度对案例进行相似性度量，并取得良好的度量效果，但还未将关键属性的决定作用和属性值裕度对于相似性的影响纳入度量范围。在两个预案的其他非裕度属性取值相同的情况下，用现有方法计算获得的相似度往往不能体现预案关键属性的决定作用，且易导致不满足实际作战约束的预案进入修改阶段，从而影响相似匹配的效率。故为了全面地对反导作战预案进行相似性度量，保证预案检索过程得出最相似作战预案，需要设计一种新的符合反导作战预案相似性特点的度量方法。

5.2.1　相似性度量方法的基本思路

在考虑具有关键作用和裕度性质属性的基础上，依据先局部后全局的思路，提出一种融合裕度和否决权的反导作战预案相似性度量方法，其具体流程如图 5.1 所示。

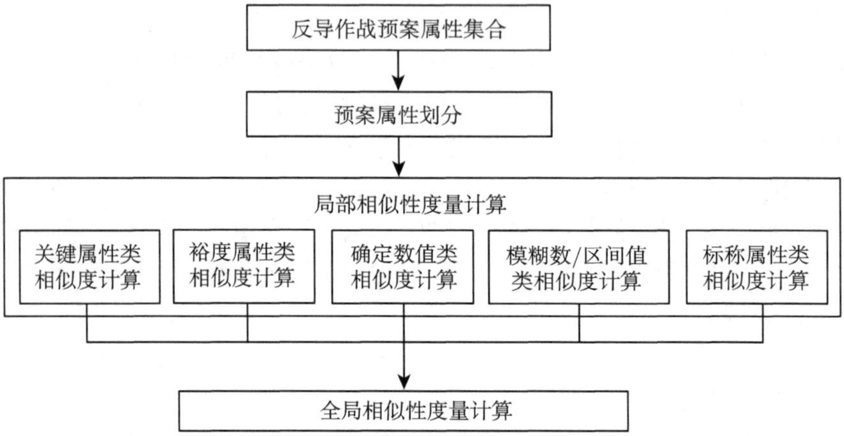

图 5.1　反导作战预案相似性度量流程图

图 5.1 中，预案相似性度量方法的计算步骤为：首先，依据设定的预案属性种类，对反导作战预案属性集合进行属性划分；其次，按照关键属性、裕度属性、确定数值、模糊数/区间值和标称属性 (含序号类) 等分别对各预案属性类进行局部相似性度量计算，并输出结果；最后，利用加权求和合并策略对各个局部相似性度量结果进行全局综合，并输出各个预案的全局相似度结果。

5.2.2　预案局部相似性度量

1) 关键属性的度量

属性否决权 (attribute veto power) 是指用于描述预案 (或方案) 的某个属性具有对所属预案的关键决定作用。若预案与当前作战问题对应关键特征属性值“不匹配”，则不管其余属性值相似程度多高，该预案与当前作战问题的相似度 sim_1(适应程度) 都为 0，其具体公式如 (5.1) 所示：

$$\mathrm{sim}_1(t_{ik}, s_{jk}) = \begin{cases} 1, & t_{ik} = s_{jk} \\ 0, & t_{ik} \neq s_{jk} \end{cases} \tag{5.1}$$

式中，t_{ik}、s_{jk} 分别为第 i 时刻态势特征向量和第 j 个预案对应的第 k 个关键属性的值。

2) 裕度属性的度量

属性值裕度 (attribute value maigin) 是指某个预案属性值留给修正阶段进行优化的余地，即该属性值被修正为最优值前可进行调整的程度。在当前作战问题特征属性值一定的情况下，预案对应裕度值越大，则可修正性越大。

反导作战决策受时间、空间和资源等约束，且属性值裕度需考虑值的“正负”及其与实际约束阈值的分布关系。为充分反映预案属性值裕度性质，采用属性值熵值来表征预案属性值之间的空间距离信息，并为充分刻画属性值大小对于相似情况的影响特性，用归一化后的对数值来反映属性值之间裕度信息，则可获得如式 (5.2) 所示的属性值裕度 $f(s'_{jk})$：

$$f(s'_{jk})=\left(\left(\frac{1}{\left(-\lg\left(\left|s'_{jk}\right|\right)\right)+1}\right)^{\left|s'_{jk}-t'_{ik}\right|}\right)^{\frac{1}{\left|s'_{jk}-t'_{ik}\right|+\varepsilon}} \tag{5.2}$$

式中，$s'_{jk}=s_{jk}-y_k$，y_k 为预案某属性的实际阈值；$t'_{ik}=t_{ik}-y_k$；$\left|s'_{jk}-t'_{ik}\right|$ 为两个元素取值的绝对距离；ε 为初始参数 (为小于 0.001 的实数)。将其值与基于绝对距离的相似度进行积运算，则裕度属性相似度 sim_2 的度量公式具体如式 (5.3) 所示：

$$\text{sim}_2(t'_{ik},s'_{jk})=\begin{cases}\dfrac{1}{\left|s'_{jk}-t'_{ik}\right|+1}\times f(s'_{jk}), & s'_{jk}\geqslant 0\\ 0, & s'_{jk}<0 \text{ 且 } t'_{ik}>0\end{cases} \tag{5.3}$$

式 (5.3) 在兼顾属性值空间距离和裕度的情况下，实现了从属性值到属性相似度在 [0,1] 的映射。对具有裕度性质的属性值归一化后，取当前作战问题的某一属性值分别为 0.10、0.35 和 0.65 时，阈值为 0.35，并令预案属性取值间隔为 0.01，用式 (5.3) 计算所得属性值–相似度曲线如图 5.2 所示。

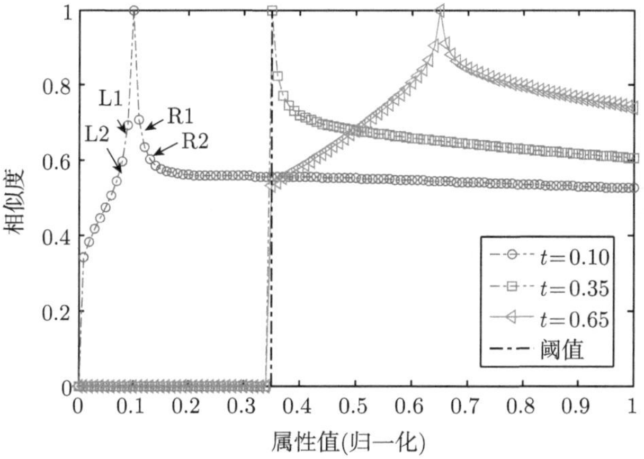

图 5.2　预案属性值–相似度曲线 (见书后彩图)

从图 5.2 可以看出，由式 (5.3) 计算得到的相似度具有如下规律：当前作战问题与预案具有裕度特性的属性取值相同时，函数值为 1，即完全相似点；完全相似点两边的函数值随着取值的变化而下降，且越靠近完全相似点的曲线曲率变化越大，从而增加了完全相似点附近相似度的局部分辨率。但当作战问题属性值大于阈值，而预案具有裕度特性的属性值小于阈值时，预案相似度为 0，具体如 $t = 0.10$ 和 $t = 0.35$ 两条曲线所示。

3) 确定数值和模糊数/区间值属性的度量

对于确定数值的度量，可用如式 (5.4) 所示的基于海明距离方法来度量确定数值属性值的相似度 sim_3。因信息的不完整和不确定，预案属性值常常存在区间值或模糊数，对这种用不确定元素表示的属性值间相似度 sim_4，可采用如式 (5.5) 所示的函数来进行度量：

$$\text{sim}_3(t_{ik}, s_{jk}) = \frac{1}{|t_{ik} - s_{jk}| + 1} \tag{5.4}$$

$$\text{sim}_4(T_{ik}, S_{jk}) = \begin{cases} 0, & T_{ik} \cap S_{jk} = \varnothing \\ \dfrac{|T_{ik} \cap S_{jk}|}{|T_{ik}|}, & T_{ik} \cap S_{jk} \neq \varnothing \end{cases} \tag{5.5}$$

式中，$T_{ik} = [t_{ik\_\text{low}}, t_{ik\_\text{up}}]$ 为第 i 时刻态势特征向量的第 k 个属性对应的区间属性值；$S_{jk} = [s_{jk\_\text{low}}, s_{jk\_\text{up}}]$ 为第 j 个预案的第 k 个属性对应的区间属性值。

4) 标称属性的度量

对于具有语义特性的标称类属性值间的相似度 sim_5，在考虑语义距离、深度和公共祖先的基础上，定义语义属性相似性度量公式如式 (5.6) 所示：

$$\text{sim}_5(t_{ik}, s_{jk}) = \frac{2 \times \text{depth}(\text{lca}(t_{ik}, s_{jk}))}{\text{depth}(t_{ik}) + \text{depth}(t_{jk})} \tag{5.6}$$

式中，$\text{lca}(t_{ik}, s_{jk})$ 表示属性概念的最近公共祖先；$\text{depth}(*)$ 表示括号中概念在属性层次结构中的深度。

5.2.3　预案全局相似性度量

在完成反导作战预案局部相似度计算后，为得到预案与当前作战问题的整体相似度 sim_{sum}(总的适用程度)，需要对预案所包含的各类属性值的局部相似性度量进行全局合并。这里采用加权求和法对反导作战预案局部相似度进行全局综合，具体如式 (5.7) 所示：

$$\begin{cases} \text{sim}_{\text{sum}}(t_i, s_j) = \prod\limits_{k_1=1}^{n_1} \text{sim}_1(t_{ik_1}, s_{jk_1}) \times \text{sum}_p \\ \text{sum}_p = \left(\sum\limits_{p=2}^{5} \alpha_{p-1} \times \sum\limits_{k_p=1}^{n_p} \text{sim}_p(t_{ik_p}, s_{jk_p}) \right) \\ n = \sum\limits_{i=1}^{5} n_i \end{cases} \tag{5.7}$$

式中，n 为属性元素个数的总和；α_{p-1} 为对应类型属性相似度的权值。

5.2.4　反导作战预案相似性度量方法对比实验

1. 整体相似性度量方法性能对比

由于反导作战预案情景描述部分涉及的元素属性众多，这里只从反导作战预案元素中选择弹头隐身 (电磁波、红外和再入段隐身)、诱饵 (轻、重、红外诱饵和箔条云团)、弹头机动、预测落点位置、远程预警协同、可用弹量和单发杀伤概率等属性，作为验证实验的预案属性类别集合。其中，弹头隐身、诱饵和弹头机动为标称类属性；预测落点位置为区间值类属性；远程预警协同为关键类属性；可用弹量为裕度类属性；单发杀伤概率为确定数值类属性。按属性层次绘制实验预案属性的树状结构如图 5.3 所示。

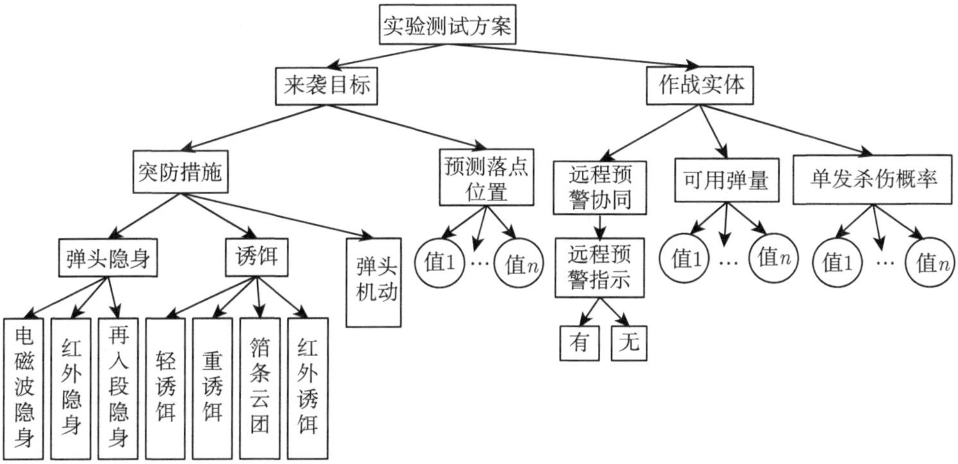

图 5.3　实验预案属性树状结构

假设反导作战预案库的预案数为 6 个，可用弹量的属性取值分别为 7、8、9、12，其他属性取值如表 5.1 中 $s_1 \sim s_6$ 行所示，并令各属性的加权值 $\alpha_1 = \alpha_2 = \alpha_3 = \alpha_4 = 0.25$。

在进行相似度计算前，首先对预案和作战问题描述的属性值进行归一化处理；然后应用式 (5.1) 和式 (5.3)~ 式 (5.7) 分别计算表 5.1 中 $t_1 \sim t_5$ 行所示的作战问题描述与预案库中预案的相似度，最终结果如表 5.2 所示。其中，当前作战问题与预案的最相似对应关系为$\{(t_1,s_5), (t_2,s_3), (t_3,s_3), (t_4,s_2), (t_1,s_1)\}$，且表中含 0.0000 数值的行体现了关键属性对预案相似度决定作用。

表 5.1　作战预案 (s) 和当前作战问题特征向量 (t) 属性元素及取值

编号	属性				
	可用弹量	远程预警指示	预测落点位置	突防方式	单发杀伤概率
s_1	12	有	[20,40]	电磁波隐身	0.90
s_2	8	有	[20,30]	箔条云团	0.70
s_3	7	无	[15,35]	红外隐身	0.65
s_4	9	无	[17,28]	重诱饵	0.75
s_5	12	有	[19,38]	弹头机动	0.55
s_6	7	有	[19,38]	弹头机动	0.55
t_1	9	有	[19,38]	红外诱饵	0.55
t_2	7	无	[20,40]	再入段隐身	0.65
t_3	7	无	[20,35]	红外隐身	0.65
t_4	8	有	[20,30]	弹头机动	0.70
t_5	12	有	[20,40]	电磁波隐身	0.60

表 5.2　相似度计算结果

作战预案	问题特征				
	t_1	t_2	t_3	t_4	t_5
s_1	0.7449	0.0000	0.0000	0.8111	**0.9423**
s_2	0.6795	0.0000	0.0000	**0.8925**	0.7250
s_3	0.0000	**0.9375**	**1.0000**	0.0000	0.0000
s_4	0.0000	0.7886	0.8211	0.0000	0.0000
s_5	**0.9305**	0.0000	0.0000	0.8211	0.8554
s_6	0.7500	0.0000	0.0000	0.6795	0.6054

2. 裕度属性相似性度量公式性能对比

首先单独提取可用弹量作为实验属性集，并令其属性的取值为{7, 8, 9, 12}，取当前装备的可用弹量为 8。假设，预案库有 6 个源案例，且可用弹量取值为{7, 8, 9, 12}，在对取值归一化后，应用 Wu & Palmer 方法、Leacock & Chodorow 方法、海明距离方法和本书的式 (5.3) 分别计算相似度，最终结果如表 5.3 所示。

表 5.3　实验数据相似度计算结果

方法	可用弹量			
	12	9	8	7
Wu & Palmer 方法	0.6667	0.6667	1.0000	0.6667
Leacock & Chodorow 方法	0.6021	0.6021	0.9031	0.6021
海明距离方法	0.4444	0.8333	1.0000	0.8333
公式 (5.3)	0.7500	0.8309	1.0000	0.7650

如表 5.3 第 1~2 行所示，当属性取值为 12、9 和 7 时，相似度计算的结果相

同，即 Wu & Palmer 方法、Leacock & Chodorow 方法不能区分非最相似预案间的差异；而海明距离方法虽具有一定的区分能力，但不能区分属性值为 9 和 7 的情况，而式 (5.3) 具有相对更好的性能，不仅能计算得出最相似预案，还能对非最相似预案进行局部区分，充分体现了属性值裕度对预案相似度的影响，即在一定程度上提高了预案相似性度量的分辨率。

5.3　反导作战预案的聚类划分方法

反导作战预案集的合理划分不仅能有效提高作战预案的存储性能，还能大大减少作战预案检索过程预案匹配的类属范围。作战预案组织划分实质上是模式识别领域的数据聚类问题。

5.3.1　现有方法对反导作战预案聚类的适应性

现有混合属性数据聚类方法可以概括为：基于划分的方法 [155]、基于层次的方法 [156]、基于密度的方法 [157]、基于谱聚类的方法 [158,159] 和其他方法 [160,161] 五大类。上述方法在混合属性数据聚类上已经取得了良好的效果，但将其直接应用于反导作战预案的检索还存在一些不足，具体表现如下。

(1) 基于划分的方法。该类方法虽然具有运行效率高、实现方便和易于扩展等特点，但对于参数设置敏感、只能发现分布密度相似的球形簇。例如，k-prototypes(KP) 算法 [155] 继承了 k-means 算法对于初始聚类中心和聚类簇数设置敏感、容易陷入局部最优等缺陷。

(2) 基于层次的方法。该类方法受数据输入顺序影响严重，不适于分布为非凸形状的簇。例如，BIRCH 混合属性数据聚类算法 [156] 由于受到参数限制，CF 树中的节点并不总能对应数据中自然存在的簇，且只能发现球形簇。

(3) 基于密度的方法。该类方法虽然能发现任意形状的数据簇，但要求用户需要有先验知识，且对领域半径和最小点数目等参数非常敏感。

(4) 基于谱聚类的方法。该类方法以 Minimum Cuts 或 Normalized Cuts 为基础算法，具有能发现任意形状的数据簇，可避免高维数据集奇异性等优点，但算法内嵌的 k-means 算法要求设置聚类数目，且核函数参数 σ 对聚类结果影响很大。

从上述分析可知，现有方法对于反导作战预案聚类划分领域的不适应性具体体现为：①当前反导作战预案划分还缺乏先验分类信息和经验的指导，而现有方法对初始点选择和初始参数设置敏感的特性易导致聚类划分的失败；②反导作战预案具有高维和非凸形分布的特性，而现有方法对数据分布形态敏感，且不能发现非凸聚类的特性易导致预案划分的不合理；③现有聚类容易陷入局部最优和聚类准确度低的特性，不能满足实际作战对于末段高层任务规划高精准性的要求。

5.3.2　基于改进 GRC 和集成技术的作战预案聚类算法

由于反导作战预案为混合属性形式，随着预案数据的增加，预案库具有高维、稀疏和非凸形等特性，且目前对于反导作战预案聚类参数和先验知识的设定没有任何可借鉴信息。针对上述问题，以基于图论的松弛聚类 (graph-based relaxed clustering, GRC) 算法为基础，在对其核函数进行自适应改进的基础上，结合聚类集成技术，设计一种基于改进 GRC 和集成技术的作战预案聚类算法。

1. GRC 算法及其改进

谱聚类算法建立在谱图理论的基础上，其本质是将聚类问题转化为图最优划分问题，是一种点对聚类算法。对于该问题的求解，Lee 等 [126] 提出了用半正定规划松弛策略求解 Normalized Cuts 的 GRC 算法，并通过引入 Lagrange 乘子给出了 GRC 算法的解析解，具体如式 (5.8) 和式 (5.9) 所示：

$$\begin{aligned} &\max -\boldsymbol{y}^{\mathrm{T}}\boldsymbol{L}\boldsymbol{y} \\ &\text{s.t.}\boldsymbol{A}\boldsymbol{y}=\zeta,\zeta\neq 0 \end{aligned} \tag{5.8}$$

$$\boldsymbol{y}=\boldsymbol{L}^{-1}\boldsymbol{A}^{\mathrm{T}}(\boldsymbol{A}\boldsymbol{L}^{-1}\boldsymbol{A}^{\mathrm{T}})\zeta \tag{5.9}$$

式中，$\boldsymbol{A}=\boldsymbol{e}^{\mathrm{T}}=[1,1,\cdots,1]$；$\boldsymbol{L}=\boldsymbol{D}-\boldsymbol{W}$ 称为 Laplace 矩阵，$\boldsymbol{W}$ 为相似度矩阵，$\boldsymbol{D}$ 为对角阵，其定义与 Normalized Cuts 中相同，具体形式如式 (5.10) 和式 (5.11) 所示；$\boldsymbol{y}$ 为 GRC 的聚类指示标签向量，其图示化后将呈现出若干条明显的水平线，水平线的数目就代表原数据集包含的分类数，同属一水平线的数据点归为一类。

$$w_{ij}=\mathrm{e}^{-\|x_i-x_j\|^2/2\sigma^2} \tag{5.10}$$

$$d_{ii}=\sum_{j=1}^{n}w_{ij} \tag{5.11}$$

虽然 GRC 具有便捷性 (一次性区分所有类) 和自适应性 (无须预设类别数)，可适应当前反导作战预案无先验指导信息和高维混合属性的特点，但由于算法中的 $\boldsymbol{W}$ 和 $\boldsymbol{D}$ 继承了 Normalized Cuts 中的定义，仍受高斯核函数的参数 σ 的影响大，不能较好满足高精准性的要求。

针对这一问题，引入基于 “局部度量”(local scale) 思想的高斯核参数计算步骤，对 GRC 算法进行自适应改进，并称改进后的 GRC 算法为基于图论局部度量的松弛聚类 (local scale graph-based relaxed clustering，LSGRC) 算法。具体为：通过利用每个数据点 x_i 的自身领域信息获得对应的高斯核函数的参数 σ_i，如式 (5.12) 所示：

$$\sigma_i=\|x_i-x_k\| \tag{5.12}$$

式中，x_k 是数据点 x_i 的第 k 个近邻。以得到的 σ_i 来计算相似度 w_{ij}，其定义如式 (5.13) 所示：

$$w_{ij} = \mathrm{e}^{-\|x_i - x_j\|^2/\sigma_i\sigma_j} \tag{5.13}$$

将 5.1 节中的反导作战预案的相似性度量方法引入 LSGRC 算法中，并称得到的聚类算法为混合局部度量 GRC(mixed local scale graph-based relaxed clustering，MLSGRC) 算法，具体改进过程和算法流程如图 5.4 和图 5.5 所示。

图 5.4　GRC 到 MLSGRC 的改进过程

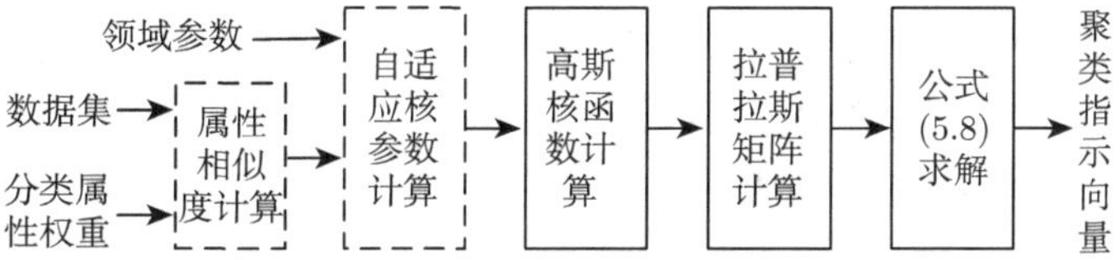

图 5.5　MLSGRC 算法的计算流程

2. 融合 MLSGRC 和集成技术的聚类算法

由于预案聚类划分以离线方式对反导作战预案库进行操作，对算法的实时性要求并不苛刻，但聚类结果的好坏对后期预案检索的结果影响巨大。针对上述特性，为进一步提高反导作战预案库的划分精度，可以将 MLSGRC 算法与聚类集成技术相结合。

首先，设定 MLSGRC 算法的领域参数集合为 K，对集合 K 中的每个元素 k 分别运行 MLSGRC 算法，并得到对应的聚类指示向量集合 Y；将集合 Y 看作一个聚类数据集，以 k-means 算法为基算法，集成运行并得到最终的聚类划分结果，算法的具体步骤如下所示。

输入：混合属性数据集 $X=\{x_1,x_2,\cdots,x_n\}$，领域参数 k 的取值集合 $K=\{k_1,k_2,\cdots,k_p\}$，分类属性部分权重 α，k-means 算法的迭代次数 m；

输出：最终聚类指示标签向量 $\boldsymbol{y}_{\text{result}}$。

步骤 1：对数据集 X 应用融合裕度和否决权的相似性度量方法，计算各数据向量间的相似度，并以得到的相似度倒数作为距离矩阵 S 的行列元素；

步骤 2：取领域参数取值集合的第 i 个参数值 k_i，调用自适应相似度计算函数模块，得到数据集 X 的相似度矩阵 $\boldsymbol{W}$，并计算对角阵 $\boldsymbol{D}$ 和矩阵 $\boldsymbol{L}$；

步骤 3：调用 MLSGRC 的解析求解函数模块，计算当前聚类标签指示向量 $\boldsymbol{y}_i$；

步骤 4：判断 i 是否等于 p，若是，继续，否则跳转到步骤 2；

步骤 5：以分类数为 k-means 聚类算法的聚类数目参数，结合设定的最大迭代次数 m，对向量集合 $\boldsymbol{Y}=\{\boldsymbol{y}_1,\boldsymbol{y}_2,\cdots,\boldsymbol{y}_p\}$进行聚类，并最终输出结果 $\boldsymbol{y}_{\text{result}}$。

5.3.3　算法性能实验与分析

为了验证算法性能，虽然通过仿真推演系统已经获得了一些反导作战问题的预案数据，但这些数据并不完善，且不能满足新聚类算法性能测试的数据量需求，故这里采用 UCI 标准数据集作为验证数据来源。并且为充分验证自适应核函数参数改进对于反导作战预案聚类划分的作用，依据 LSGRC 扩展思路，将 GRC 算法也扩展到混合属性应用领域，得到混合 GRC(mixed GRC，MGRC) 算法，对 MGRC 与 MLSGRC 算法进行性能对比。

1. 算法鲁棒性对比实验

为了解 LSGRC 算法的性能，选取 UCI 标准数据集中的 iris 数据集和 sticks 数据集作为检验数据，并选用吸引子传播 (affinity propagation，AP) 算法 [162] 作为对比，并取 LSGRC 算法领域参数 k 的取值集合为{1, 5,10, 15, 20}，GRC 算法的标准核函数参数 σ 的取值集合为{0.1, 0.5, 1, 1.5, 2}，AP 算法的偏向系数 (全部数据相似度均值的倍数) 为{0.1, 0.3, 1, 5, 40}进行聚类鲁棒性对比实验，其具体结果如图 5.6 和图 5.7 所示。

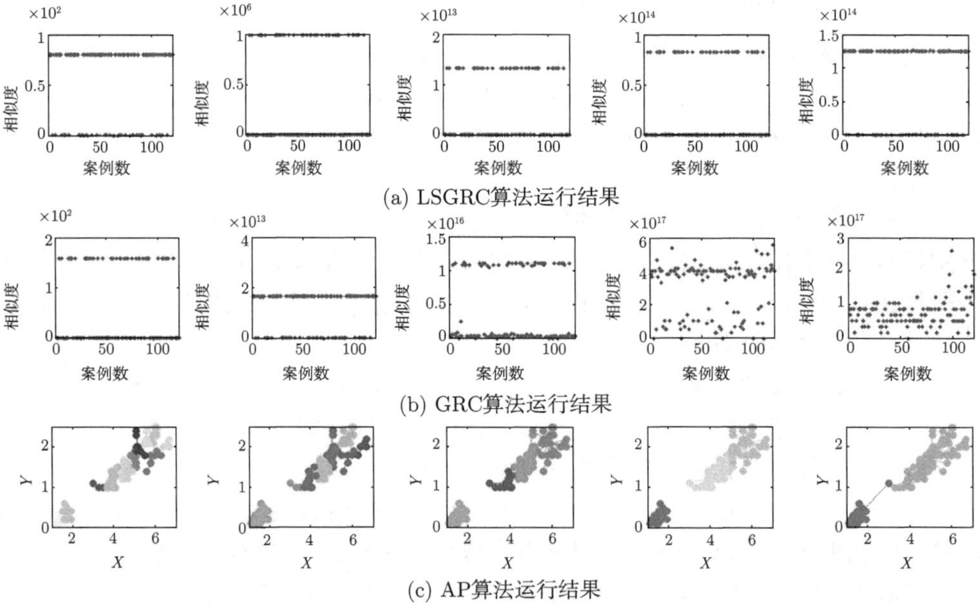

图 5.6　iris 数据集聚类划分结果 (见书后彩图)

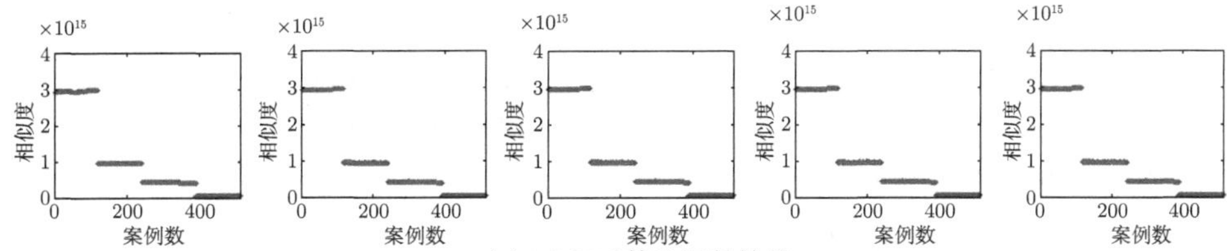

(a) LSGRC算法运行结果

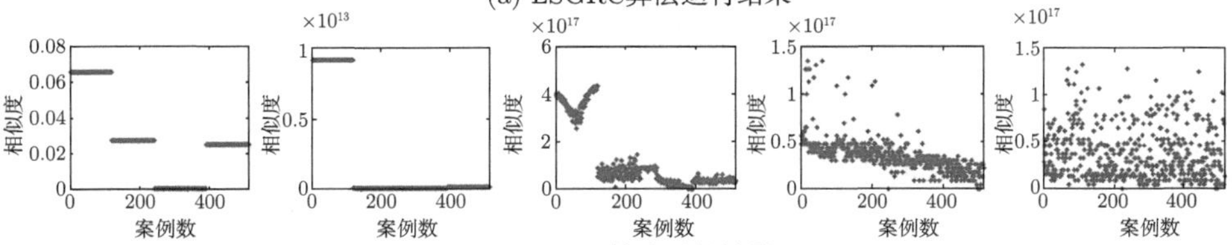

(b) GRC算法运行结果

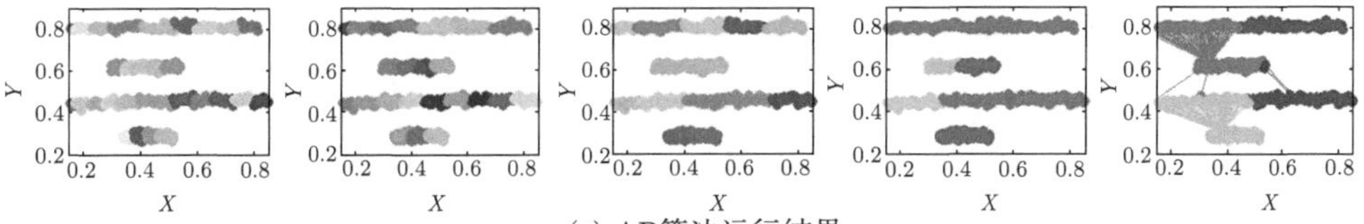

(c) AP算法运行结果

图 5.7　sticks 数据集聚类划分结果 (见书后彩图)

从两个数据集的实验结果看，在参数变化倍率基本相同情况下，AP 算法不仅受偏向系数影响较大，而且不能适应非凸形聚类情况 (sticks 数据集表现最为明显)；尽管 GRC 算法能够适应非凸形聚类，但随着参数变化，后期已不能正确聚类。而 LSGRC 算法在不同参数和不同数据分布情况下，聚类结果最为稳定，领域参数变化对于 LSGRC 的聚类结果几乎没有影响，这表明引入自适应核函数计算环节确实降低了 GRC 算法对于参数设置的敏感性，即 LSGRC 算法较其他两种算法在聚类划分参数设置上具有更强的鲁棒性。

2. 算法性能对比实验

采用标准 UCI 数据中的 german、heart 和 cleve 3 个混合属性数据集作为实验数据。在不同参数情况下，对每个数据集各运行 MGRC、MLSGRC 和 KP 算法 20 次，最终结果的平均聚类精度如表 5.4 所示。

表 5.4　三种算法平均聚类精度对比

算法	german	heart	cleve
KP	0.4743	0.5898	0.5293
MGRC	0.6525	0.6039	0.6062
MLSGRC	0.7172	0.6365	0.6116

从表 5.4 可以看出，在混合型数据集上，MGRC 的平均聚类精度高于 KP

算法，证明了在 GRC 算法上进行混合型点对距离的扩展得到了较好的效果；且 MLSGRC 在 3 个不同混合属性数据集上的平均聚类精度都高于 MGRC 算法和 KP 算法，体现了经过自适应改进和混合型点对距离扩展后得到的 MLSGRC 能成功应用于混合型数据集上。

以正确聚类个数为纵坐标，以迭代次数为横坐标，三种算法在 german 数据集上的 20 次聚类结果曲线如图 5.8 所示。

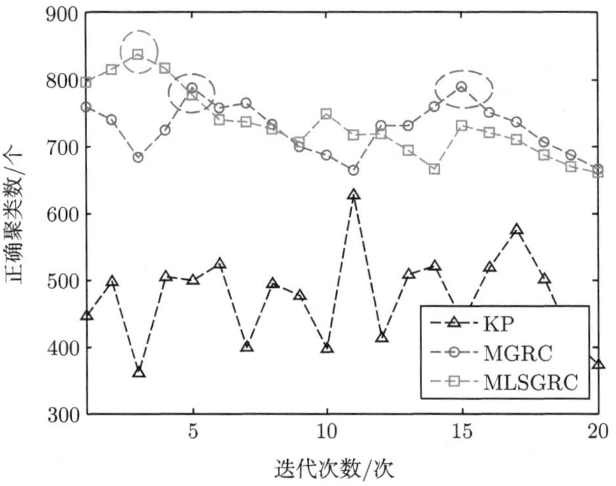

图 5.8　三种算法聚类结果曲线图 (见书后彩图)

从图 5.8 可以看出，相比于 KP 算法，MGRC 算法和 MLSGRC 算法不仅具有较高的聚类精度，且算法稳定性较好，表现为曲线起伏较少；MLSGRC 算法比 MGRC 算法具有更好的稳定，表现为 MLSGRC 算法只具有一个大峰值 (红虚线圆所示)，MGRC 算法具有两个大峰值 (蓝虚线圆所示)，且 MLSGRC 算法具有最高单次聚类精度。

在对三个数据集进行迭代运算后，分别得到对应算法的聚类指示向量集合，并应用 k-means 算法进行聚类集成，为示区别，简称添加聚类集成环节后的 MGRC、MLSGRC 分别为 EMGRC 和 EMLSGRC，其最终结果如表 5.5 所示。

表 5.5　集成算法平均聚类精度对比

算法	german	heart	cleve
EMGRC	0.7655	0.7567	0.6425
EMLSGRC	0.7849	0.7669	0.6421

表 5.5 表明，通过集成技术，两种算法的最终聚类精度相比于集成前 (表 5.4) 都有所提高。但由于数据结构不同，同一算法在不同数据集上的精度增幅不同。例

如，EMLSGRC 算法在 heart 数据集的聚类效果明显优于其在 german 和 cleve 数据集上的效果。

从上述实验分析结果可知，本书所设计的作战预案聚类划分算法具有更好的性能，更适用于反导作战预案的划分，主要体现在两个方面：①聚类参数设置的强鲁棒性和能适应非球形聚类的特性，能克服当前反导作战预案划分无先验指导信息和预案数据高维非凸等情况；②聚类精度高的特性可为满足反导任务规划过程高精准性需求提供支持。

5.4　反导作战预案聚类标签配准方法

在结合 “Local Scale” 思想和聚类集成技术的基础上，作战预案聚类划分算法可以获得较好的聚类划分性能，但由于缺乏预先类别标记，各次划分结果之间没有直接的对应关系，使得对各次聚类结果的集成可能存在 “误匹配” 的现象，即预案聚类标签配准问题。

5.4.1　预案聚类标签配准问题

假设 $X=\{\boldsymbol{x}_1,\boldsymbol{x}_2,\cdots,\boldsymbol{x}_n\}\subset R^d$ 为 d 维特征空间中一组类别未知的作战预案数据集，且集合中第 i 个元素 $\boldsymbol{x}_i$ 为一个 d 维预案特征向量 $[x_{i1},x_{i2},\cdots,x_{id}]^{\mathrm{T}}$，对于某类聚类器可以将集合 X 中的作战预案划分为 k 个聚类，可用标签向量 $\boldsymbol{\lambda}^{(m)}=[\lambda_1,\lambda_2,\cdots,\lambda_n]^{\mathrm{T}}\in N^n$ 表示。其中，$\lambda_i\in\{1,2,\cdots,k\}$ 为预案聚类标签。聚类集成算法通过某个或 M 个聚类器对集合 X 进行聚类，并将所有预案标签指示向量 $\{\boldsymbol{\lambda}^{(1)},\boldsymbol{\lambda}^{(2)},\cdots,\boldsymbol{\lambda}^{(M)}\}$ 进行集成后得出最终标签指示向量 $\boldsymbol{\lambda}$。然而由于缺乏可指导的类别信息，若直接对基聚类器得到的划分进行结合将出现配准问题。例如，预案集 X 有 7 个反导作战预案 $\{x_1,x_2,x_3,x_4,x_5,x_6,x_7\}$，并已被聚类器划分为 $\boldsymbol{\lambda}^{(1)}=[1,1,2,2,2,3,3]^{\mathrm{T}}$ 和 $\boldsymbol{\lambda}^{(2)}=[2,2,3,3,3,1,1]^{\mathrm{T}}$，具体如表 5.6 所示。

表 5.6　预案聚类标签向量

标签	预案						
	x_1	x_2	x_3	x_4	x_5	x_6	x_7
$\boldsymbol{\lambda}^{(1)}$	1	1	2	2	2	3	3
$\boldsymbol{\lambda}^{(2)}$	2	2	3	3	3	1	1

表 5.6 中，两个作战预案标签向量在表面上完全不同，但其逻辑上是完全一致的，都将数据集 X 划分为 $\{x_1,x_2\}$，$\{x_3,x_4,x_5\}$ 和 $\{x_6,x_7\}$3 个簇。但若直接应用聚类算法进行集成，由于作战预案聚类标签表示不同，将得出与实际情况相悖的结论。因此，为消除聚类标签不匹配对最终反导作战预案聚类划分的不利影响，有必要对预案聚类标签匹配问题进行研究，并针对预案聚类集成设计一种有效的标签

配准算法。

5.4.2 现有方法对作战预案标签配准的适应性

在聚类集成中要利用标签向量，必须先使标签向量在逻辑表示上都达到一致，即必须先解决聚类标签的配准问题。Strehl 等 [163]、Zhou 等 [164] 和 Kang 等 [165] 分别从控制聚类标签产生顺序、计算重叠次数和计算向量间距离寻找等价聚类等角度提出了不同的配准方法，并有效地解决了聚类标签配准问题，但将其应用于作战预案聚类标签配准还存在一定的缺陷，主要体现在以下两个方面。

1) 易产生非最优配准结果 (问题 1)

假设，数据集 X 有 7 个反导作战预案 $\{x_1, x_2, x_3, x_4, x_5, x_6, x_7\}$，用同一基聚类器将其划分为 $\boldsymbol{\lambda}^{(1)} = [1,1,2,2,2,3,3]^{\mathrm{T}}$ 和 $\boldsymbol{\lambda}^{(2)} = [3,2,2,1,1,1,1]^{\mathrm{T}}$，且有三种聚类标签。以 $\boldsymbol{\lambda}^{(1)}$ 为基准标签向量，通过计算重叠次数得簇间相似矩阵，并按 Zhou 方法进行对应关系配准，可得四种配准路径$\{R_1,R_2,R_3,R_4\}$，两种对应关系：

$$R_1 = R_3 = \{(\boldsymbol{\lambda}_1^{(1)}, \boldsymbol{\lambda}_1^{(2)}), (\boldsymbol{\lambda}_2^{(1)}, \boldsymbol{\lambda}_2^{(2)}), (\boldsymbol{\lambda}_3^{(1)}, \boldsymbol{\lambda}_3^{(2)})\}$$

$$R_2 = R_4 = \{(\boldsymbol{\lambda}_1^{(1)}, \boldsymbol{\lambda}_3^{(2)}), (\boldsymbol{\lambda}_2^{(1)}, \boldsymbol{\lambda}_2^{(2)}), \quad (\boldsymbol{\lambda}_3^{(1)}, \boldsymbol{\lambda}_1^{(2)})\}$$

其中，$(\boldsymbol{\lambda}_i^{(1)}, \boldsymbol{\lambda}_j^{(2)})$ 表示 $\boldsymbol{\lambda}^{(2)}$ 的第 j 个标签与 $\boldsymbol{\lambda}^{(1)}$ 的第 i 个标签相对应，输出结果 $\boldsymbol{\lambda}^{(1)} = [3,2,2,1,1,1,1]^{\mathrm{T}}$ 和 $\boldsymbol{\lambda}^{(2)} = [1,2,2,3,3,3,3]^{\mathrm{T}}$，具体如图 5.9(a) 所示。其中，输出结果为两种完全不同的标签表示，且正确配准位数为 2 和 5，即当相似矩阵中存在多个相同最大相似度时，Zhou 方法中随机选择最大值进行标签对应的策略易使配准过程向非最优方向发展，从而得出非最优配准结果，这一缺陷不适应反导任务规划对于高精确性的要求。

2) 易改变原始聚类标签结构 (问题 2)

假设，数据集 X 有 10 个反导作战预案 $\{x_1, x_2, x_3, x_4, x_5, x_6, x_7, x_8, x_9, x_{10}\}$，不同基聚类器将其划分为$\boldsymbol{\lambda}^{(1)}$= $[2,1,2,1,1,1,2,2,3,3]^{\mathrm{T}}$和$\boldsymbol{\lambda}^{(2)}$= $[1,2,2,3,3,1,1,4,4,4]^{\mathrm{T}}$，分别具有三类和四类标签。并以 $\boldsymbol{\lambda}^{(1)}$ 为基准标签向量，通过计算簇间重叠次数得到相似矩阵 [图 5.9(b)]，并按 Zhou 方法和 Kang 方法进行配准后，得对应关系为 $\{(\boldsymbol{\lambda}_1^{(1)}, \boldsymbol{\lambda}_3^{(2)}), (\boldsymbol{\lambda}_2^{(1)}, \boldsymbol{\lambda}_1^{(2)}), (\boldsymbol{\lambda}_3^{(1)}, \boldsymbol{\lambda}_4^{(2)})\}$，配准结果为 $\boldsymbol{\lambda}^{(2)} = [2,2,2,1,1,2,2,3,3,3]^{\mathrm{T}}$，簇标签从 4 类减少到 3 类，改变了原始聚类标签结构，使现有标签结构不能反映原始结构的全局性。由于聚类是非监督学习，标签结构的改变可能使集成后丢失部分重要分类簇，造成聚类失败。即当聚类标签类别数不同时，Zhou 方法和 Kang 方法中选择基准标签向量的随机策略，容易造成聚类标签结构的改变，从而影响最终的聚类划分结果，存在一定风险性，这一缺陷不适应反导任务规划对于全局性的要求。

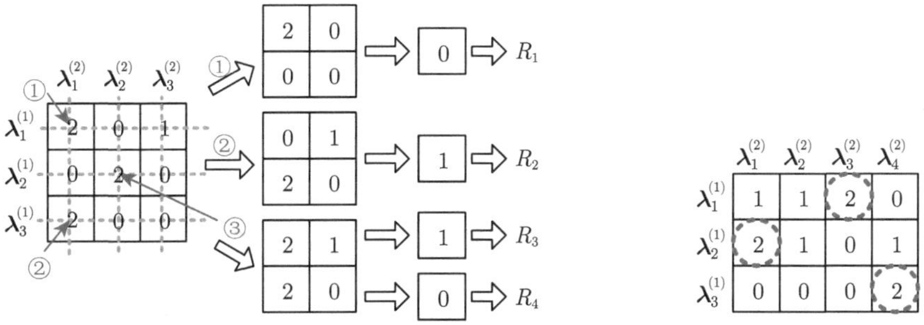

(a) 基于Zhou方法的对应关系配准　　(b) 簇间重叠次数相似矩阵

图 5.9　方法分析示意图

5.4.3　基于规划模型的作战预案聚类标签配准算法

1. 算法总体设计

为解决现有标签配准方法中存在的问题，提出了基于规划模型的反导作战预案聚类标签配准算法，其具体步骤如下。

输入：聚类器划分后的聚类标签数据集合 $\{\boldsymbol{\lambda}^{(1)},\boldsymbol{\lambda}^{(2)},\cdots,\boldsymbol{\lambda}^{(M)}\}$；

输出：配准后的聚类标签数据集合 $\{\boldsymbol{\lambda}_{\text{new}}^{(1)},\boldsymbol{\lambda}_{\text{new}}^{(2)},\cdots,\boldsymbol{\lambda}_{\text{new}}^{(M)}\}$。

步骤 1：求标签数据集 $\{\boldsymbol{\lambda}^{(1)},\boldsymbol{\lambda}^{(2)},\cdots,\boldsymbol{\lambda}^{(M)}\}$ 中每个向量的聚类标签数量，并选取聚类标签数量最大值 (若有多个向量对应最大值，则任选一个) 对应的向量为基准标签向量 $\boldsymbol{\lambda}_{\text{std}}$；

步骤 2：求基准标签向量 $\boldsymbol{\lambda}_{\text{std}}$ 中不同聚类标签的位置统计矩阵 $\boldsymbol{N}_{\text{std}}$；

步骤 3：设置内部迭代计数器 Counter $=1$，求其他 $M-1$ 个标签向量中第 l 个标签向量 $\boldsymbol{\lambda}^{(l)}$ 对应标签位置统计矩阵 $\boldsymbol{N}^{l}$；

步骤 4：求 $\boldsymbol{N}_{\text{std}}$ 和 $\boldsymbol{N}^{l}$ 位置重叠相似度矩阵 $\boldsymbol{S}_{\text{sim}}^{l}$；

步骤 5：判断 $\boldsymbol{S}_{\text{sim}}^{l}$ 是否为方阵，若否，则修正矩阵 $\boldsymbol{S}_{\text{sim}}^{l}$ 为方阵；

步骤 6：调用规划模型及其求解方法，以 $\boldsymbol{S}_{\text{sim}}^{k}$ 为系数矩阵，计算本次对应关系矩阵 $\boldsymbol{D}_{\text{dec}}$；

步骤 7：以关系矩阵 $\boldsymbol{D}_{\text{dec}}$ 中值为 1 的位置为行列对应依据，对 $\boldsymbol{\lambda}^{(k)}$ 标签向量进行配准，暂存配准后的标签向量 $\boldsymbol{\lambda}_{\text{new}}^{(1)}$；

步骤 8：判断 Counter $=M$ 是否成立，若否，跳转到步骤 2，否则，输出 $\{\boldsymbol{\lambda}_{\text{std}},\boldsymbol{\lambda}_{\text{new}}^{(1)},\boldsymbol{\lambda}_{\text{new}}^{(2)},\cdots,\boldsymbol{\lambda}_{\text{new}}^{(M-1)}\}$。

2. 基准选取和相似矩阵补齐环节设计

针对随机选择基准标签向量的不足，算法步骤 1 通过选取标签向量集中标签最多的标签向量 (若有多个向量对应最大值，则任选一个) 作为基准的策略，防止配准过程聚类标签数量的减少，从而克服了标签结构改变的问题；而步骤 5 在得到位置重叠相似度矩阵 $\boldsymbol{S}_{\text{sim}}$ 后，对非方阵形式的相似矩阵进行补齐，为匹配问题转化为规划模型奠定了基础，以问题 2 中的数据为例，矩阵补齐的具体实施过程如图 5.10 所示。

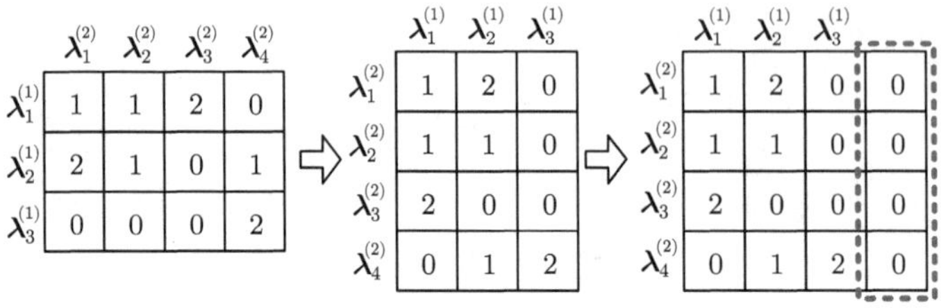

图 5.10　相似矩阵补齐

3. 配准求解的规划模型设计

在得到重叠相似度矩阵 $\boldsymbol{S}_{\text{sim}}$ 后，将需要配准的标签向量 $\boldsymbol{\lambda}^{(l)}$ 的簇标签看作“任务”，并将基准标签向量 $\boldsymbol{\lambda}_{\text{std}}$ 看作是需要指派给 $\boldsymbol{\lambda}^{(l)}$ 的“人员”集合，且将重叠相似度矩阵 $\boldsymbol{S}_{\text{sim}}$ 作为指派问题的系数矩阵，用 $\boldsymbol{D}_{\text{dec}}$ 表示决策解矩阵，它们的表达式为

$$\boldsymbol{S}_{\text{sim}}=\begin{bmatrix} s_{11} & s_{12} & \cdots & s_{1n} \\ s_{21} & s_{22} & \cdots & s_{2n} \\ \vdots & \vdots & & \vdots \\ s_{n1} & s_{n2} & \cdots & s_{nn} \end{bmatrix}$$

$$\boldsymbol{D}_{\text{dec}}=\begin{bmatrix} d_{11} & d_{12} & \cdots & d_{1n} \\ d_{21} & d_{22} & \cdots & d_{2n} \\ \vdots & \vdots & & \vdots \\ d_{n1} & d_{n2} & \cdots & d_{nn} \end{bmatrix}$$

则标签配准问题的规划模型如式 (5.14) 所示：

$$\begin{cases} \max Z = \sum\limits_{i=1}^{n}\sum\limits_{j=1}^{n} s_{ij}\times d_{ij} \\ \text{s.t.} \sum\limits_{i=1}^{n} d_{ij} = 1, j = 1,2,\cdots,n \\ \sum\limits_{j=1}^{n} d_{ij} = 1, i = 1,2,\cdots,n \\ d_{ij}\in\{0,1\}, i = 1,2,\cdots,n \end{cases} \tag{5.14}$$

上述规划模型输出的最终解矩阵 $\boldsymbol{D}_{\text{dec}}$ 能清晰地指示出最优的簇标签对应关系。例如，问题 1 用式 (5.14) 模型求解后输出的决策变量矩阵 $\boldsymbol{D}_{\text{dec}}=\begin{bmatrix}0&0&1\\0&1&0\\1&0&0\end{bmatrix}$，指示对应关系 $\left\{\left(\boldsymbol{\lambda}_1^{(1)},\boldsymbol{\lambda}_3^{(2)}\right),\left(\boldsymbol{\lambda}_2^{(1)},\boldsymbol{\lambda}_2^{(2)}\right),\left(\boldsymbol{\lambda}_3^{(1)},\boldsymbol{\lambda}_1^{(2)}\right)\right\}$ 与最优结果完全相同。

4. 模型的求解方法设计

标签配准问题经转换成为一个标准的指派问题，该问题求解的方法有隐枚举法、匈牙利方法和各种智能搜索或优化算法等。由于各种智能算法求解的最优解并非精确解，而是最优近似解，且多种智能算法对于指派问题模型中输入约束的控制较难实现。从提高配准精度角度出发，本书分别选用运筹学方法中的匈牙利法和隐枚举法对问题进行求解。当用匈牙利法求解时，在约束条件不变的情况下，需对式 (5.14) 所示的模型进行适当的变形，将目标函数转化为求最小值问题，具体如式 (5.15) 所示：

$$\min Z=\sum_{i=1}^{n}\sum_{j=1}^{n}-s_{ij}\times d_{ij} \tag{5.15}$$

5.4.4　算法性能实验与分析

为验证所提配准方法的有效性，实验分别采用匈牙利法和隐枚举法对式 (5.15) 进行模型求解，并将 Zhou 方法 [164] 作为实验对比算法。为便于描述，实验中简称 Zhou 方法为 ZCLA，基于匈牙利法和基于隐枚举法的配准方法分别为 HCLA 和 BPCLA。

1. 算法有效性验证

将问题 2 中的 $\boldsymbol{\lambda}^{(1)}=[2,1,2,1,1,1,2,2,3,3]^{\mathrm{T}}$ 和 $\boldsymbol{\lambda}^{(2)}=[1,2,2,3,3,1,1,4,4,4]^{\mathrm{T}}$ 作为实验数据集，对 HCLA 和 BPCLA 分别进行可行性验证，其最终运行结果如表 5.7 所示。

表 5.7　HCLA 和 BPCLA 计算结果

算法	基准标签向量	标签对应关系	输出结果		耗时/s
HCLA	[1,2,2,3,3,1,1,4,4,4]	{(1,2),(3,1),(4,3)}	[1,3,1,3,3,3,1,1,4,4]	[1,2,2,3,3,1,1,4,4,4]	0.0163
BPCLA	[1,2,2,3,3,1,1,4,4,4]	{(1,2),(3,1),(4,3)}	[1,3,1,3,3,3,1,1,4,4]	[1,2,2,3,3,1,1,4,4,4]	0.4685

表 5.7 表明，HCLA 和 BPCLA 都能获得与问题 2 相同的最优结果，且没有改变聚类标签的结构，但 HCLA 在算法单次运行效率上明显优于 BPCLA。

2. 算法性能仿真和分析

为更好地了解所设计算法的特性，进一步评估其在反导作战预案标签配准问题 (多标签向量、大规模数据集和多聚类标签) 中的性能，分别设计了如下三个实验对 ZCLA、BPCLA 和 HCLA 进行性能对比分析。

1) 预案标签向量个数不同情况下的性能对比

预案标签向量个数不同情况下的性能对比，即标签向量组成集合 $\{\boldsymbol{\lambda}^{(1)},\boldsymbol{\lambda}^{(2)},\cdots,\boldsymbol{\lambda}^{(M)}\}$ 中的 M 取值不同情况下的算法性能对比。假设，预案数据集 X 有七个数据元素 (n=7)，每个预案有三种聚类标签 (k=3)，且 M 的非均匀取值集合为{10，20，30，40，50，60，70，80，90，100，150，200，500，800}，三种算法运行时间曲线如图 5.11 所示。

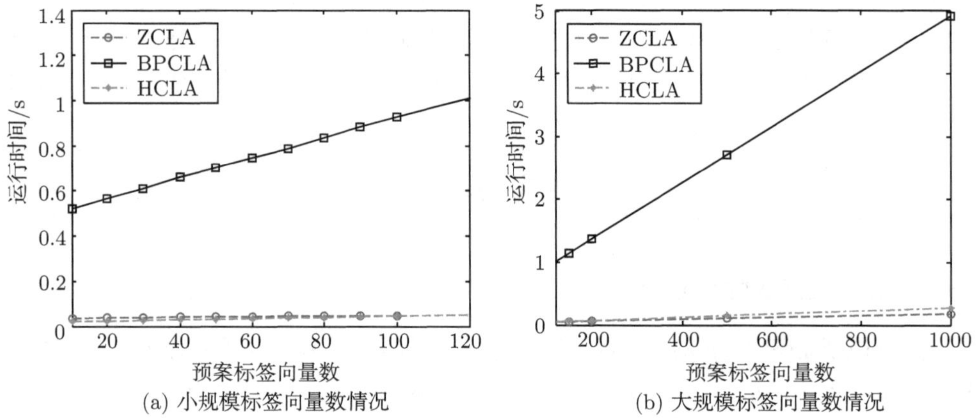

图 5.11　不同 M 下三种算法运行时间曲线图

图 5.11 表明，在标签向量个数小于 100 的运算中，HCLA 的运行时间比 ZCLA 少；当标签向量个数大于 100 后，HCLA 的运行时间比 ZCLA 多，但远小于 BPCLA 的运行时间。

2) 预案个数不同情况下的性能对比

预案个数不同情况下的性能对比，即数据集 $X=\{x_1,x_2,\cdots,x_n\}$ 中 n 的取值不同情况下的性能对比。假设，标签向量个数为 10(M=10)，每个预案有三种聚类标签 (k=3)，并取小规模预案个数 n 的非均匀取值集合为{7，14，21，28，35，42，49，56，63，70，77，84，210}，大规模预案个数 n 的非均匀取值集合为{350000，700000，1000000，1400000，2100000，2500000，2800000}，则三种算法运行时间曲线如图 5.12 所示。

如图 5.12(a) 所示，在预案数规模较小的运算中，HCLA、ZCLA 和 BPCLA 运行时间曲线曲率变化较小，HCLA 所用时间比 ZCLA 稍少，但 BPCLA 运行时间明显多于 HCLA；如图 5.12(b) 所示，当预案数规模较大时，HCLA 和 BPCLA 运行时间曲线曲率变化较 ZCLA 稍大，且 HCLA 在 2500000 个预案时出现内存溢出。

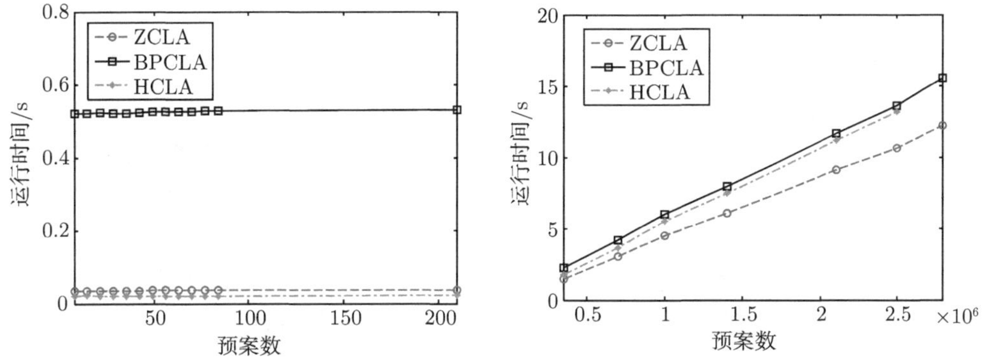

(a) 小规模数据情况　　(b) 大规模数据情况

图 5.12　不同 n 下三种算法运行时间曲线图

3) 聚类标签个数不同情况下的性能对比

聚类标签个数不同情况下的性能对比，即 $\lambda_i \in \{1, 2, \cdots, k\}$ 中 k 的取值不同情况下的实例性能对比。假设 M 取值为 10，n 取值为 1000，聚类标签个数 k 的均匀取值集合为{2，4，6，8，10，12，14，16，18，22，24}，其少聚类标签情况下算法运行时间曲线如图 5.13(a) 所示；并假设 M 取值为 2，n 取值为 4000，聚类标签个数 k 的非均匀取值集合为{50，100，250，500，800，1000，2000，4000}，其多聚类标签情况下算法运行时间曲线如图 5.13(b) 所示。

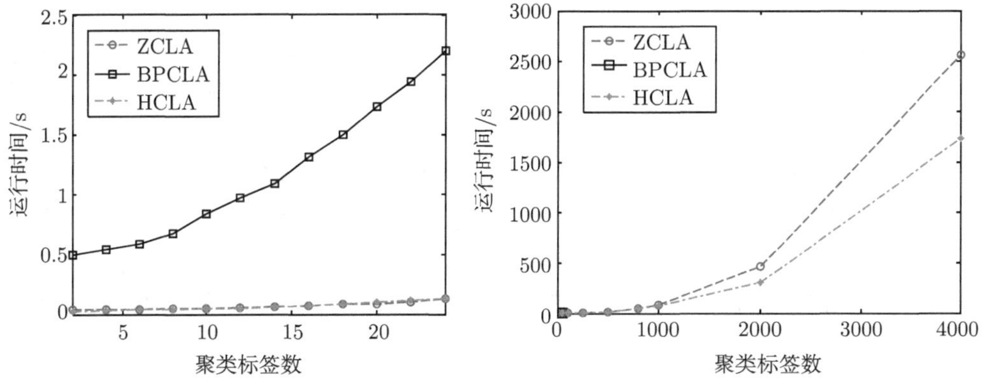

(a) 少聚类标签情况　　(b) 多聚类标签情况

图 5.13　不同 k 下三种算法运行时间曲线图

图 5.13(a) 表明，在聚类标签个数较小情况下，HCLA 和 ZCLA 运行时间远少

于 BPCLA，且时间曲线变化率很小；而图 5.13(b) 表明，当聚类标签个数大于 50 后，BPCLA 出现了内存溢出，HCLA 和 ZCLA 运行时间曲线变化率开始逐渐增加，但 HCLA 运行时间较 ZCLA 少，且曲率变化也较小。

3. 性能分析小结

通过上述有效性验证和不同条件下的仿真对比实验，可得出如下结论：

(1) HCLA 和 BPCLA 克服了 ZCLA 中易产生非最优配准结果和易改变原始聚类标签结构的问题，提高了预案聚类标签配准精度和算法的适用性；

(2) HCLA 总体性能最佳，适合多聚类标签和多标签向量的情况；

(3) BPCLA 虽运行效率较低，但能适用于大规模预案集情况下标签配准。

本节所设计的配准算法，不仅克服了现有配准方法的问题，还能较好的解决大规模预案数据集情况下的匹配问题，将其与基于改进 GRC 和集成技术的聚类算法结合，将进一步提高反导作战预案聚类划分的精度。

5.5 反导作战预案索引策略

案例检索效率及检索结果的相关度决定了整个系统的性能，而索引质量决定了案例检索的效能。随着 CBR 的反导任务规划系统的运行，预案库中的信息将呈现爆炸式增长，针对预案库应对"沼泽现象"的需求，设计实现一种结构合理、性能优良的预案索引，是提高整体系统检索性能的关键。针对反导作战预案具有高维的特点，本节将对基于聚类的高维案例索引策略进行研究。

5.5.1 现有方法对反导作战预案索引的适应性

近年来，多位学者对基于聚类的高维案例 (或数据) 索引进行了研究，并提出了多种实际有效的高维案例 (或数据) 索引方法，但这些方法还不能满足反导作战预案索引的需要，主要体现在以下方面：

(1) 所用聚类算法中基于距离平方和最小的策略不适用于非凸形聚类情况，且初始参数对索引结果影响大。现有的基于改进 k-means 聚类 [166]、基于椭圆体聚类 [167] 和基于网格划分聚类 [168] 等方法并未消除聚类数量、初始点选择和网格划分参数等设置的影响，且易发生数据聚类重叠现象，从而导致检索精度和效率不高。

(2) 对案例分布的非线性和非正态情况还未考虑。崔江涛等 [167] 等提出的基于椭圆体主成分的向量近似 (principal component vector approximation，PCVA) 方法和 Shen 等 [169] 等提出的面向最小化包含矩形 (oriented minimum bounding rectangle，OMBR) 方法中所使用的主成分分析 (principal component analysis, PCA)

只利用案例数据的二阶统计信息，其分析结果不能真正反映高维案例非线性和非正态的分布特性。

总之，现有方法受参数 (聚类数量、初始点选择和网格划分参数等) 设置影响大，且只利用数据的二阶统计信息，不适用于反导作战预案的混合高维非凸特性和当前缺乏先验指导信息的现实条件。

5.5.2　反导预案 BCS-Tree 索引构建流程

针对反导预案存储索引构建的需要，结合预案具体构成特点，以 B+ 树为基础，提出了反导作战预案的区位聚类分区树 (bit-code cluster subarea tree，BCS-Tree) 索引结构，具体如图 5.14 所示。

图 5.14 中，新的预案索引以树形结构为基础，主要包括区位码 (bit-code ID, BID) 索引、预案聚类码 (cluster ID, CID) 索引和分区码 (subarea ID, SID) 索引三部分，BCS-Tree 索引的具体构建过程如图 5.15 所示。

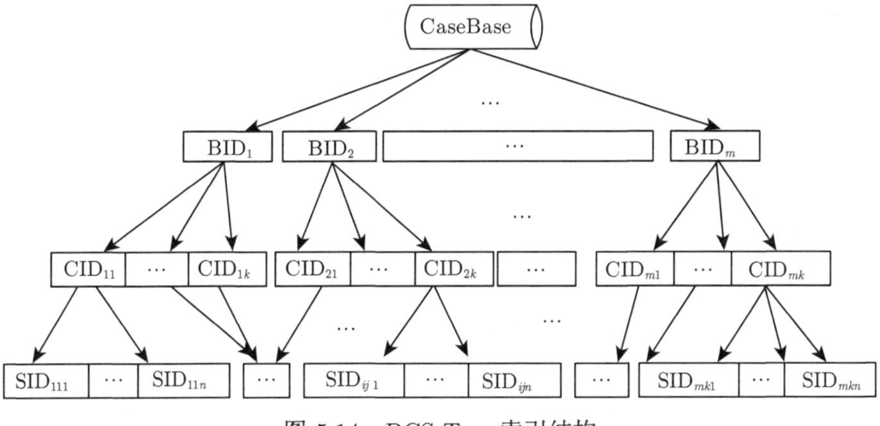

图 5.14　BCS-Tree 索引结构

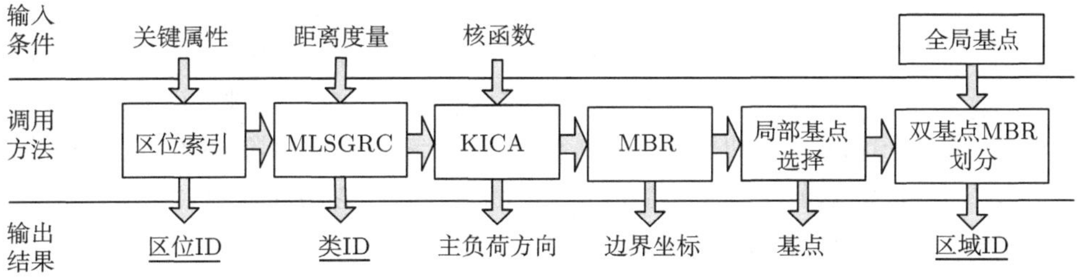

图 5.15　预案 BCS-Tree 索引构建流程

图 5.15 中，KICA(kernel independent component analysis) 是指核独立成分分析，它是一种引入核函数理论的高阶统计量信号处理方法，在数据处理方面能有效统计并反映数据的非线性和非正态高维分布特性；MBR(minimum bounding rectangle) 是指聚类的最小包含矩形，描述了一个能将当前聚类集合中所有数据点涵盖在内的矩形空间范围。BCS-Tree 索引的具体构建主要包括以下步骤。

步骤 1：依据预案关键属性，通过区位码索引方法对预案库进行区位编码，建立预案 BID；

步骤 2：基于预先定义的相似性度量，调用 MLSGRC(见 5.3.2 小节) 对由步骤 1 得到的每个区位中的预案进行聚类划分，并对其进行统一编号，建立预案 CID；

步骤 3：调用 KICA 法对每个聚类进行核独立分量分析，依据所得到的聚类主负荷方向 (即主分量方向)，建立每个聚类的最小包含矩阵 MBR，并存储相应的边界坐标 (主要包括最小分量值 MINDIST 和最大分量值 MINMAXDIST)；

步骤 4：在确定全局参考点的基础上，结合聚类主负荷方向和 MBR，调用局部基点选择算法，确定每个 MBR 的局部基点；

步骤 5：应用双基点 MBR 分割算法，对每个 MBR 进行分区，并计算各区域码，建立预案 SID；

步骤 6：以 B+ 树为基础，建立以 BID、CID 和 SID 为节点存储对象的索引。

通过上述过程可构建三级预案索引，但还可根据需要通过对步骤 2 和步骤 3 过程的重复，将由步骤 2 得到的预案聚类划分为更细的子聚类和子 MBR，从而建立更深层次的索引，但索引层次要根据实际作战需求来具体确定。

5.5.3 BCS-Tree 索引中的预案区位码

区位码索引方法先把预案数据空间划分为 2^b 个超立方体形状的单元，然后为每一个区间中所有预案分配一个长度为 b 且值唯一的比特串，这些用于近似代表预案原始特征向量的比特串称为预案区位码，并用设定的区位码差异阈值——Bit-Difference 来过滤检索区域。假设，在二维空间中，指标 1 的间隔取 a，范围为 $[0, 2a]$，指标 2 的间隔取 b，范围为 $[0, 2b]$，令每一维的比特码为 0 或 1，则整个空间的区位码划分如图 5.16 所示。若 Bit-Difference 为 0.5，当某个查询点 q 的坐标为 $[a_q, b_q](a_q < a, b_q < b)$ 时，则查询点落在区位码为 00 的区域，且区位码为 01, 11 和 10 的三个区域数据的码值差都大于 0.5，故都被过滤排除。BID 方法适合均匀和非均匀数据的划分，关键属性的选择可通过监督学习分析获得，且具有较小的 CPU 消耗，故区位码索引能有效提高案例检索的速度。

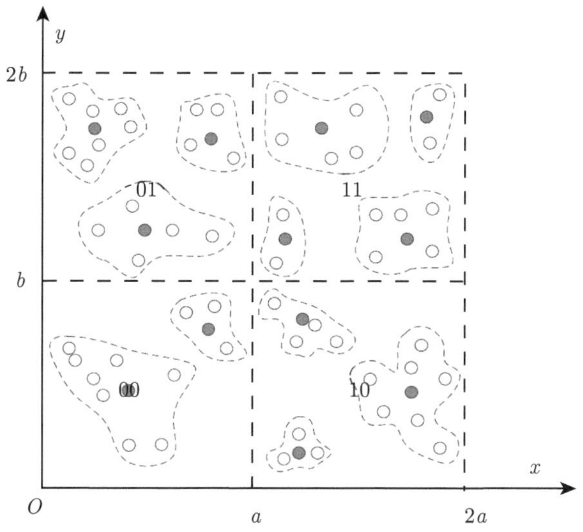

图 5.16　二维空间区位码划分

5.5.4　BCS-Tree 索引中的预案 MBR

为克服只利用案例数据的二阶统计特征来进行信息统计引起的不足，将 KICA 方法引入反导作战预案聚类的 MBR 构建环节，充分利用其能反映高维数据分布特性的优势，来描述反导作战预案的非线性和非正态特性。基于 KICA 的预案 MBR 构建过程具体如下。

步骤 1：结合 KICA 算法，对由 MLSGRC 算法 (详见 5.3.2 小节) 运行后得到的聚类进行核独立分量分析，得各聚类的主负荷方向。

步骤 2：以聚类均值向量点 X 为 MBR 中心，以聚类主负荷方向为长轴正方向，以主方向逆时针旋转 $90°$ 为短轴正方向，建立聚类 MBR 的长短坐标轴，具体如图 5.17 虚线箭头所示。

步骤 3：以 MBR 的长短坐标轴为参考，以向量点 X 为原点，分别计算长短轴方向上的最大分量值 MINMAXDIST 和最小分量值 MINDIST，并依据分量值建立聚类的 MBR。假设，p_1、p_2 分别是 MBR 的长轴方向的最大分量 $C_{\max}$ 和最小分量 $C_{\max}$ 对应的预案数据点，p_3、p_4 分别为 MBR 的短轴方向的最大分量 $V_{\max}$ 和最小分量 $V_{\min}$ 对应的预案数据点，则在聚类 MBR 的长短坐标轴下，以 $[C_{\max}, V_{\max}]$、$[C_{\min}, V_{\max}]$、$[C_{\min}, V_{\max}]$ 和 $[C_{\min}, V_{\min}]$ 四个点为矩形顶点，可构建如图 5.17 所示的 MBR。

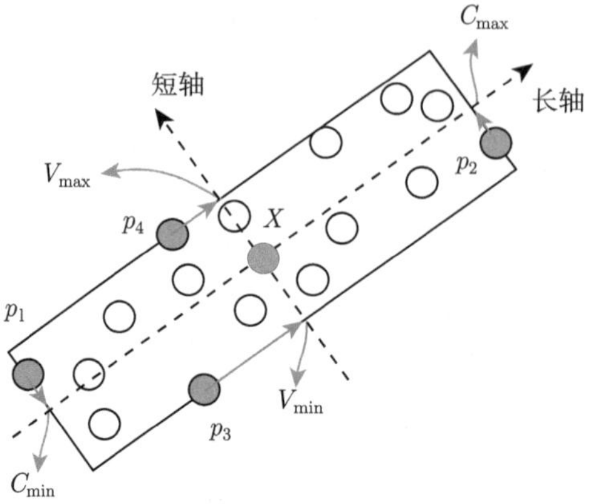

图 5.17　基于 KICA 方法的 MBR 构建

5.5.5　预案划分基点选择

在全局参考点选取上，将距离各个反导作战预案聚类中心距离平方和最小的点 O_{g_2} 作为全局参考点，但也可根据需要选用作战预案属性集合的零点 (或各属性值最小点)O_{g_1} 作为全局参考点，具体如图 5.18 所示。

在局部参考点选取上，可以在基于 KICA 方法建立各个聚类 MBR 的基础上，选取距离 X 点最远的数据点 p_1 在局部坐标轴上的投影点 O_l 为局部参考点，具体如图 5.19 所示。

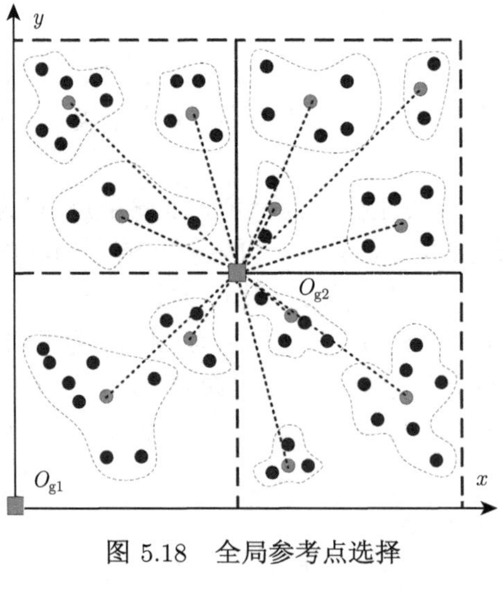

图 5.18　全局参考点选择

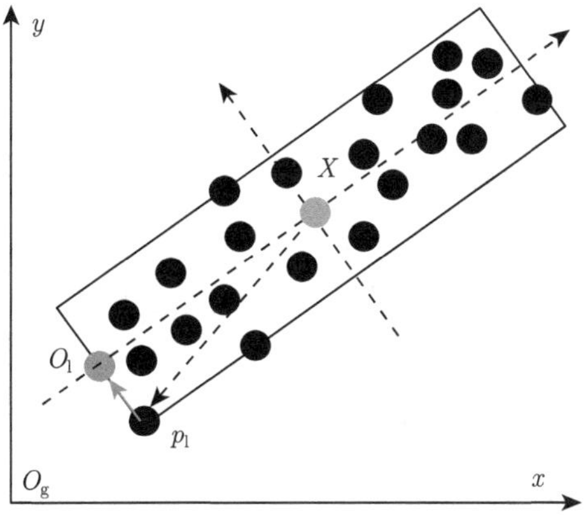

图 5.19　局部参考点选择

5.5.6　基于双基点的预案 MBR 分割

令全局参考点为 O_g，第 j 个预案聚类的最小外接矩阵为 $\text{MBR}_j=(O_{lj},p_{\min j},p_{\max j})$，其中，$O_{lj}$ 为第 j 个预案聚类的局部参考点，$p_{\min j}$、$p_{\max j}$ 分别为距离全局参考点 O_g 最近和最远的预案数据点，则对于该聚类中的第 i 个预案数据点 V_i 定义如下。

定义 5.1(全局距离，global distance)　对于给定的预案数据点 V_i，它与全局参考点 O_g 之间的距离称为全局距离，记作 $D_g(V_i)=\text{dist}(V_i,O_g)$。

定义 5.2(局部距离，local distance)　对于给定的预案数据点 V_i，它与局部参考点 O_{lj} 之间的距离称为局部距离，记作 $D_l(V_i)=\text{dist}(V_i,O_{lj})$。

定义 5.3(基于双基点的 MBR 划分)　分别以全局参考点 O_g 和局部参考点 O_{lj} 为基点，将给定的第 j 个最小外接矩阵 MBR_j 划分为 α 和 β 层的过程称为基于双基点的 MBR 划分，其中，$\alpha>\beta$。

定义 5.4(全局分区，global subarea)　以全局参考点 O_g 为圆心，以 $[\text{dist}(p_{\min j},O_g),\text{dist}(p_{\max j},O_j)]$ 为半径范围，对给定的 MBR_j 进行划分而得到的 α 个环形区域称为全局分区。令 $D_{\text{range1}j}=[\text{dist}(p_{\min j},O_g),\text{dist}(p_{\max j},O_g)]$，则 MBR_j 的第 l 个全局分区为 $[\text{dist}(p_{\min j},O_g)+(l-1)\times D_{\text{range1}j}/\alpha,\text{dist}(p_{\max j},O_g)+l\times D_{\text{range1}j}/\alpha]$。

定义 5.5(局部分区，local subarea)　以其局部参考点 O_{lj} 为圆心，以 $[0,\text{dist}(p_{\max j},O_{lj})]$ 为半径范围，对于给定的 MBR_j 进行划分而得到的 β 个环形区域称为局部分区。令 $D_{\text{range2}j}=[0,\text{dist}(p_{\max j},O_{lj})]$，则 MBR_j 的第 k 个局部分区为 $[(l-1)\times D_{\text{range2}j}/\beta,l\times D_{\text{range2}j}/\beta]$。

在对 MBR_j 进行划分后，令 DID_g，DID_l 分别为全局编码和局部编码，具体如

式 (5.16) 和式 (5.17) 所示，其中，ceil(*) 为向上取整函数。

$$\mathrm{SID}_{\mathrm{g}i} = \mathrm{ceil}(\alpha \times (D_{\mathrm{g}}(V_i) - \mathrm{dist}(p_{\min j}, O_{\mathrm{g}}))/D_{\mathrm{range}1j}) \tag{5.16}$$

$$\mathrm{SID}_{\mathrm{l}i} = \mathrm{ceil}(\beta \times D_{\mathrm{l}}(V_i)/D_{\mathrm{range}2j}) \tag{5.17}$$

定义 5.6(分区编码，subarea code)　将式 (5.16) 和式 (5.17) 的计算结果组合成如 $\mathrm{SID}_i = (\mathrm{SID}_{\mathrm{g}i}, \mathrm{SID}_{\mathrm{l}i})$ 形式而得到的二维向量存储编码称为分区编码。例如，当 α=6，β=5 时，对 MBR_j 进行基于双基点的 MBR 划分的具体结果如图 5.20 所示。

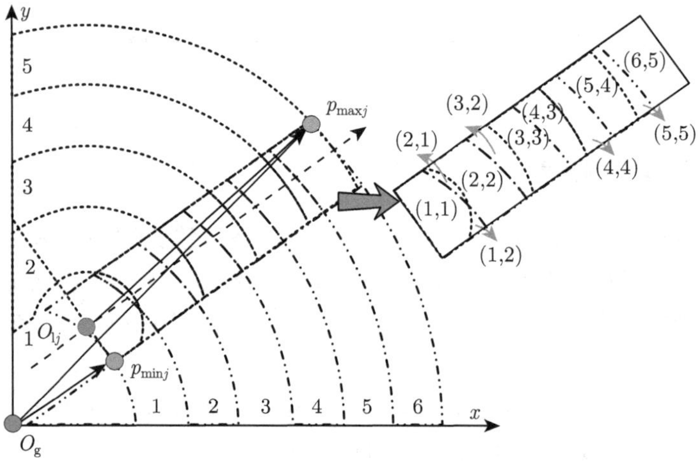

图 5.20　基于双基点的 MBR 分割

5.5.7　索引策略性能分析

1. 搜索代价分析

在具有相同聚类划分情况下，假设有 η 个聚类与查询区域 $q = (V_q, r_q)$ 相交。对于多个候选区域的查询是一个迭代计算的过程，可用求和公式进行度量，则计算搜索空间可近似表示为

$$\begin{cases} A = \Theta(O_{\mathrm{g}}, (\mathrm{dist}(O_{\mathrm{g}}, V_q) + r_q)) \cap \overline{\Theta(O_{\mathrm{g}}, (\mathrm{dist}(O_{\mathrm{g}}, V_q) - r_q))} \\ B = \displaystyle\sum_{j=1}^{\eta} \mathrm{MBR}_j \cap (\Theta(O_{\mathrm{l}j}, (\mathrm{dist}(O_{\mathrm{l}j}, V_q) + r_q)) \cap \overline{\Theta(O_{\mathrm{g}}, (\mathrm{dist}(O_{\mathrm{l}j}, V_q) - r_q))}) \\ S_{\mathrm{all}=} A \cap B \end{cases} \tag{5.18}$$

崔江涛等 [167] 提出的基于椭圆聚类的检索方法的搜索空间为

$$\sum_{j=1}^{\eta} \mathrm{MBR}_j \tag{5.19}$$

Shen 等 [169] 提出的 OMBR 方法的搜索空间为

$$\sum_{j=1}^{\eta} \mathrm{MBR}_j \cap (\Theta(O_{1j}, (\mathrm{dist}(O_{1j}, V_q) + r_q)) \cap \overline{\Theta(O_{\mathrm{g}}, (\mathrm{dist}(O_{1j}, V_q) - r_q))} \tag{5.20}$$

其中，式 (5.18)~ 式 (5.20) 中的 $\Theta(*,\bullet)$ 表示以 “$*$” 为圆心，以 “$\bullet$” 为半径的超球体。且相对于式 (5.19) 和式 (5.20)，式 (5.18) 具有更少的搜索空间，即新索引策略有效减少了作战预案检索在查询访问空间上的消耗。

假设，对同一聚类 c_j，分别应用基于最小包含球 (minimum bounding spherical, MBS) 方法 [170] 和基于 MBR 的方法，且 MBS 的半径为 $r_{c_j} = \mathrm{dist}(p_{\min j}, p_{\max j})/2$，MBR 主负荷方向与 MBS 半径方向夹角为 $\theta(\theta \in [0, \pi/2])$，则图 5.21 中的阴影部分面积可表示为

$$F = r_{c_j}^2 \pi - (2r_{c_j} \cos\theta) \times (2r_{c_j} \sin\theta) \tag{5.21}$$

以 θ 为对象，对式 (5.21) 两边求导得

$$\frac{\partial F}{\partial \theta} = 4r_{c_j}^2 (\sin^2\theta - \cos^2\theta) \tag{5.22}$$

令式 (5.22) 等于零，当 $\theta = \pi/4$ 时，F 取得最小值 $(\pi - 2)r_{c_j}^2$。即针对同一聚类分别应用基于 MBS 和基于 MBR 的方法，在搜索空间上，MBR 方法具有更高地效率，其近似减少 $(\pi - 2)(\mathrm{dist}(p_{\min j}, p_{\max j}))^2$ 大小的空间，具体如图 5.21 中阴影部分所示。这也说明了新方法相对于文献 [170] 等基于 MBS 的方法具有更少的搜索空间。

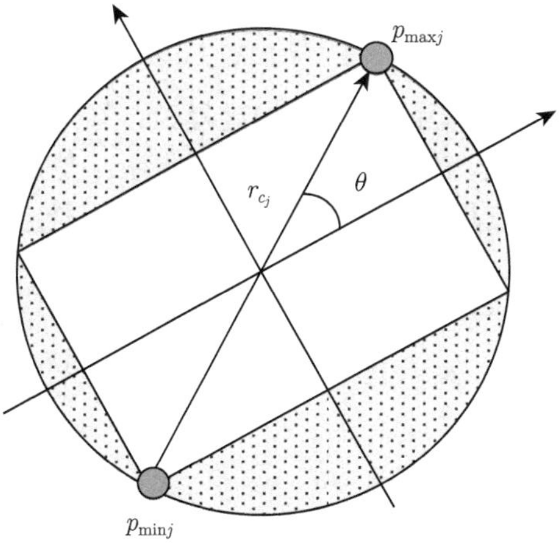

图 5.21　MBR 方法与 MBS 方法所需搜索空间对比

2. 代价模型分析

假设，f 表示 B+ 树中每个节点的平均扇出，BID 长度为 b，候选区位数为 t_{BID}，候选 MBR 数位为 t_{MBR}，作战预案库的总的 MBR 数量为 T，T_{s} 为寻道时间，T_{d} 为延迟时间，T_{r} 表示传输时间，T_{c} 为 CPU 计算运行时间，T_{all} 为总的检索时间，则通过 BID 码确定查询区位需要的时间为

$$T_{\mathrm{BID}} = 2^b \times (T_{\mathrm{s}} + T_{\mathrm{d}} + T_{\mathrm{r}}) \tag{5.23}$$

则确定候选 MBR 数位 t_{MBR} 需要的时间为

$$T_{\mathrm{CID}} = (T_{\mathrm{s}} + T_{\mathrm{d}} + T_{\mathrm{r}}) \tag{5.24}$$

第 j 个最小外接矩阵为 MBR_j 中的数据数量可近似表示为

$$\mathrm{num}(\mathrm{MBR}_j) = \mathrm{Vol}(\mathrm{MBR}_j) \times n/\sum_{j=1}^{T} \mathrm{Vol}(\mathrm{MBR}_j) \tag{5.25}$$

式中，$\mathrm{Vol}(*)$ 表示体积函数；n 为预案库数据个数。由于 B+ 树是新方法的基本索引结构，每个 MBR 索引对应一个 B+ 树，因此，若第 j 棵 B+ 树的高度为 h_j，每个节点的平均扇出和数据个数 $\mathrm{num}(\mathrm{MBR}_j)$ 之间近似满足式 (5.26)：

$$\mathrm{num}(\mathrm{MBR}_j) = f \times (f+1)^{h_j - 1} \tag{5.26}$$

求解式 (5.26) 得

$$h_j = [\lg(\mathrm{num}(\mathrm{MBR}_j)) - \lg f/\lg(f+1)] + 1 \tag{5.27}$$

对于 MBR_j 所确定的超矩阵体查询的过程为：首先，根据 MBR 方法确定与查询区域相交的候选数据集，该过程需要访问节点 h_j；然后，通过划分得到的 DID 码确定相交分区，即候选点集，该过程需要访问的数据量近似为

$$\mathrm{num}(\mathrm{MBR}_j) = \frac{\mathrm{Vol}\,(S_{\mathrm{all}}) \times n}{\sum\limits_{j=1}^{T} \mathrm{Vol}(\mathrm{MBR}_j)} \tag{5.28}$$

则 t 个相交区域总查询代价为

$$T_{\mathrm{DID}} = \sum_{j=1}^{T} [(h_j + (\mathrm{num}(\mathrm{MBR}_j/f))) \times (T_{\mathrm{s}} + T_{\mathrm{d}} + T_{\mathrm{r}})] \tag{5.29}$$

对候选点进行求精运算，则其距离运算代价为

$$T_{\mathrm{pf}} = \sum_{j=1}^{T} \mathrm{num}(\mathrm{MBR}_j) \times T_{\mathrm{c}} \tag{5.30}$$

则总搜索运算代价为

$$T_{\mathrm{all}} = T_{\mathrm{BID}} + T_{\mathrm{CID}} + T_{\mathrm{DID}} + T_{\mathrm{pf}} \tag{5.31}$$

从上述搜索代价分析的结果看，在其他条件相同的情况下，针对反导作战预案所设计的索引策略较现有方法具有更好的性能，具体表现为具有更少的搜索空间和搜索时间。由于索引策略与检索过程密不可分，故对于索引策略的实例验证，将在第 6 章反导作战预案检索方法的实例验证中一并进行。

5.6 本章小结

本章针对末段高层反导作战预案构成的特点，对反导作战预案的相似性度量、聚类组织和索引策略等问题进行研究。首先，在定义反导作战预案属性否决权和属性值裕度等概念基础上，提出了一种融合裕度和否决权的反导作战预案相似性度量方法，该度量方法在保证预作战案相似性度量效能的前提下，提高了作战预案相似性度量的分辨率；其次，在引入 “Local Scale” 思想和聚类集成技术的基础上，提出了一种基于改进 GRC 和集成技术的反导作战预案聚类划分算法，该算法具有较强的参数鲁棒性和较高的聚类精度，为作战预案组织划分提供了方法支持；再次，对预案聚类标签匹配问题进行研究，提出了一种基于规划模型的作战预案聚类标签配准方法，该配准为解决反导作战预案聚类标签匹配问题提供了新的途径；最后，以 B+ 树索引为基础，设计了一种适用于作战预案的 BCS-Tree 索引，该索引为提高反导作战案例推理效率提供了方法支撑，并为实现结构合理、性能优良的案例索引提供了新的研究思路。

第 6 章　反导作战预案检索技术

反导作战预案几乎是实际作战指挥程序的全部依据，它牵引着整体防御作战的每个过程和具体动作实施，而反导作战预案检索是作战预案发挥实际作用的“中心环节”，检索的目的是根据给定作战问题 (当前敌我态势) 的特征描述，从预案库中查找出最适用于当前作战问题的预案，为得出最终作战方案奠定基础，其实质是一个对预案情景描述和当前具体作战问题进行相似性评测的过程。检索方法与预案索引的构建直接相关。

6.1　反导作战预案检索及其要求

6.1.1　反导作战预案检索问题

反导作战预案检索是指在满足时间约束的前提下，反导任务规划系统依据来自空军预警中心系统、远程预警雷达和制导雷达等平台的综合目标信息，结合本级和上级计划任务信息，按照设定的检索原则，在预案库中迅速找到一个或多个与当前规划问题相匹配的预案，并输出检索结果的过程。

与 CBR 方法中的案例检索相似，反导作战预案检索可理解为一个相似性匹配的过程，该过程以预案情景描述与当前作战问题的符合程度，即相似度为决策依据。假设，$\boldsymbol{s}_j=(s_{j1},s_{j2},\cdots,s_{jn})$ 表示预案库中第 j 个预案的情景描述向量，$\boldsymbol{t}_i=(t_{i1},t_{i2},\cdots,t_{in})$ 为当前 (第 i 时刻) 作战问题的特征描述向量；$f:(\boldsymbol{s}_j,\boldsymbol{t}_i)\rightarrow \mathrm{sim}_j$ 为预案相似 (或匹配) 度映射；thd_value 为相似度 (或匹配) 阈值。则反导作战预案检索可描述为：当实时态势信息被获取并形成 $\boldsymbol{t}_i$ 后，反导任务规划系统依据 f 计算预案库中各预案与 $\boldsymbol{s}_j$ 的相似度值 (或匹配值)，得到预案匹配向量 $\mathbf{sim}=[\mathrm{sim}_1,\mathrm{sim}_2,\cdots,\mathrm{sim}_m]$($m$ 为预案数)，并将 $\mathrm{sim}_j\geqslant \mathrm{thd\_value}$ 所对应的预案集作为检索结果输出。

6.1.2　现有方法对反导作战预案检索的适应性

相比于防空作战，反导作战在指挥决策的实时性和精准性上提出了更高的要求，且反导作战预案在作战指挥中具有决定性作用。但由于对反导作战预案的应用研究起步较晚，当前我国对于作战预案应用还无先验指导信息。预案检索是发挥反导作战预案辅助决策作用的“关键”，而检索方法是实现该关键的基础。因此，反导作战预案检索技术必须满足高实时性、高精准性和无先验指导信息的需求。

近年来，已有多位学者提出了不同的案例检索方法和模型，大致可概括为：基于比较的方法 (包括基于相似度计算和基于层次结构的方法)、基于索引的方法、基于神经网络的方法和基于支持向量机 (support vector machine，SVM) 的方法等，这些方法已在各自的研究应用领域取得良好的检索效果，但还不能直接用于反导作战领域，原因具体如下。

(1) 传统基于比较的方法依赖预案属性间的相似性度量，并以各指标的加权和作为最终的评判依据，最终的检索结果受各指标的权重分布影响很大，实际指标权重设定具有一定的主观性和随机性。且该种方法需要遍历检索所有数据节点，效率不高，难以满足反导作战实时性的要求。

(2) 基于索引的方法是目前 CBR 方法中较常用的方法之一，但现有方法中的检索策略对查询点、查询半径和聚类中心之间的分布关系考虑不全，检索区域过滤能力弱，检索效率难以满足反导作战实时性要求。例如，文献 [127] 提出的对称双距离编码树 (encoding-based dual distance tree，EDD-Tree) 方法利用三角不等式关系和 $[\mathrm{dist}(c,q)-r_q,\ \min(r_c,\mathrm{dist}(r_c,q)+r_q)]$ 条件来筛选检索区域 (dist(*) 为距离函数)，并未考虑 $\mathrm{dist}(c,q)<r_q$ 的多种情况，具体如图 6.1 所示；张军旗等 [170] 提出的基于聚类分割的高维 B+ 树 (cluster splitting based high dimensional B$^+$-Tree，CS_B$^+$-Tree) 方法所采用的 $\max(0,\mathrm{dist}(c,q_i)-r_{c_i})<r_{q_i}$ 策略并不能有效过滤在 q_3 分布情况下的冗余检索区域，具体如图 6.2 中的①②所示。

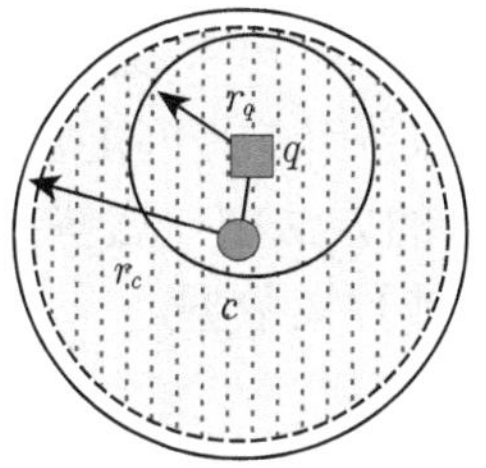

(a) 情况1

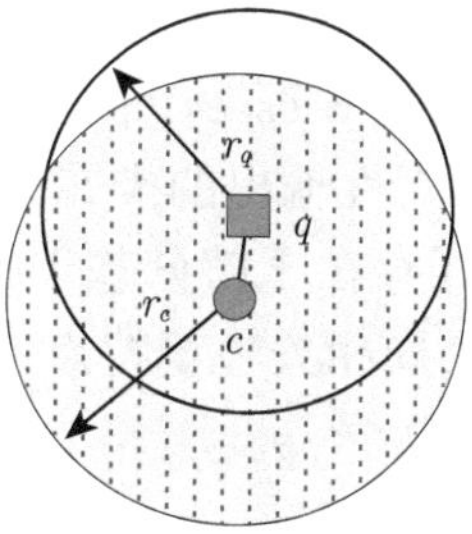

(b) 情况2

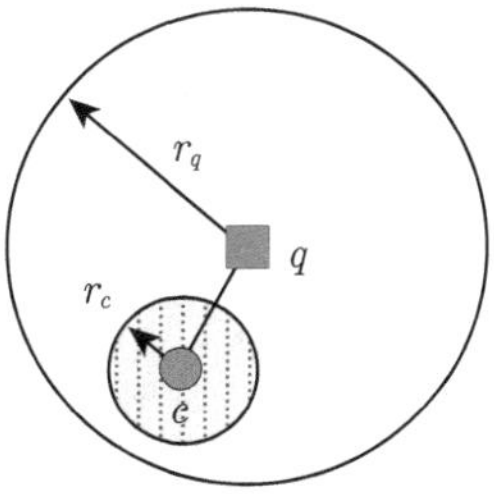

(c) 情况3

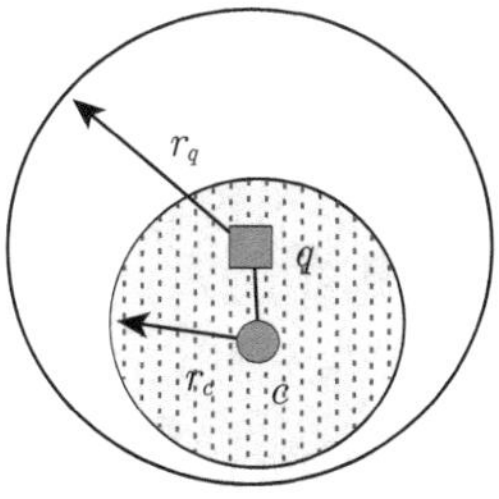

(d) 情况4

图 6.1　对称双距离编码未考虑的分布情况

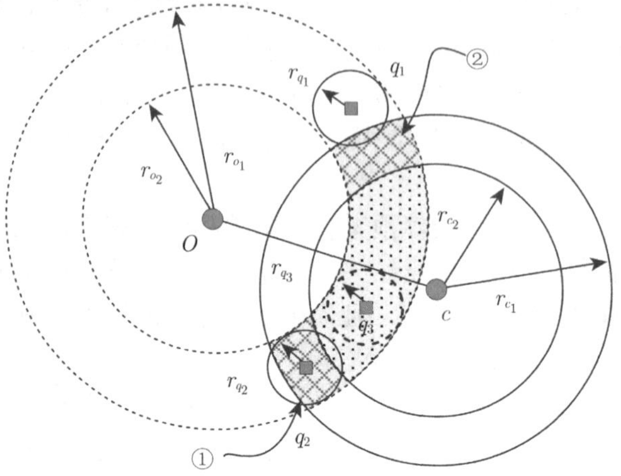

图 6.2　基于聚类分割的查询域分布

(3) 基于神经网络的方法建立在大数定理之上，要求训练样本数目多，需要给出指定隐层数、节点数和预案分类数等预先知识，且存在过学习问题。这些都不适用于缺乏训练样本和预先指导信息的反导作战预案检索问题。

(4) 现有基于 SVM 的方法并没有真正与案例相似性 (或匹配度) 检索相结合，体现为只能输出单一 “硬” 性的类属结果，易导致最匹配预案的错误过滤，不能充分发挥检索阈值的作用。如图 6.3 所示，依据现有基于 SVM 的方法，由于 $d_2 < d_1$，最终输出的检索结果是 S_case$_2$，但实际应为 S_case$_2$ 和 S_case$_1$。即现有基于 SVM 的方法基于单一 “硬” 性输出的类属划分方法容易引起最匹配预案 S_case$_1$ 的错误过滤，这种情况同样存在于部分基于神经网络的方法中。这些都不适用于具有高维、分布不均衡和类属相关性等特点的反导作战预案数据。

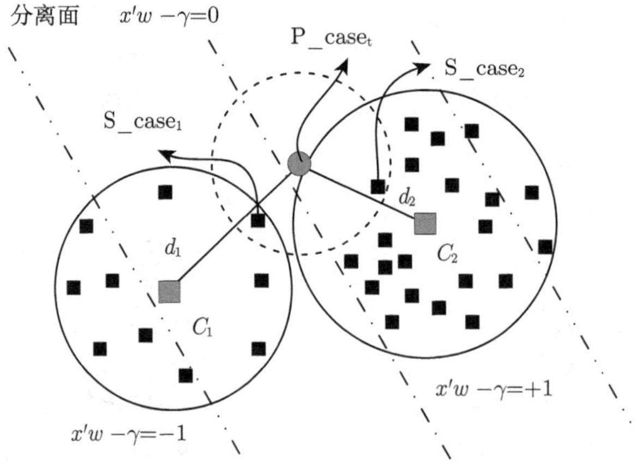

图 6.3　预案的错误过滤示意图

6.2　基于 BCS-Tree 索引的反导作战预案检索

为满足反导作战预案检索的现实需求，下面将结合 BCS-Tree 索引结构的特点，在充分考虑预案数据分布关系的基础上，对现有检索策略进行改进，给出一种基于 BCS-Tree 索引的反导作战预案检索方法。

6.2.1　检索区域判断策略改进

针对现有基于索引方法中对于数据分布考虑不全的缺点，在充分考虑查询点位置 V_q、查询半径 r_q、全局参考点 O_{g} 和局部参考点 $O_{\mathrm{l}j}$ 之间分布关系的基础上，提出一种新的检索区域判断策略，具体如表 6.1 所示。其中，$[r_{\mathrm{l\,min}}, r_{\mathrm{l\,max}}]$、$[r_{\mathrm{g\,min}}, r_{\mathrm{g\,max}}]$ 分别表示局部分区半径范围和全局分区半径范围，具体含义如图 6.4 所示。

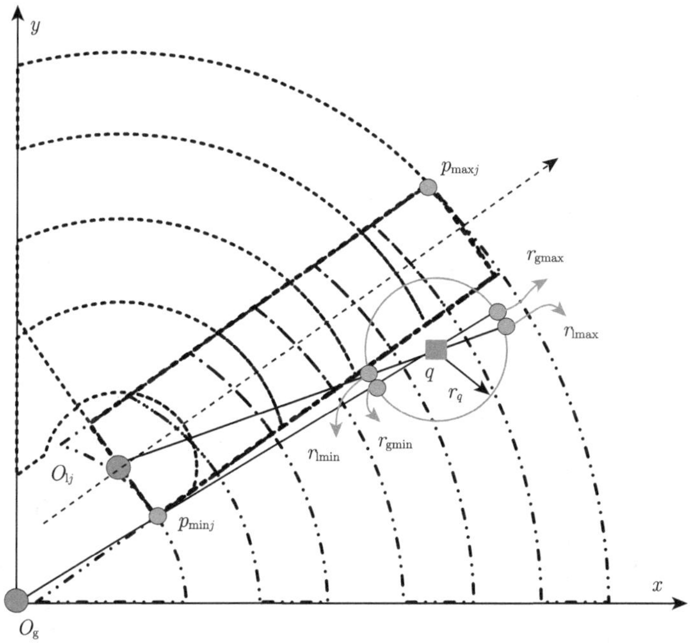

图 6.4　查询分区半径范围

依据式 (5.16) 和式 (5.17)，用表 6.1 中的 r_{lmin} 和 r_{lmax} 代替 $D_{\mathrm{l}}(*)$ 计算得到局部编码 $[\mathrm{SID}_{\mathrm{l}j\_\min}, \mathrm{SID}_{\mathrm{l}j\_\max}]$，用 r_{gmin} 和 r_{gmax} 代替 $D_{\mathrm{g}}(*)$ 得到全局编码 $[\mathrm{SID}_{\mathrm{g}j\_\min}, \mathrm{SID}_{\mathrm{g}j\_\max}]$，并通过排列组合得到分区编码 SID_j 集合。

表 6.1　基于查询点 q 与数据分布关系的查询分区半径取值

查询边界与分区关系	查询域与基点关系	$[r_{\mathrm{g}\min}, r_{\mathrm{g}\max}]$	$[r_{\mathrm{l}\min}, r_{\mathrm{l}\max}]$
$\mathrm{dist}(p_{\max j}, O_{\mathrm{g}}) < D_{\mathrm{g}}(V_q) + r_q$; $D_{\mathrm{g}}(V_q) - r_q \leqslant \mathrm{dist}(p_{\max j}, O_{\mathrm{g}})$; $\mathrm{dist}(p_{\max j}, O_{\mathrm{l}j}) < D_{\mathrm{l}}(V_q) + r_q$	$D_{\mathrm{l}}(V_q) \geqslant r_q$; $D_{\mathrm{g}}(V_q) \geqslant r_q + \mathrm{dist}(p_{\min j}, O_{\mathrm{g}})$	$[D_{\mathrm{g}}(V_q) - r_q, \mathrm{dist}(p_{\max j}, O_{\mathrm{g}})]$	$[D_{\mathrm{l}}(V_q) - r_q, \mathrm{dist}(p_{\max j}, O_{\mathrm{l}j})]$
	$D_{\mathrm{l}}(V_q) \geqslant r_q$; $D_{\mathrm{g}}(V_q) < r_q + \mathrm{dist}(p_{\min j}, O_{\mathrm{g}})$	$[\mathrm{dist}(p_{\min j}, O_{\mathrm{g}}), \mathrm{dist}(p_{\max j}, O_{\mathrm{g}})]$	$[D_{\mathrm{l}}(V_q) - r_q, \mathrm{dist}(p_{\max j}, O_{\mathrm{l}j})]$
	$D_{\mathrm{l}}(V_q) < r_q$; $D_{\mathrm{g}}(V_q) \geqslant r_q + \mathrm{dist}(p_{\min j}, O_{\mathrm{g}})$	$[D_{\mathrm{g}}(V_q) - r_q, \mathrm{dist}(p_{\max j}, O_{\mathrm{g}})]$	$[0, \mathrm{dist}(p_{\max j}, O_{\mathrm{l}j})]$
	$D_{\mathrm{l}}(V_q) < r_q$; $D_{\mathrm{g}}(V_q) < r_q + \mathrm{dist}(p_{\min j}, O_{\mathrm{g}})$	$[\mathrm{dist}(p_{\min j}, O_{\mathrm{g}}),$ $\mathrm{dist}(p_{\max j}, O_{\mathrm{g}})]$	$[0, \mathrm{dist}(p_{\max j}, O_{\mathrm{l}j})]$
$D_{\mathrm{g}}(V_q) + r_q \leqslant \mathrm{dist}(p_{\max j}, O_{\mathrm{g}})$; $\mathrm{dist}(p_{\max j}, O_{\mathrm{l}j}) < D_{\mathrm{l}}(V_q) + r_q$	$D_{\mathrm{l}}(V_q) \geqslant r_q$; $D_{\mathrm{g}}(V_q) \geqslant r_q + \mathrm{dist}(p_{\min j}, O_{\mathrm{g}})$	$[D_{\mathrm{g}}(V_q) - r_q, D_{\mathrm{g}}(V_q) + r_q]$	$[D_{\mathrm{l}}(V_q) - r_q, \mathrm{dist}(p_{\max j}, O_{\mathrm{l}j})]$
	$D_{\mathrm{l}}(V_q) \geqslant r_q$; $D_{\mathrm{g}}(V_q) < r_q + \mathrm{dist}(p_{\min j}, O_{\mathrm{g}})$	$[\mathrm{dist}(p_{\min j}, O_{\mathrm{g}}), D_{\mathrm{g}}(V_q) + r_q]$	$[D_{\mathrm{l}}(V_q) - r_q, \mathrm{dist}(p_{\max j}, O_{\mathrm{l}j})]$
	$D_{\mathrm{l}}(V_q) < r_q$; $D_{\mathrm{g}}(V_q) \geqslant r_q + \mathrm{dist}(p_{\min j}, O_{\mathrm{g}})$	$[D_{\mathrm{g}}(V_q) - r_q, D_{\mathrm{g}}(V_q) + r_q]$	$[0, \mathrm{dist}(p_{\max j}, O_{\mathrm{l}j})]$
	$D_{\mathrm{l}}(V_q) < r_q$; $D_{\mathrm{g}}(V_q) < r_q + \mathrm{dist}(p_{\min j}, O_{\mathrm{g}})$	$[\mathrm{dist}(p_{\min j}, O_{\mathrm{g}}), D_{\mathrm{g}}(V_q) + r_q]$	$[0, \mathrm{dist}(p_{\max j}, O_{\mathrm{l}j})]$
$D_{\mathrm{g}}(V_q) + r_q \leqslant \mathrm{dist}(p_{\max j}, O_{\mathrm{g}})$; $D_{\mathrm{l}}(V_q) + r_q \leqslant \mathrm{dist}(p_{\max j}, O_{\mathrm{l}j})$	$D_{\mathrm{l}}(V_q) \geqslant r_q$; $D_{\mathrm{g}}(V_q) \geqslant r_q + \mathrm{dist}(p_{\min j}, O_{\mathrm{g}})$	$[D_{\mathrm{g}}(V_q) - r_q, D_{\mathrm{g}}(V_q) + r_q]$	$[D_{\mathrm{l}}(V_q) - r_q, D_{\mathrm{l}}(V_q) + r_q]$
	$D_{\mathrm{l}}(V_q) \geqslant r_q$; $D_{\mathrm{g}}(V_q) < r_q + \mathrm{dist}(p_{\min j}, O_{\mathrm{g}})$	$[\mathrm{dist}(p_{\min j}, O_{\mathrm{g}}), D_{\mathrm{g}}(V_q) + r_q]$	$[D_{\mathrm{l}}(V_q) - r_q, D_{\mathrm{l}}(V_q) + r_q]$
	$D_{\mathrm{l}}(V_q) < r_q$; $D_{\mathrm{g}}(V_q) \geqslant r_q + \mathrm{dist}(p_{\min j}, O_{\mathrm{g}})$	$[D_{\mathrm{g}}(V_q) - r_q, D_{\mathrm{g}}(V_q) + r_q]$	$[0, D_{\mathrm{l}}(V_q) + r_q]$
	$D_{\mathrm{l}}(V_q) < r_q$; $D_{\mathrm{g}}(V_q) < r_q + \mathrm{dist}(p_{\min j}, O_{\mathrm{g}})$	$[\mathrm{dist}(p_{\min j}, O_{\mathrm{g}}), D_{\mathrm{g}}(V_q) + r_q]$	$[0, D_{\mathrm{l}}(V_q) + r_q]$

6.2.2　基于 BCS-Tree 索引的检索算法设计

基于 BCS-Tree 索引结构，对给定作战预案数据点 $q=(V_q,r_q)$ 的检索过程如下。

步骤 1：基于 BID 的区位查询。根据关键属性值，计算得到作战预案数据点 q 的 BID 值，并按 Bit-Difference 值，确定可能包含相似作战预案的区位集合。

步骤 2：基于 MBR 的候选包围矩阵查询。根据由步骤 1 中得到的候选 BID 区位中各 MBR 的最大最小边界值，确定与数据点 q 具有相交区域的候选 MBR 集合。

步骤 3：基于改进三角不等式的候选分区查询。以候选 MBR 集合为查询对象，根据数据点 q、全局参考点和各候选 MBR 的局部参考点间的距离关系，应用式 (5.16) 和式 (5.17) 计算数据点 q 在各候选 MBR 的 SID 集合。

步骤 4：基于欧氏距离度量的 SID 区域求精运算。根据所得到的 SID 集合，对每个 SID 分区中的作战预案集进行匹配距离计算，并输出最终匹配预案数据。

检索算法的伪代码如下。

输入：作战预案数据点 $q=(V_q, r_q)$，Bit-Difference，全局参考点 $O_{\rm g}$；

输出：最匹配预案数据 $V_{\rm best}$。

```
ArryBID=[]; ArryCID=[]; CellDID={}; //初始化
BID_q=CAL_BID(V_q); //计算 BID 值, CAL_BID 为计算函数
for(i=1, i ⩽ 2^b, i++) //基于 BID 的区位查询
  if |BID_q − BID_i| ⩽ Bit-Difference; //过滤 BID 区位数据
    ArryBID(1, i)=BID_i; //暂存符合区位阈值的 BID 值
  end
end
for(i=1, i ⩽ length(ArryBID), i++) //length(*) 为长度计算函数
  for(j=1, j ⩽ num(ArryBID_i), j++) //num(ArryBID_i) 为 MBR 数
    if q∩ MBR_j=ture; //过滤 CID 包围矩阵
      ArryCID(i, j)=CID_ij; //暂存候选 CID 值
    end
  end
end
[r, c]=size(ArryCID);          //计算数据维数
for(i=1, i ⩽ r, i++)
  for(j=1, j ⩽ c, j++)
```

```
        SID_q=CAL_SID(V_q); //查询区域确定策略函数
        CellSID{i,j}=SID_q; //暂存候选 SID 序列
    end
end
for(i=1, i ⩽ r, i++)
    for(j=1, j ⩽ c, j++)
        X= CellSID{i,j}      //取出第 i 行第 j 列中的 SID 序列
        Y=CAL_Distance(X, V_q);    //暂存欧氏距离计算度量序列
        Temp_V(i,j)=Select_max(Y); //取出本次最相似数据点
    end
end
Reshap(Temp_V，1，r × c)；       //重组矩阵
V=Order(Temp_V)；       //数组排序
V_best = V(1,1)；      //取出数组第一个数据并输出
```

6.2.3　性能分析与实例验证

1. 可行性分析

假设某次检索的案例聚类与检索区域分布关系如图 6.5(a) 所示，其中，c 为某个预案类的聚类中心，r_c 为聚类半径，q 为查询点，r_q 为查询半径，数据点 a 为最相似预案。对上述问题分别应用基于 EDD-Tree 方法和基于 CS_B$^+$-Tree 的方法进行检索，最终需要检索的区域分别如图 6.5(b) 和 (c) 中的阴影部分所示，且数据点 a 都在检索区域内。以 O_{g} 为全局参考点，以 O_{l} 为局部参考点，并设定聚类划分的层数分别为 4 和 3，则对同一问题应用基于 BCS-Tree 索引的检索方法后获得结果如图 6.6 所示。将图 6.6 与图 6.5(b) 和 (c) 对比分析可知：与基于 EDD-Tree 方法和基于 CS_B$^+$-Tree 的方法相比，基于 BCS-Tree 索引的检索方法在保证检索到最相似预案 a 的前提下，能通过大幅减少非有效检索区域来提高效率。因此，可认为本书的方法不仅是可行的，而且能有效提高作战预案的检索效率。

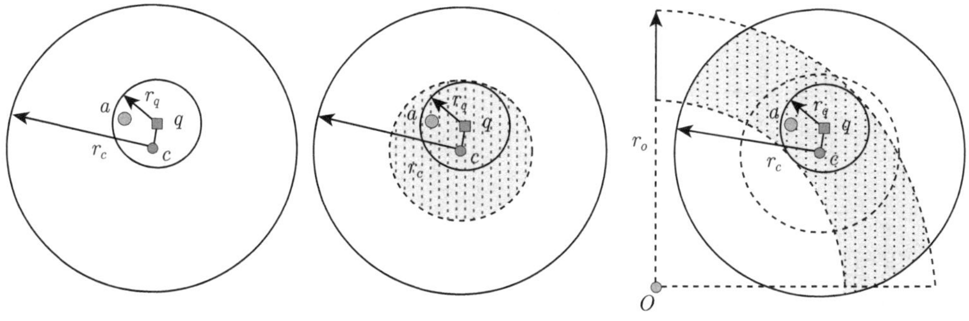

(a) 聚类区域与检索区域分布 (b) 基于EDD-Tree方法的检索区域 (c) 基于CS_B$^+$-Tree方法的检索区域

图 6.5　基于现有方法的检索区域示意图

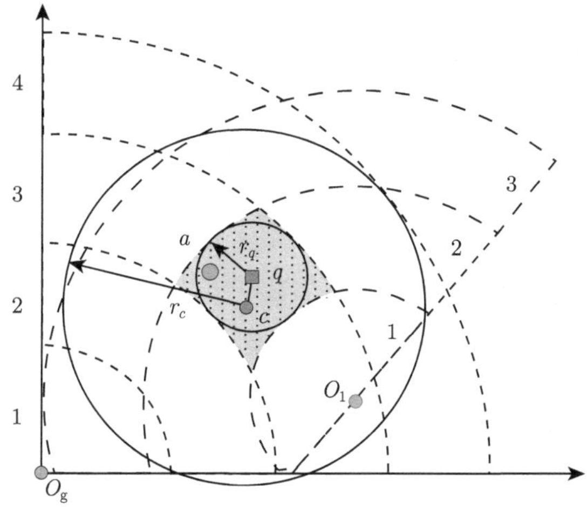

图 6.6　基于 BCS-Tree 索引方法的检索区域示意图

2. 有效性验证和分析

目前能用于实验的真实反导作战预案数量有限，不能满足算法测试的需求，故以当前本书作者团队已有的预案数据为样本，通过人工控制合成的方法获得具有混合属性特点的测试预案数据，并进行实验和分析。

1) 数据维数对检索算法的影响

实验采用人工合成的混合属性预案数据作为实验数据，并采用 CPU 开销和被访磁盘块数两个指标来分析不同数据维数对算法性能的影响。其中，人工预案集采用 150000 个合成数据点集，维数分别为 16, 32, 48 和 64，其最终运行性能曲线如图 6.7 和图 6.8 所示。

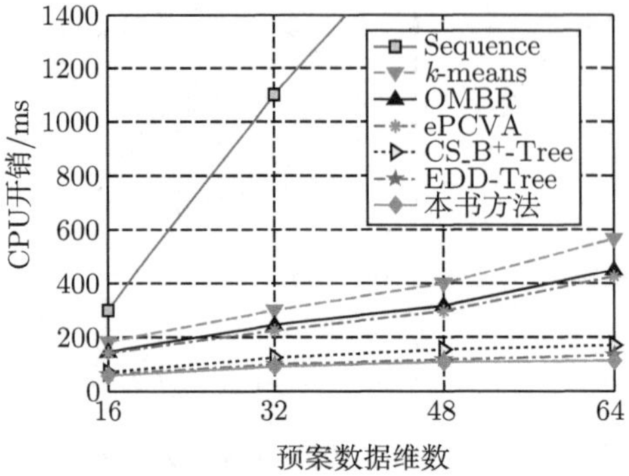

图 6.7　预案数据维数与 CPU 开销的关系

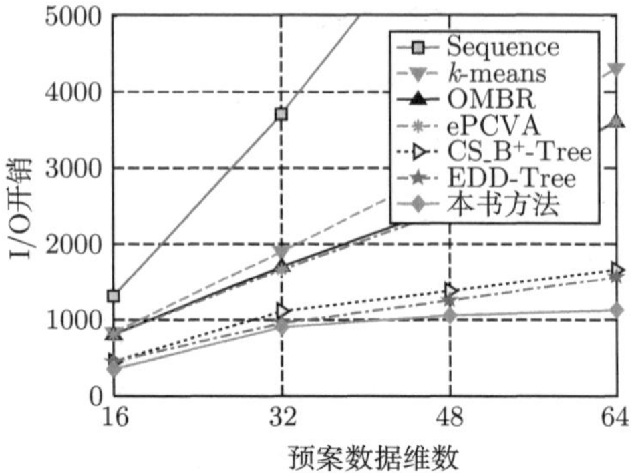

图 6.8　预案数据维数与 I/O 开销的关系

2) 数据个数对查询的影响

实验分别采用人工合成的预案数据作为实验数据，并采用 CPU 开销和被访磁盘块数两个指标来比较不同维数对查询性能的影响。其中，人工预案采用维数为 8 的合成数据集，其最终运行性能曲线如图 6.9 和图 6.10 所示。

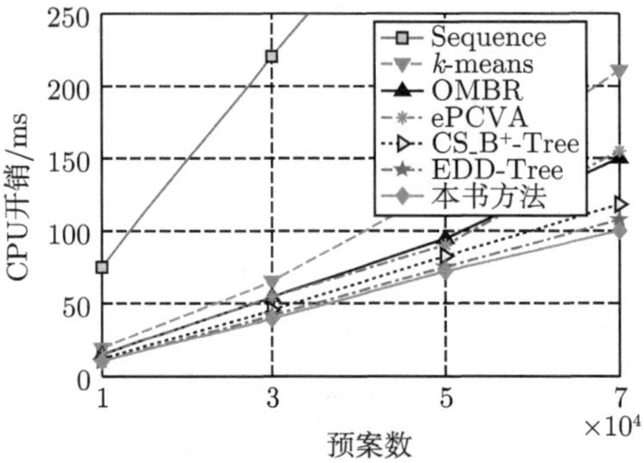

图 6.9　预案数与 CPU 开销的关系

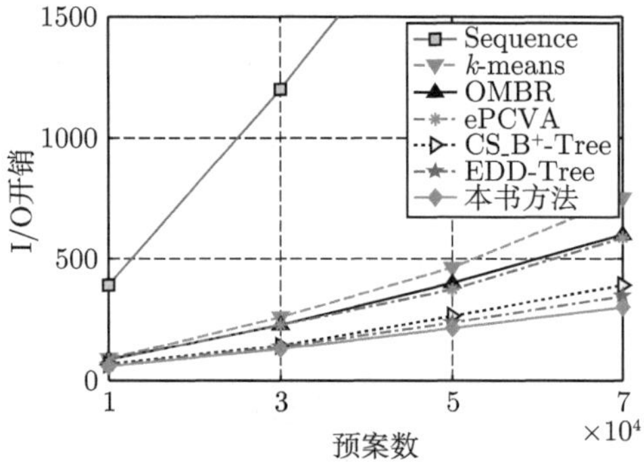

图 6.10　预案数与 I/O 开销的关系

从图 6.7~图 6.10 可以看出，本节所提新方法检索的效率最高，因为它所集成的区位码向量压缩技术、基于基点的划分技术和基于 MBR 的剪枝过滤技术都能有效缩减检索的搜索空间，较其他方法在检索时间和预案数据访问次数都有了大幅度的减少，且随着数据维数对其效率影响作用较小，表现为曲线斜率逐渐变小。

另外，由于 *k*-means、OMBR 和 ePCVA 等方法没有采用划分技术，在处理高维数据时，性能明显不如采用划分技术的 CS_B$^+$-Tree、EDD-Tree 和本书所提的新方法，且随着维数和数据量的增加，其查询开销和被访磁盘块数增加率变大。

虽然新方法在检索性能上有了较大的提高，且具有较强的鲁棒性和适用性，能满足反导作战预案检索的需求，但其仍存在以下两方面不足：① 大规模预案数据索引情况下，与其他未采用 MBR 和聚类划分技术的方法相比，新方法需要额外的空间来存储基于 MBR 划分的索引码和区位码等信息；② 新方法虽然已利用了预案相似性度量，但最终输出的结果仍为类属的“硬”输出。

6.3　基于 MPLS-SVM 的反导作战预案检索

本节将针对现有方法的检索精度低和没有真正与相似性度量相结合的不足，在对最小二乘支持向量机 (least squares support vector machine, LS-SVM) 分类模型进行概率扩展和不均衡调整改进的基础上，提出一种基于修正概率最小二乘支持向量机 (modify probability least squares support vector machine, MPLS-SVM) 算法的反导作战预案检索方法。

6.3.1　MPLS-SVM 分类算法

近年来，鉴于 SVM 分类模型具有适合小样本训练、全局最优和网络节点由支持向量决定等优点，SVM 及其改进方法已被用于解决案例检索问题，并取得了较好的效果。当前在反导作战领域中可用于实验的真实样本数据比较少，且该部分数据主要通过仿真、推演和评估的手段获得，即从实验样本数量上看，反导作战预案应属于小样本范畴。因此，SVM 方法也适用于解决反导作战预案的检索问题。

由于典型来袭目标种类、目标数量、来袭样式、防御部队部署分布、防御方向等存在一定的侧重点，防御部队针对未来典型反导作战问题所制定的预案在种类和数量也存在侧重点，故整个作战预案库出现数据分布不均的现象。但现有基于 SVM 的案例检索方法中，还没有考虑数据分布不均对于结果的影响，且现有方法多以“硬”输出为主，并没有将 SVM 与案例相似性检索真正融合。

针对上述问题，为使 SVM 分类模型较好的适应反导作战预案的检索，本书结合 Platt 后验概率模型 [132]，对核 LS-SVM 模型进行面向数据不均衡分布和类属“软”输出的概率扩展，并称改进后的分类算法为修正概率最小二乘支持向量机算法。

1. 面向非均衡样本的 LS-SVM 修正

针对现有基于 SVM 的检索方法中未充分考虑案例分布不均衡的情况，引入近似向量机中不均衡数据调整的思想，利用各类案例样本数量的差异信息，对基于核 LS-SVM 的分类模型中的惩罚参数值进行调整。设参与两类类属决策的案例数量分别为 m_1 和 m_2，则定义如式 (6.1) 所示对角矩阵 $\boldsymbol{M}$ 来实现对惩罚值的调整。其基本思想是通过为数量占优势的类属分配一个较小的惩罚参数来消除不均衡分布对类属识别的影响。

$$M_{ii}=\begin{cases}\dfrac{1}{m_1}, & y_i=+1\\ \dfrac{1}{m_2}, & y_i=-1\end{cases} \tag{6.1}$$

用式 (6.1) 对核 LS-SVM 模型式 (6.2) 中包含惩罚参数 C 的项进行修正后，得式 (6.3) 所示的类属决策模型：

$$\begin{cases}\min J(\boldsymbol{W},\boldsymbol{\eta},b)=\dfrac{1}{2}\|\boldsymbol{W}\|+\dfrac{C}{2}\sum\limits_{i=1}^{m}\eta_i^2\\ \text{s.t. } y_i(\boldsymbol{W}^{\mathrm{T}}\boldsymbol{\Phi}(x_i)+b)=1-\eta_i, i=1,2,\cdots,m\end{cases} \tag{6.2}$$

$$\begin{cases}\min J(\boldsymbol{W},\boldsymbol{\eta},b)=\dfrac{1}{2}\|\boldsymbol{W}\|+\dfrac{C}{2}\sum\limits_{i=1}^{m}M_{ii}\eta_i^2\\ \text{s.t. } y_i(\boldsymbol{W}^{\mathrm{T}}\boldsymbol{\Phi}(x_i)+b)=1-\eta_i, i=1,2,\cdots,m\\ \quad m=m_1+m_2\end{cases} \tag{6.3}$$

式 (6.1)~ 式 (6.3) 中，y_i 为案例类属标签，y_i=+1 表示案例为正类，y_i=−1 表示案例为负类。在式 (6.3) 中引入 Lagrange 乘子 α_i 得式 (6.4)：

$$L(\boldsymbol{W},b,\eta_i,\alpha_i)=J(\boldsymbol{W},\boldsymbol{\eta},b)-\alpha_i(y_i(\boldsymbol{W}^{\mathrm{T}}\boldsymbol{\Phi}(x_i)+b)-1+\eta_i) \tag{6.4}$$

对式 (6.4) 应用 KKT 条件得式 (6.5)，将式 (6.5) 改写成线性方程组得式 (6.6)：

$$\begin{cases}\dfrac{\partial L}{\partial W}=0\rightarrow \boldsymbol{W}-\sum\limits_{i=1}^{n'}\alpha_i y_i\boldsymbol{\Phi}(x_i)=0\\ \dfrac{\partial L}{\partial b}=0\rightarrow \sum\limits_{i=1}^{n'}\alpha_i y_i=0\\ \dfrac{\partial L}{\partial \eta_i}=0\rightarrow \alpha_i-CM_{ii}\eta_i=0\\ \dfrac{\partial L}{\partial \alpha_i}=0\rightarrow y_i(\boldsymbol{W}^{\mathrm{T}}\boldsymbol{\Phi}(x_i)+b)+\eta_i=1\end{cases} \tag{6.5}$$

$$\begin{bmatrix}\boldsymbol{I} & 0 & 0 & -\boldsymbol{Z}^{\mathrm{T}}\\ 0 & 0 & 0 & -\boldsymbol{p}^{\mathrm{T}}\\ 0 & 0 & C\boldsymbol{MI} & -\boldsymbol{I}\\ \boldsymbol{Z} & \boldsymbol{p} & \boldsymbol{I} & 0\end{bmatrix}\begin{bmatrix}\boldsymbol{W}\\ b\\ \boldsymbol{\eta}\\ \boldsymbol{\alpha}\end{bmatrix}=\begin{bmatrix}0\\0\\0\\ \overrightarrow{1}\end{bmatrix} \tag{6.6}$$

式中，$\overrightarrow{1}=[1,1,\cdots,1]^{\mathrm{T}}$，$\boldsymbol{y}=[y_1,y_2,\cdots,y_m]^{\mathrm{T}}$，$\boldsymbol{\eta}=[\eta_1,\eta_2,\cdots,\eta_m]^{\mathrm{T}}$，$\boldsymbol{\alpha}=[\alpha_1,\alpha_2,\cdots,\alpha_m]^{\mathrm{T}}$，$\boldsymbol{Z}=[\boldsymbol{\Phi}(x_1)p_1,\boldsymbol{\Phi}(x_2)p_2,\cdots,\boldsymbol{\Phi}(x_m)p_m]^{\mathrm{T}}$，应用同解变换和 Mercer 条

件得

$$\begin{bmatrix} 0 & -\boldsymbol{p}^{\mathrm{T}} \\ \boldsymbol{p} & \boldsymbol{\Omega}+(C\boldsymbol{M})^{-1}\boldsymbol{I} \end{bmatrix}\begin{bmatrix} b \\ \boldsymbol{\alpha} \end{bmatrix}=\begin{bmatrix} 0 \\ \overrightarrow{1} \end{bmatrix} \tag{6.7}$$

式中，$\boldsymbol{\Omega}=(\Omega_{ij})=p_i p_j \boldsymbol{\Phi}(x_i)^{\mathrm{T}}\boldsymbol{\Phi}(x_j)$，并令 $A=\boldsymbol{\Omega}+(C\boldsymbol{M})^{-1}\boldsymbol{I}$，求解式 (6.7) 得

$$\begin{cases} b=\dfrac{\boldsymbol{p}^{\mathrm{T}}\boldsymbol{A}^{-1}\overrightarrow{1}}{\boldsymbol{p}^{\mathrm{T}}\boldsymbol{A}^{-1}\boldsymbol{p}} \\ \boldsymbol{\alpha}=\boldsymbol{A}^{-1}(\overrightarrow{1}-\boldsymbol{p}b) \end{cases} \tag{6.8}$$

将式 (6.8) 代入式 (6.2)，得如式 (6.9) 所示的决策函数表达式：

$$f(x)=\operatorname{sign}\left(\sum_{i=1}^{m}\alpha_i y_i \boldsymbol{\Phi}(x_i)^{\mathrm{T}}\boldsymbol{\Phi}(x)+b\right) \tag{6.9}$$

与核 LS-SVM 模型相比，调整矩阵 $\boldsymbol{M}$ 的引入只是改变了与惩罚函数相关的项 A，并未改变模型整体的求解过程和最终的决策函数形式，但通过矩阵 $\boldsymbol{M}$ 的调节，能有效克服由数据不均衡引起的错误分类，具体实例可见 6.3.5 小节。

2. 修正 LS-SVM 模型的概率扩展

核 LS-SVM 模型经不均衡修正后，其输出仍是单一的“硬”类属，不适用于基于相似度 (或匹配) 阈值的反导作战预案检索。以 Platt 后验概率模型中的 Sigmoid 函数作为连接函数，将修正后的核 LS-SVM 决策函数 $f(\boldsymbol{x})$ 值映射为后验概率 $p_i \in [0,1]$ 后输出，其后验概率的形式如 (6.10) 所示：

$$\begin{aligned} &P(y=+1|\,\boldsymbol{x})=P_{A,B}(f(\boldsymbol{x}))=\frac{1}{1+\exp(Af(\boldsymbol{x})+B)} \\ &P(y=-1|\,\boldsymbol{x})=1-P(y=+1|\,\boldsymbol{x}) \end{aligned} \tag{6.10}$$

其中，参数 A 和 B 为控制 Sigmoid 函数形态的参数，这里采用最小交叉熵的方法进行求解，具体如式 (6.11) 所示：

$$\begin{aligned} &\min_{z=(A,B)} F(z)=-\sum_{i=1}^{l}\left(t_i \lg(p_i)+(1-t_i)\lg(1-p_i)\right) \\ &p_i=P_{A,B}(f_i), t_i=\begin{cases} \dfrac{m_1+1}{m_1+2}, y_i=+1 \\ \dfrac{1}{m_2+2}, y_i=-1 \end{cases}, i=1,2,\cdots,m \end{aligned} \tag{6.11}$$

用式 (6.10) 和式 (6.11) 可得案例类属的概率输出，该过程是将 LS-SVM 的“硬”输出转化为“软”输出形式，非常适合基于相似度 (或匹配) 阈值的预案检索过程。若想进一步提高检索的性能，可通过在预案样本的类属标签中引入基于后验概率或基于隶属度的类标签表示来加以改进。

6.3.2 基于 MPLS-SVM 的反导预案检索流程

基于 MPLS-SVM 的反导预案检索流程如图 6.11 所示。

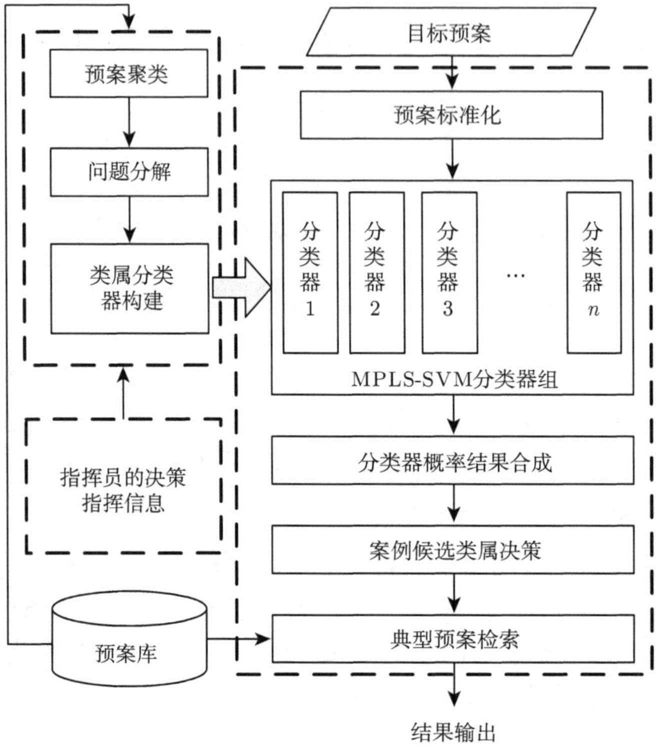

图 6.11　基于 MPLS-SVM 的反导预案检索流程

图 6.11 中，检索方法的核心为预案类属分类器构建和预案检索两大部分。其中，类属分类器构建是以当前预案库中的聚类数据为学习样本，对预案类进行“一对一”分解后，用 MPLS-SVM 算法进行学习，并利用获得的预案支持向量构建各预案类属子分类器；而预案检索是利用构建的预案类属分类器对当前作战问题向量进行分类，通过对输出结果的概率合成和类属决策，得到当前作战问题特征向量的类属，并在类属预案集中完成典型预案集检索并输出。预案分类器的学习和构建过程可根据需要由人工触发或自动执行，且每次作战指挥员对于反导作战预案的确认、修改和否决等信息都将作为用于修正分类器参数的指导信息。

6.3.3 基于 MPLS-SVM 的类属分类器构建

基于 MPLS-SVM 的预案类属分类器的构建可细分为预案聚类、聚类集合分解和类属分类器构建三个子过程。预案库应依据预案属性构成情况，选用合适的非监督学习算法完成预案库的离线聚类划分，这里采用 5.3.2 小节中设计的 MLSGRC

算法进行预案划分；在得到类属划分后，结合多类分类中“一对一”的数据集分解策略，将具有 k 个预案类的预案类属问题分解成 $k(k-1)/2$ 个两类类属识别子问题；对每一个子问题应用 MPLS-SVM 算法进行类属分类学习，得到对应的 b、$\boldsymbol{\alpha}$、A、B、$f(\boldsymbol{x})$ 及支持向量集合，并建立基于 MPLS-SVM 反导作战预案类属子分类器。整个过程针对预案聚类数据存在的不均衡现象，应用式 (6.1) 进行修正，降低由分离面偏离导致的错误分类现象，从而有效克服最优预案的错误过滤，详细验证实例详见 6.3.5 小节中的方法有效性验证实验。

6.3.4　分类器概率结果合成

当前作战问题特征向量经过类属分类器组识别后，依据所输出的类属概率结果，需对当前作战问题特征向量的类属概率进行综合，以便完成基于相似度阈值的候选类决策。在考虑各子分类器差异的基础上，采用基于加权后验概率的方法对分类器结果进行综合。设 C_{ij} 为由第 i 类和第 j 类预案数据集训练得到的类属分类器，$p(i\,|j;\boldsymbol{x})$ 表示由 C_{ij} 输出的当前作战问题 $\boldsymbol{x}$ 属于第 i 类预案的后验概率，$p(j\,|\boldsymbol{x})$ 表示当前作战问题 $\boldsymbol{x}$ 属于第 j 类预案的后验概率，则当前作战问题 x 属于第 i 类预案的概率计算如 (6.12) 所示：

$$\begin{cases} p(i\,|\boldsymbol{x}) = \displaystyle\sum_{j=1,i\neq j}^{N} p(i\,|j;\boldsymbol{x})p(j\,|\boldsymbol{x}) \\ N = k(k-1)/2, i = 1,2,\cdots,N \end{cases} \tag{6.12}$$

简记 $p(i\,|j) = p(i\,|j;\boldsymbol{x})$，$p_i = p(i\,|\boldsymbol{x})$，$p_j = p(j\,|\boldsymbol{x})$，得式 (6.12) 的简化形式为

$$\begin{cases} p_i = \displaystyle\sum_{j=1,i\neq j}^{N} p(i\,|j)p_j \\ N = k(k-1)/2, i = 1,2,\cdots,N \end{cases} \tag{6.13}$$

将式 (6.13) 改写为线性方程组形式，并添加 $p_i(i=1,2,\cdots,N)$ 概率和为 1 的约束，则得如式 (6.14) 的超定方程组，求解该方程组，得当前作战问题特征向量的最终类属概率。

$$\begin{cases} \begin{bmatrix} 1 & -p(1\,|2) & \cdots & -p(1\,|N) \\ -p(2\,|1) & 1 & \cdots & -p(2\,|N) \\ \vdots & \vdots & & \vdots \\ -p(N\,|1) & -p(N\,|2) & \cdots & 1 \end{bmatrix} \begin{bmatrix} p_1 \\ p_2 \\ \vdots \\ p_N \end{bmatrix} = \begin{bmatrix} 0 \\ 0 \\ \vdots \\ 0 \end{bmatrix} \\ \text{s.t.} \ \displaystyle\sum_{i=1}^{N} p_i = 1, N = k(k-1)/2, i = 1,2,\cdots,N \end{cases} \tag{6.14}$$

在获得当前作战问题特征向量的最终类属概率后，依据类属阈值 thd_value，对当前作战问题特征向量进行类属决策，并确定其候选类集合，其中，候选类集合的大小由 thd_value 值决定。不同于现有基于 SVM 方法获得的单一“硬”类属输出，这里得到的预案候选类集合为基于概率表示的多类属“软”输出集合。

对基于候选类集合的最终预案检索，理论上可用任何一种案例检索方法，但需依据具体应用领域进行选择，这里采用基于聚类划分索引的方法 [170] 进行典型预案的检索，并输出检索结果。

6.3.5　可行性分析和实例验证

1. 可行性分析

用拓扑网络结构来表示类属分类、后验概率输出和概率合成等环节，得如图 6.12 所示的基于 MPLS-SVM 的预案检索候选类识别网络模型。

图 6.12 中，每个基于核函数 SVM 的子网络模型 (虚线框所示) 等价于三层 RBF 网络分类模型。设在 d 维实数域中，C_i 为基于核函数 SVM 的第 i 个子网络模型，R_i 为与 C_i 等价的三层 RBF 网络模型，T_i 为对应的分类问题，r_i 为 T_i 对应的类属结果，$f(\boldsymbol{x})$ 为类属分类模型输出的决策函数值，则得如下可行性分析。

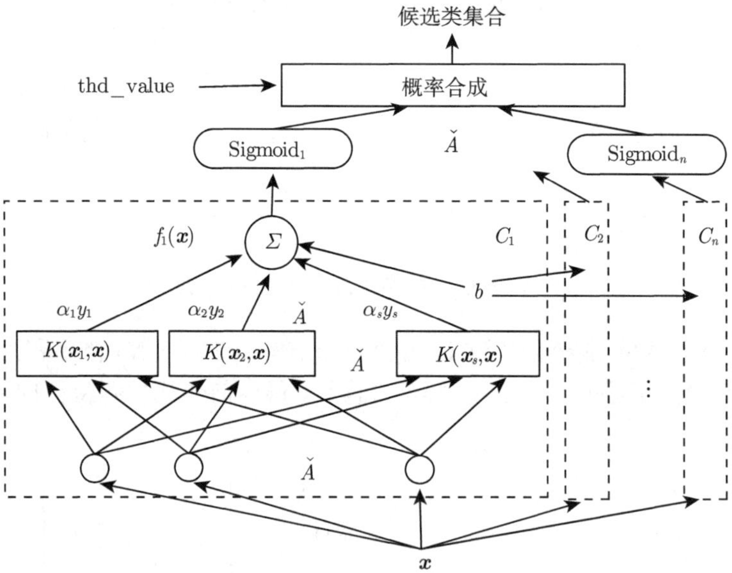

图 6.12　基于 MPLS-SVM 的预案候选类识别网络模型

1) 子网络模型对类属识别是可行的

证　若 $\exists f_R : T_i \to R_i$，使得对 T_i 的识别结果为 r_i，因为 $C_i \equiv R_i$，则在 R^d

中，$\exists f_C : T_i \to C_i$，使得对 T_i 的识别结果也为 r_i。因为 RBF 网络模型的分类可行性已被多位学者所证明，所以由 $f_R : T_i \to R_i$ 得到的结果是可行的，故对于同一问题，由 $f_C : T_i \to C_i$ 获得的结果也是可行的。即子网络模型 C_i 的可行性可由 RBF 网络模型 R_i 的可行性推导得证。证毕。

2) 检索模型满足反导作战预案检索的要求

证　因为 $f(x)/\|W\|$ 表示任意当前作战问题特征向量到类属分类面的距离，则式 (6.10) 中的 $P_{A,B}(f(\boldsymbol{x})) = 1/(1+\exp(Af(\boldsymbol{x})+B))$ 可解释为距离的倒数，即基于距离的相似性度量，且 $P_{A,B}(f(\boldsymbol{x})) \in [0,1]$；令 $C = [C_1, C_2, \cdots, C_N]$ 为预案类属集合，则式 (6.10) 和式 (6.11) 可表示为当前作战问题特征向量 $\boldsymbol{x}$ 与预案类的相似度映射 $F : (\boldsymbol{x}, C_i) \to s_{C_i}$；又因为 $s_{C_i} \in [0,1]$，则利用式 (6.13) 和式 (6.14) 对相似映射值集合 $S_C = [s_{C_1}, s_{C_2}, \cdots, s_{C_N}]$ 加权计算得到的概率集合 $S'_C = [s'_{C_1}, s'_{C_2}, \cdots, s'_{C_N}]$，满足 $s'_{C_i} \in [0,1]$，且依据 thd_value 值对 $S'_C = [s'_{C_1}, s'_{C_2}, \cdots, s'_{C_N}]$ 进行阈值决策可得到预案类属的多输出结果，即候选类检索决策符合反导作战预案相似性检索决策要求，故可得基于概率 LS-SVM 的检索模型满足反导作战预案检索的要求。证毕。

2. 实例验证与性能分析

1) 方法有效性验证

实验采用正态分布随机产生实验数据，其中，正类数据 125 个 (小圆圈)，负类数据 20 个 (小矩形)，即正负类数据分布具有一定的不均衡特性。并假设查询点坐标数据为 (0.3556，0.6091)，对实验数据分别应用基于核 LS-SVM 分类模型的检索方法和基于 MPLS-SVM 算法的检索方法，得到的结果如图 6.13 和图 6.14 所示。

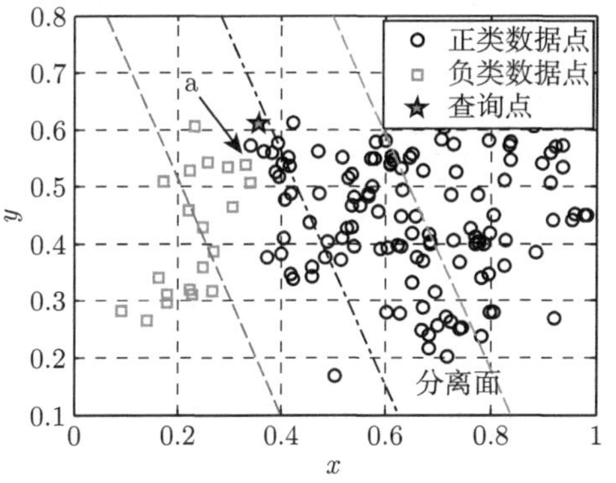

图 6.13　基于 LS-SVM 方法的检索结果

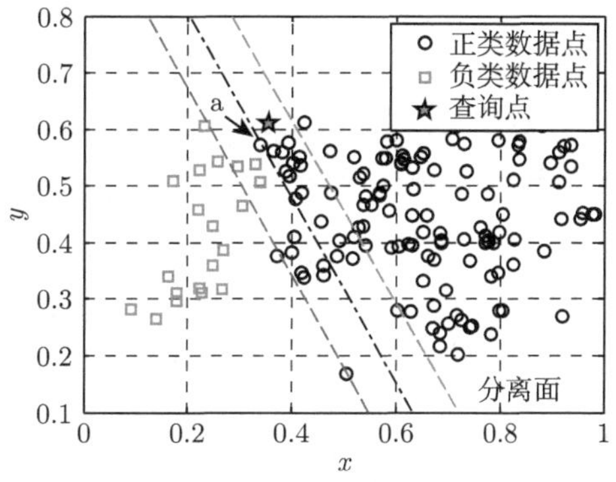

图 6.14　基于 MPLS-SVM 方法的检索结果

图 6.13 中，由于类属分类面的偏离，基于核 LS-SVM 模型的方法获得的结果

a 并非实际最优点。而如图 6.14 所示，基于 MPLS-SVM 的检索方法由于采用了非均衡调整，其分类面更符合实际数据分布，且其针对查询点获得的最终结果与实际相同，即本书方法能有效克服最优预案的错误过滤问题。因此，该方法是可行的。

2) 方法检索性能对比验证

实验以现有反导作战预案数据为基础，将通过人工合成得到的 300 个预案作为实验数据，并截取来袭目标描述的部分属性值作为实验数据。其中，训练预案数为 200，测试预案为 100，具体属性指标及其取值范围如表 6.2 所示。

首先，对训练数据进行归一化，并应用 MLSGRC 算法 (详见 5.3.2 小节) 进行聚类划分，得训练预案类别数为 5，各类属预案集合数为 20、80、40、30、30。然后，应用基于 MPLS-SVM 方法对各预案集合进行学习，其中，核函数采用 RBF，σ^2 和 C 值通过迭代运算得到 (即先固定 C 值为 1，分别取 $\sigma^2=2^{-1}$，1，2，2^2，2^3 进行实验，找出最佳的 σ^2，取 C=1, 10, 100, 1000，找出最佳的 C 值)，且令 KKT 停止条件的容许误差为 0.001。最后，得基于 MPLS-SVM 的预案类属分类器的参数为：支持向量总数为 120，各子分类器的 A、B 参数值如表 6.3 所示，且各类别的支持向量数分别为 8、32、35、25 和 20。

表 6.2　实验预案属性指标及其取值范围

属性	取值范围	属性	取值范围
高度/km	(10, 120)	RCS/m^2	(0.2, 8)
速度/(km/s)	(1, 1.2)	弹头数量	(1, 6)
射程/km	(600, 3500)	弹头温度/(°)	(500, 2000)
有效载荷/kg	(150, 1000)	再入角/(°)	(30, 70)
制导精度/m	(50, 1000)	质阻比/(kg/m^2)	(5000, 8000)

表 6.3　预案类属分类器组的 A、B 值

子分类器	(A, B)	子分类器	(A, B)
1	(−3.43，−0.01)	6	(−3.79，−0.55)
2	(−3.43，−0.02)	7	(−3.54，−0.06)
3	(−3.54，−0.01)	8	(−3.57，−0.01)
4	(−3.50，−0.01)	9	(−3.58，−0.05)
5	(−5.78，−2.41)	10	(−3.41，−0.04)

令作战预案检索阈值 thd_value 为 0.85，并采用基于 RBF 网络和基于 DAGSVM 的检索方法为实验对比算法，其检索对比结果具体如表 6.4 所示。

表 6.4　测试预案检索结果对比

方法	平均候选预案个数	平均相似度值
基于 MPLS-SVM	3.5	0.8912
基于 RBF 网络	2.8	0.8563
基于 DAGSVM	2.5	0.8641

如表 6.4 所示，基于 MPLS-SVM 的检索方法，由于采用了基于后验概率的 LS-SVM 模型，并对其进行了面向样本不均衡分布的调整改进，能够在预案类属识别阶段完成基于概率的“软”类别多输出任务，提高了预案检索的匹配精度，并改善了现有方法对最匹配案例的错误过滤现象，体现为虽然候选案例的领域覆盖面较其他方法宽 (即候选案例数大)，但输出结果的相似度平均值最高。这些特性将使其能更好地适用于反导作战领域的预案检索问题。

6.4　两种方法性能对比试验与分析

6.2 节与 6.3 节分别从反导作战预案及其检索方法的特点出发，设计了两种用于反导作战预案检索方法，为分析两者性能上存在的不同，实验以现有作战预案数据为基础，通过人工合成分别得到的 150 个数据组成预案库，另外 100 个数据作为基于 MPLS-SVM 方法的训练样本，10 个数据作为查询点 q，并设定 BCS-Tree 索引构建的区位码阈值为 1.5，全局和局部聚类划分的分区数位 5 和 6，最相似阈值为 0.85 进行实验，最终两种方法的实验结果如表 6.5 所示。

表 6.5　两种检索方法的实验结果对比

方法	平均检索耗时/s	平均候选预案个数	平均相似度
基于 BCS-Tree 索引	0.5481	2.5	0.8524
基于 MPLS-SVM	0.7083	2.9	0.8757

如表 6.5 所示，两种方法对于实验数据都表现出较好的检索性能，但两者在检索实时性和精准度上存在一定差异，具体表现为针对同一组测试数据，基于 BCS-Tree 索引的方法虽然需要额外存储空间开销，但平均检索耗时少于基于 MPLS-SVM 的方法，而基于 MPLS-SVM 的方法在候选预案个数和结果预案的平均相似度值上高于基于 BCS-Tree 索引方法。因此，在实际反导作战使用中，若更偏重于实时性的考虑，则应考虑选用基于 BCS-Tree 索引方法；若更偏重于决策的准确性和辅助信息的多样性，则应考虑选用基于 MPLS-SVM 的方法。

6.5　本 章 小 结

本章从反导作战预案检索问题及其需求分析出发，首先，在对基于 BCS-Tree 索引的检索策略进行改进的基础上，设计了基于 BCS-Tree 索引的反导作战预案检索方法，该方法通过对检索判断区域的正确过滤，有效提高了基于索引的预案检索方法的效率；然后，在对核 LS-SVM 分类模型进行改进的基础上，设计了基于 MPLS-SVM 算法的反导作战预案检索方法，该算法能有效解决样本不均衡和不确定性情况下的预案检索问题，提高复杂预案样本情况下的检索精度。

第 7 章　反导作战预案修正和评估技术

战场态势瞬息万变，通过检索获得的相似预案不一定能完全适应当前作战任务需要，还须依据实时战场信息、上级任务信息和本级指挥员的意图，在对相似预案进行修正和评估的基础上，经指挥员确认后，才能形成符合当前实际作战需求的作战方案。

7.1　反导任务规划预案修正技术

7.1.1　反导作战预案修正问题及要求

反导作战预案修正是指在满足作战需求和各种约束的前提下，由指控系统自身或作战人员 (指挥员和战勤人员) 对与当前作战问题匹配的预案 (或预案集) 进行适应性调整，使其满足当前作战任务需求的过程，该过程需要利用各种实时信息、非实时信息和指挥员的作战经验知识等。

由于现实世界的多样性，方案 (或预案) 修正只能具体问题具体分析，即方案修正具有领域差异性。现有方法在一定程度上有效地解决了其具体应用领域的方案修正问题，但由于应用领域的差异性，它们并不能直接用于解决反导作战预案修正。因此，为实现 CBR 的反导任务规划，必须针对反导作战预案应用的具体流程和反导作战领域的具体特点，设计适用于反导作战预案应用的修正技术。

7.1.2　基于双线规则学习的反导作战预案修正技术

反导作战预案库作为 CBR 的反导任务规划实现框架的核心 “知识源”，蕴含了大量有用的作战预案差异信息。由于反导任务规划满足 CBR 方法的正则性和一致性等基础假设，预案库所蕴含的差异信息完全可用于反导作战预案的修正过程，即可利用预案库进行学习，通过利用预案间的差异信息实现基于修正规则的反导作战预案修正。但反导作战是体系对抗下的作战，战场态势瞬息万变，对作战预案的修改还必须依据实时信息，依靠反导指控系统和操作人员对其进行综合修改，即反导作战预案的实时修改环节也是必不可少的。

1. 双线规则学习的修正

要实现基于双线规则学习的反导作战预案修正，首先必须按照实际领域的特点，建立适合于预案应用的修正规则库，受基于可修性检索修正方法的启发，这里采用将离线预案库学习和在线实时修正过程学习相结合的策略来获取预案的修正规则知识，双线规则学习的流程具体如图 7.1 所示。

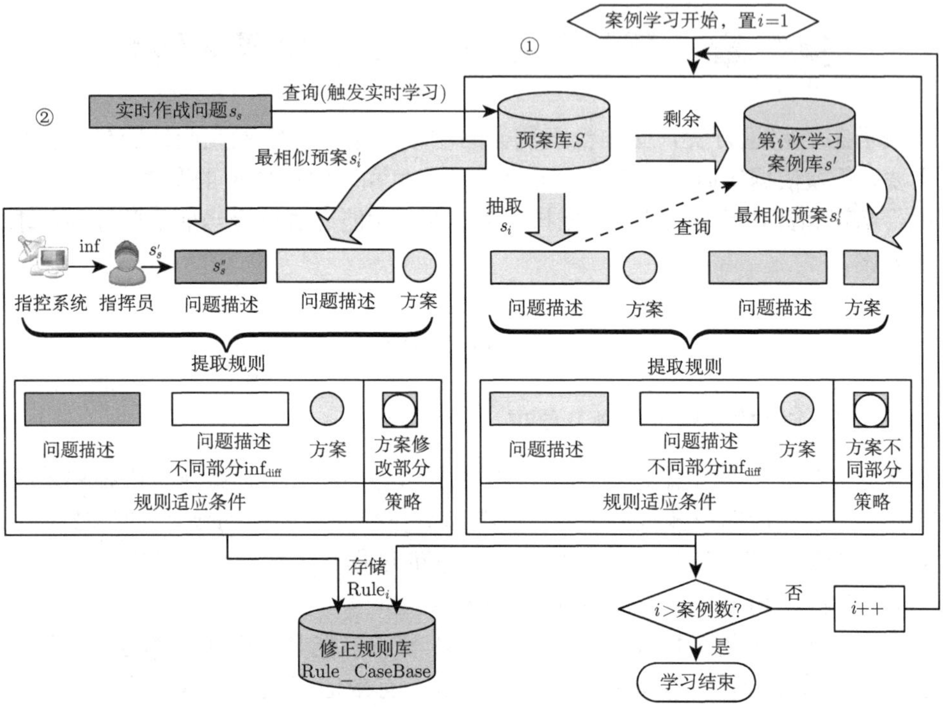

图 7.1　反导预案修正的双线规则学习流程

1) 基于预案库的离线学习

以现有反导作战预案库为基础，通过迭代循环的方式对库中每条预案进行离线学习。设 $S=\{s_1,s_2,\cdots,s_n\}$ 为预案集合，i 为预案的顺序编号，则迭代学习步骤如下。

步骤 1：置 $i=1$。

步骤 2：从 S 中取出 s_i 作为当前作战问题的具体描述，并将 $S'=\{s_1,s_2,\cdots,s_{i-1},s_{i+1}\cdots,s_n\}$ 作为临时预案库。

步骤 3：对 s_i 按照基于 BCS-Tree 索引的检索方法或基于 MPLS-SVM 算法的检索方法得到最相似预案 s_i'。

步骤 4：将 s_i 和 s_i' 进行比较对比，获得两者的差异信息 $\text{inf}_{\text{diff}}=\{\text{inf}_{\text{diff1}},\text{inf}_{\text{diff2}},\cdots,\text{inf}_{\text{diff}n}\}$。

步骤 5：将步骤 4 中获得的差异信息 $\text{inf}_{\text{diff}}=\{\text{inf}_{\text{diff1}},\text{inf}_{\text{diff2}},\cdots,\text{inf}_{\text{diff}n}\}$ 归纳学习为相应的修正规则 Rule$_i$，并存储于修正规则库 Rule_CaseBase。

步骤 6：判断是否 $i > n$，若不是，则 $i = i + 1$ 并跳转到步骤 2；若是，则学习结束。

2) 基于实时预案修正的在线学习

当调用实时修正模块来解决当前匹配预案修正问题时，系统触发在线学习模块，在实时修正过程 RealTime_Revise 中完成修正规则的实时学习，其具体步骤如下。

步骤 1：指挥员依据反导武器指控系统提供的辅助决策支持信息集合 $\text{inf}=\{\text{inf}_1, \text{inf}_2, \cdots, \text{inf}_n\}$，对实时作战问题 s_s 进行人工修正，形成作战预案 s'_s；

步骤 2：将实时作战问题 s_s 和作战预案 s'_i 合成为问题预案 s''_s；

步骤 3：将最相似预案 s'_i 和问题预案 s''_s 进行比较对比，获得两者的差异信息 inf_{diff}；

步骤 4：将步骤 3 中获得的差异信息 $\text{inf}_{\text{diff}} = \{\text{inf}_{\text{diff1}}, \text{inf}_{\text{diff2}}, \cdots, \text{inf}_{\text{diff}n}\}$ 归纳学习为相应的修正规则 Rule_i，并存储于修正规则库 Rule_CaseBase。

2. 基于双线规则学习的预案修正流程

在建立反导作战预案修正规则库的基础上，给出反导作战预案修正方法，该方法的流程如图 7.2 所示，具体步骤如下。

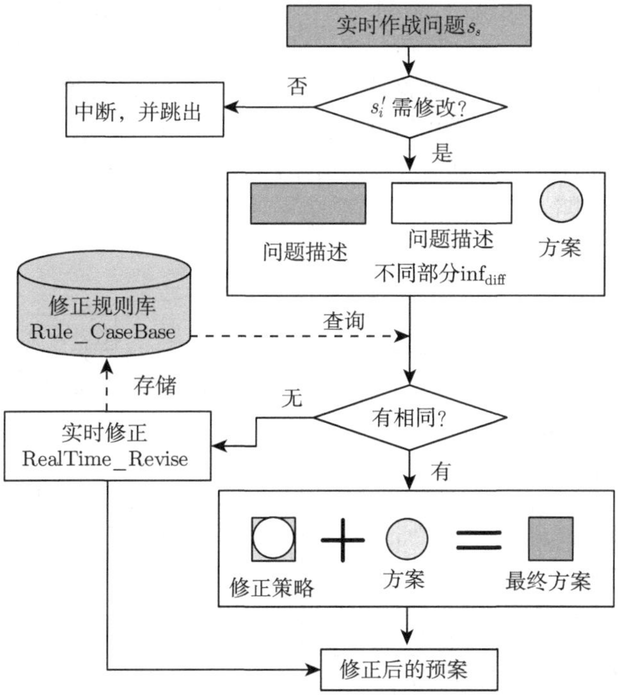

图 7.2　基于双线规则学习的反导作战预案修正流程

步骤 1：判断对实时作战问题 s_s 检索得到的匹配预案 (或预案集)s_i' 是否需要修改，若不需要修改，则跳出预案修正过程；否则继续下一修改环节。

步骤 2：以实时作战问题中问题描述不同部分 inf_{diff} 为条件，结合修正规则库 Rule_CaseBase 进行规则查询。

步骤 3：判断修正规则查询结果，若存在匹配的规则 (或规则集)，则继续；否则，调用预案实时修正过程 RealTime_Revise，进行实时修正，输出修正结果 (经修正后的作战预案)，并同时触发实时修正规则学习模块，对实时修正过程进行规则学习，完成规则 Rule_i 的学习。

步骤 4：依据步骤 2 中查询到的规则，对问题进行修正，并输出修正后的预案。

7.1.3 修正技术实例验证与分析

实验假设将如下情况纳入考虑范围：① 高层反导武器指控系统与低层系统的发射架和制导雷达之间进行互联，直接指挥控制其拦截任务，如美国的 THAAD 系统、PAC-3 发射架和雷达组成的系统进行反导的情况；② 各层拦截过程可采用“发射–发射”模式。

预案表示方法中问题描述和解决策略是整个预案的重点，而预案注释和预案结果是为作战预案的管理提供辅助信息。故实验从反导作战预案元素中选取突防措施 (TF)(这里只考虑轻诱饵 (LB)、电磁波隐身 (DY)、重诱饵 (HB)、红外诱饵 (HY) 和箔条云团 (BT))、最远打击距离 (AD)、预测落点 (PL)、预警指示 (EA) 和可拦截时间 (AT) 等预案属性构成验证属性集，并取预案解决策略中的发弹数 (MN) 和拦截方式 (AS)。其中，预测落点位置为区间值类属性，远程预警协同为关键类属性，可拦截时间为裕度类属性，而打击距离为确定数值类属性，按属性层次绘制实验属性层次结构图，具体如图 7.3 所示。

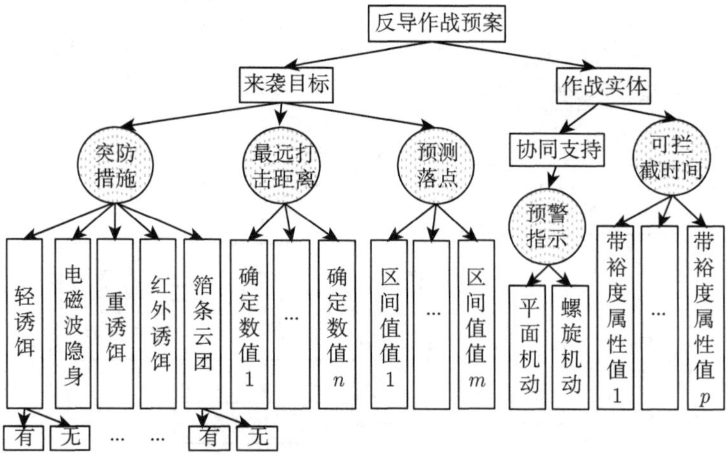

图 7.3 验证预案属性层次结构

依据选定的属性集，从反导作战预案库中抽取 12 个预案对应的数据构成验证数据集，具体如表 7.1 所示。

表 7.1 实验预案数据

预案编号	预案问题描述部分									解决策略	
	TF					AD/km	PL/km	EA	AT/s	MN/枚	AS
	HB	LB	DY	HY	BT						
1	有	有	有	无	有	1500	[20,40]	有	75	2	高拦
2	无	有	有	有	有	1000	[20,40]	有	100	1	高拦
3	无	有	无	无	有	1000	[15,30]	有	93	1	高拦
4	有	无	无	无	无	950	[20,40]	无	101	1	低拦
5	有	无	无	无	无	1200	[19,35]	无	90	2	高拦
6	无	有	无	无	无	900	[17,28]	无	98	1	高拦
7	有	无	无	无	无	700	[19,38]	有	109	1	低拦
8	无	有	无	无	有	1000	[17,39]	有	93	2	高栏
9	有	有	有	有	有	1500	[19,38]	有	82	2	高拦
10	有	无	有	无	有	800	[20,35]	有	110	1	低拦
11	有	有	无	无	有	1000	[15,30]	有	90	3	高低拦
12	有	有	无	无	有	1000	[17,39]	有	90	—	—

应用所提出的预案修正规则学习策略对表 7.1 进行学习，当对第 3 和 11 个预案进行学习后得到的规则 $S_{3\text{-}11}$ 如下。

规则$S_{3\text{-}11}$：在有预警支持的情况下，当其他条件相同，弹道导弹 (射程小于等于 1000km) 的突防措施中出现重诱饵，且当可用拦截时间变短 3s 时，应将拦截方式改为高低双层拦截，其中包括高拦 2 枚 (“发射–发射” 模式) 和低层 1 枚。

以第 12 个预案的问题描述部分为当前作战问题特征向量进行方法验证，计算其与前 11 个预案问题描述部分的相似度，得局部和全局的相似度如表 7.2 所示。

表 7.2 相似度计算结果

预案编号	TF	AD	PL	EA	AT	总相似度
1	0.8000	0.6154	0.8636	1.0000	0.7496	0.8057
2	0.4000	1.0000	0.8636	1.0000	0.8904	0.8308
3	0.8000	1.0000	0.5909	1.0000	0.9306	0.8643
4	0.6000	0.9412	0.8636	0.0000	0.8904	0.0000
5	0.6000	0.8000	0.7273	0.0000	0.9306	0.0000
6	0.8000	0.8889	0.4091	0.0000	0.8995	0.0000
7	0.6000	0.7273	0.8636	1.0000	0.8593	0.8100
8	0.8000	1.0000	1.0000	1.0000	0.9306	**0.9460**
9	0.8000	0.6154	0.8636	1.0000	0.8340	0.8226
10	0.6000	0.8000	0.6818	1.0000	0.8594	0.7882
11	1.0000	1.0000	0.5909	1.0000	1.0000	0.9182

如表 7.2 所示，与当前作战问题相似度最高的是第 8 个预案，但其并不满足实际需求，故需要进行修改。应用基于修改规则库的案例修正方法，经匹配得到规则 $S_{3\text{-}11}$ 满足修改需求。依据规则 $S_{3\text{-}11}$ 对当前最相似预案进行修改得到其解决方案为：发弹数为 3 枚高低双层拦截，其中包括高拦 2 枚 (“发射–发射” 模式) 和低层 1 枚，这与实际结论相符。

7.2　反导作战预案评估方法

7.2.1　反导作战预案评估概述

在完成反导作战预案检索和修正环节后，CBR 的反导任务规划实现框架将输出作战预案集。但由于战场态势瞬息万变，预案推理所依赖的信息具有来源广泛、种类复杂和模糊不确定等特点，推理输出预案 (预案集) 是否能满足当前作战任务需求，是否符合作战指挥员的作战意图和偏好，预案集中哪个最优，这些问题都依赖于预案评估环节所得出的信息。

反导作战预案评估是以一定的标准对反导作战预案的可行与否、好坏优劣进行分析、论证和比较的过程，是选出最优预案，为反导作战指挥员决策提供科学依据的重要步骤。从基于指控模型视角看，反导任务规划中的作战预案修正和作战预案评估之间是交叉迭代的关系，若当前预案的评估结果不符合当前作战需求，则将评估信息返回给预案修改环节，并对预案进行新一轮的修改和评估，若符合当前作战需求，则输出为最终的作战预案。

反导作战是在信息化武器装备、透明化战场和一体化作战体系条件下进行的作战活动，是一个体系对抗的动态过程。因此，与一般作战方案评估相比，对于反导作战预案的评估不仅需要考虑效益性、适应性、风险性和一致性等指标对评估结果的影响，还应考虑作战过程战场态势变化对于预案评估的影响。

作战预案评估的本质是具有有限个候选方案的多方案决策问题。近年来，国内外多位学者分别从各自研究领域出发对装备保障、防空作战、联合 (战役) 作战和潜艇作战等多个领域的方案评估问题进行了研究，其所用的评估方法主要包括专家打分、计算机仿真模拟、沙盘推演、实兵演习、模糊综合评判法、ADC 法、数据包络分析法、DS 理论、神经网络、层次分析法、可拓集、随机时间网络、模糊判别矩阵和集对分析方法等。但从目前所掌握的资料看，针对反导作战预案评估或优选的研究较少，大部分方法还未考虑态势变化对于评估结果的影响，且评估结果不能实现对预案的演化趋势分析。

7.2.2　反导作战预案评估指标

对于反导作战预案的最终决策，指挥员往往会从预案费效比、可执行性和成功概率等方面进行评估。在客观分析影响作战预案决策的各个因素的基础上，结合反导作战预案对于评估方法的特殊需求，从预案的效益性、可信性、一致性、风险性、适应性和复杂性等方面出发，选用如下 10 个度量构建作战预案评估指标体系，具体如下。

1) 资源消耗

在反导作战中，作战预案所涉及的资源可分为有形资源和无形资源，资源消耗的具体度量如式 (7.1) 所示：

$$C_1=\sum_{i=1}^{n_{\mathrm{R}}} P_{\mathrm{R}i}\times N_{\mathrm{R}i} \tag{7.1}$$

式中，$P_{\mathrm{R}i}$ 为第 i 种资源的价值；$N_{\mathrm{R}i}$ 为第 i 种资源消耗的数量；n_{R} 为资源种类数量。

2) 杀伤目标价值

反导作战预案中的杀伤目标主要指被拦截的来袭弹道导弹，但对其价值进行度量需考虑其突袭要地的价值因素。同一目标突袭不同等级要地，其被杀伤的目标价值也不同，这里定义式 (7.2) 对其进行具体度量：

$$C_2=\sum_{i=1}^{n_{\mathrm{T}}} P_{\mathrm{T}i}\times K_{\mathrm{T}i} \tag{7.2}$$

式中，$P_{\mathrm{T}i}$ 为第 i 个被杀伤目标的价值；$K_{\mathrm{T}i}$ 为被第 i 个目标突袭的要地重要等级系数 (要地一般分为一级、二级和三级)；n_{T} 为被杀伤目标的数量。

3) 信息完整性

反导作战预案信息的完整性是指依赖信息在数量或种类上的完整程度，其度量如式 (7.3) 所示：

$$C_3=(N_{\mathrm{INF}}-N_{\mathrm{L}})/N_{\mathrm{INF}} \tag{7.3}$$

式中，N_{INF} 为制定反导作战预案所依赖的全部信息的数量；N_{L} 为当前预案制定所缺失信息的数量。

4) 信息准确性

反导作战预案信息的准确性是指预案制定所依赖信息的确定程度，在反导作战中随着时间的推移，对于来袭目标的综合信息越来越精确，故这里采用预案制定前目标的飞行时间和目标总飞行时间的比值作为信息准确性的度量，具体如式 (7.4) 所示：

$$C_4=T_{\mathrm{B}}/T_{\mathrm{ALL}} \tag{7.4}$$

式中，T_{B} 是指指控系统在收到发射征候信息到做出作战决策前，地基雷达和预警卫星等传感器对目标的探测、跟踪和识别的时间；T_{ALL} 为目标从发点到落点的总飞行时间。

5) 一致性

一致性是指反导作战预案符合上级作战意图、命令和战场态势的程度，这里采用所制定预案中作战问题描述与当前态势、上级命令的相似程度进行度量，其综合度量采用 5.2.3 小节设计的式 (5.7) 来计算。

6) 风险性

风险性是指由于某种不可预测或突发情况的出现，反导作战预案的实施结果为失败的可能性。这里从完成作战目标的角度出发，用反导武器系统对每批目标的漏截概率与对应目标摧毁要地的概率乘积和的均值来实现度量，具体如式 (7.5) 所示：

$$C_6 = \frac{1}{n_{\mathrm{M}}}\sum_{i=1}^{n_{\mathrm{M}}}(1 - P_{\mathrm{D}i})P_{\mathrm{DH}i} \tag{7.5}$$

式中，$P_{\mathrm{D}i}$ 为第 i 个目标被拦截概率；$P_{\mathrm{DH}i}$ 第 i 个目标摧毁保卫目标 (要地) 的概率；n_{M} 为当前需要拦截目标数量。

7) 资源弹性

资源弹性是我方作战资源对战场态势实时变化适应程度的量度，反映了作战资源对于战场态势的适应性，其具体度量如 (7.6) 所示：

$$C_7 = 1 - \prod_{i=1}^{n_{\mathrm{R}}}((N_i - N_{\mathrm{S}i})/N_i) \tag{7.6}$$

式中，N_i 为第 i 种资源应有的数量；$N_{\mathrm{S}i}$ 为第 i 种资源剩余的数量；n_{R} 为资源种类数量。

8) 制导雷达余量

制导雷达余量是指雷达在完成当前作战任务的前提下，还剩余的可用于其他导弹制导任务的导弹通道数的量度，其具体度量如式 (7.7) 所示：

$$C_8 = G_{\mathrm{S}}/G \tag{7.7}$$

式中，G 表示反导武器系统制导雷达可同时制导的最大拦截弹数量；G_{S} 表示当前还可同时制导的余量数。

9) 执行复杂性

作战预案最终以作战行动序列的形式由作战实体自身的执行活动或实体间的交互活动来完成。执行复杂性反映了作战实体为完成预案而实施的活动的量，其具

体度量如式 (7.8) 所示：

$$C_9=\sum_{i=1}^{n_{\mathrm{C}}}K_{\mathrm{C}i}\times N_{\mathrm{C}i} \tag{7.8}$$

式中，$K_{\mathrm{C}i}$、$N_{\mathrm{C}i}$ 分别为第 i 种执行关系的复杂系数及其数量；n_{C} 为作战预案所包括的执行关系的种类数。在反导作战预案中，作战行动和作战任务间的执行关系可概括为：顺序、并行、条件和混合等四个大类，这里将它们的复杂系数分别设为：1、2、3 和 4。

10) 交互复杂性

交互复杂性反映了作战实体为完成预案，通过实体间的交互而实施的活动的量，其具体度量如式 (7.9) 所示：

$$C_{10}=\sum_{i=1}^{n_{\mathrm{A}}}K_{\mathrm{A}i}\times N_{\mathrm{A}i} \tag{7.9}$$

式中，$K_{\mathrm{A}i}$ 为第 i 种交互的复杂系数；$N_{\mathrm{A}i}$ 为第 i 种交互的数量；n_{A} 为作战预案所包括的交互关系的种类数量，在反导作战预案中主要存在：指挥、控制、决策、协同、支持和通信等作战实体的交互。这里令指挥、控制、决策和协同的交互复杂系数为 3，支持的复杂系数为 2，通信的复杂系数为 1。

7.2.3　评估方法选择和度量依据设计

1. 基础方法

反导作战是体系对抗的动态过程，随着反导作战进程的发展，如何有效实现反导作战预案的动态评估，并在评估的基础上体现作战指挥员对于决策偏好的需求，给反导作战预案评估方法的设计提出了挑战。为满足反导作战对于预案评估提出的特殊要求，选用集对分析方法作为反导作战预案评估的工具。

集对分析是一种关于不确定系统同异反定量分析的系统分析方法。它用同异反联系数 (简称联系度) 统一描述系统的各种不确定性，其基本定义如下：

$$\mu=a+bi+cj \tag{7.10}$$

式中，a、b 和 c 分别为集对的同一度、差异度和对立度，且 $a+b+c=1$；i 为差异标记符号，取值为 $[-1,1]$；j 为对立标记符号，规定取值为 -1。文献 [148] 定义 a 与 c 的比值 a/c 为集对势，记为 SHI(μ)，并对势级进行了具体划分和排序。

联系数的势级排序描述了系统处于某一态势，并反映系统各态势之间的强弱程度 [148]。一般将势级概括为同势、均势和反势，其中，同势是指 $a/c>1$ 情况，反应差异度向同一发展的趋势占优势；均势是指 $a/c=1$ 情况，反应差异度向同一和向对立发展的趋势相同；反势是指 $a/c<1$ 情况，反应差异度向对立发展的趋势占优势。

2. 度量依据

集对分析重视信息处理中的相对性和模糊性，从问题本身分离出相对确定性信息和不确定性信息，在相对确定条件下进行决策，然后利用相对不确定性信息对决策结果进行稳定性分析。为解决反导作战预案的不确定性给评估结果带来的不利影响，在充分考虑反导作战的动态特性和指挥员决策偏好的基础上，这里提出利用可能势作为预案排序依据。

定义 7.1(可能势)　可能势是指联系系数差异度分量向同一度或对立度转化的趋势，包括相对确定可能势、相对乐观可能势、相对悲观可能势和预案广义势。

设联系数 $\mu = a + bi + cj$，则定义 μ 的相对确定可能势 $\mathrm{SHI}(\mu)$、相对乐观可能势 $\mathrm{SHI_o}(\mu)$、相对悲观可能势 $\mathrm{SHI_p}(\mu)$ 和预案广义势 $\mathrm{SHI_g}(\mu)$ 分别为

$$\mathrm{SHI}(\mu) = 2 \times a/(b+c) - c/(a+b) \tag{7.11}$$

$$\mathrm{SHI_o}(\mu) = (2a+\gamma b)/((1-\gamma)b+c) - c/(a+b) \tag{7.12}$$

$$\mathrm{SHI_p}(\mu) = 2a/(b+c) - (c+\gamma b)/(a+(1-\gamma)b) \tag{7.13}$$

$$\mathrm{SHI_g}(\mu) = \begin{cases} \mathrm{e}^a/\mathrm{e}^{(c-b\times\alpha)}, \alpha \in [-1,0) \\ \mathrm{e}^{(a+b\times\alpha)}/\mathrm{e}^c, \alpha \in [0,1] \end{cases} \tag{7.14}$$

式 (7.11)~ 式 (7.13) 的第一项代表系统中同一趋势所占的比例，第二项代表对立趋势所占的比例。γ 为不确定演化因子，$\gamma \in [0,1]$。$\mathrm{SHI}(\mu)$ 为 $\mathrm{SHI_p}(\mu)$ 和 $\mathrm{SHI_o}(\mu)$ 中 γ 为 0 的特例，$\mathrm{SHI_o}(\mu)$ 反映了差异度 b 向同一度 a 转化的趋势，$\mathrm{SHI_p}(\mu)$ 反映了差异度 b 向对立度 c 转化的趋势。$\mathrm{SHI}(\mu)$ 和 $\mathrm{SHI_g}(\mu)$ 是反导作战预案趋势演化分析的无偏好度量。$\mathrm{SHI_p}(\mu)$ 和 $\mathrm{SHI_o}(\mu)$ 是反映反导作战预案趋势演化分析的有偏好度量。

目前反导武器系统多为多通道系统，单个反导作战预案可能包含一个或多个需要拦截的目标，对于不同目标的拦截结果将对后期态势变化产生不同的影响。基于这个观点，为使反导作战预案评估结果能反映态势变化的影响，以目标间的批次关系为切入点，依据目标批次对整体预案进行阶段划分，并定义预案阶段权来对其进行度量。

定义 7.2(预案阶段权)　预案阶段权是指按照目标批次对预案进行阶段划分的基础上，通过计算获得的单阶段目标批次间关系系数和与预案总关系系数和的比值。

目标批次间的关系可概括为如下三种。

(1) 主次配合关系：是指不同批次目标为突袭保卫要地而可能存在的战术配合关系，如一批次目标为佯攻，另一批次目标为主攻。令两批次目标由于主次配合关系而产生的关系系数分别为 k_1 和 k_2，并令 $k_1 + k_2 = 1$。

(2) 先后巩固关系：是指某批目标为增强和扩大另一批目标突袭效果而存在的关系。令两批次目标由于先后巩固关系而产生的关系系数分别为 k_3 和 k_4，且 $k_3 + k_4 = 1$。

(3) 无联系：是指不同批次目标间不存在明显配合或巩固的关系。当不同批次目标分别突袭不同要地时的关系就是一种典型的无联系模式。令两批次目标由于无联系而产生的比例系数为 $k_5 = k_6 = 0.5$。

依据所定义的目标批次间关系，拦截 l 批来袭目标的作战预案的第 r 阶段的评估权重系数计算如式 (7.15) 所示：

$$\begin{cases} w'_r = \sum_{i=1}^{3} (l_{(2i-1)r} \times k_{(2i-1)} + l_{(2i)r} \times k_{(2i)})/w'_{\text{ALL}} \\ w'_{\text{ALL}} = (0.5 \times l \times (l-1)) \\ \sum_{i=1}^{3} (l_{(2i-1)r} + l_{(2i)r}) = (l-1) \end{cases} \tag{7.15}$$

式中，k_i 表示第 i 种关系系数；$l_{(2i-1)r}$、$l_{(2i)r}$ 分别为预案第 r 阶段所具有第 i 种关系系数 $k_{(2i-1)}$ 和 $k_{(2i)}$ 的数量；l 为来袭目标批次；w'_{ALL} 表示具有 l 批目标的作战预案所有关系系数的总和。

7.2.4　反导作战预案评估模型

1. 预案评估的基本思路

结合所设计的评估指标和度量，依据作战预案评估的一般流程，设计了一种基于阶段权和可能势的反导作战预案评估方法，其具体流程如图 7.4 所示。

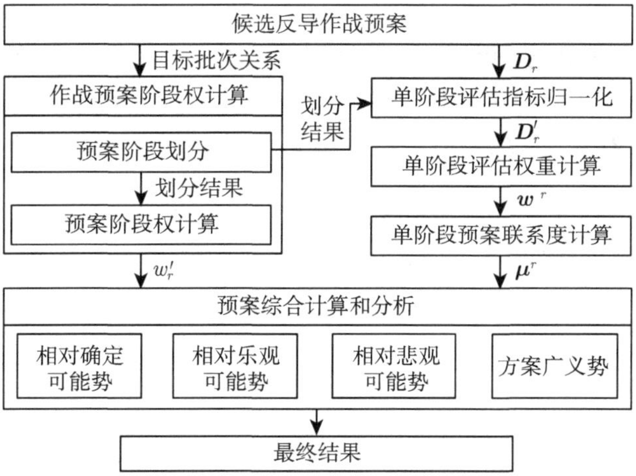

图 7.4　基于阶段权和可能势的反导作战预案评估流程

如图 7.4 所示，在得到候选反导作战预案后，首先，由作战预案阶段权计算模块对作战预案进行阶段划分，并按照式 (7.15) 计算作战预案的阶段权 w'_r；与此同时，由单阶段评估指标归一化模块，依据预案阶段划分的结果，对预案各阶段指标决策矩阵 $\boldsymbol{D}_r$ 进行指标归一化，并将归一化后的指标结果 $\boldsymbol{D}'_r$ 输入单阶段评估权重计算模块。其次，单阶段评估权重计算模块计算并输出单阶段指标权重 $\boldsymbol{w}^r$；然后，以 $\boldsymbol{w}^r$ 为基础，由单阶段预案联系度计算模块完成预案各阶段联系度的计算，并输出结果 $\boldsymbol{\mu}^r$。最后，预案综合计算和分析模块依据设定的分析度量 ($\mathrm{SHI}(\mu)$、$\mathrm{SHI_o}(\mu)$、$\mathrm{SHI_p}(\mu)$ 或 $\mathrm{SHI_g}(\mu)$)，综合作战预案阶段权 w'_r 和预案各阶段联系度 $\boldsymbol{\mu}^r$，对作战预案进行有偏或无偏趋势分析，并按照指挥员偏好需求输出最终结果。

2. 关键步骤设计

假设当前反导作战问题为单套反导武器系统拦截突袭保卫要地的 l 批弹道导弹目标，且当前可用的候选反导作战预案数为 n，评估指标采用 7.2.2 小节提出的 10 个指标。

1) 单阶段评估指标归一化及其权重计算

假设作战预案第 r 阶段的评估指标决策矩阵为 $\boldsymbol{D}_r$，$\boldsymbol{D}_r$ 为一个 $n\times 10$ 的矩阵 (10 为评估指标数)，具体如式 (7.16) 所示：

$$\boldsymbol{D}_r=\begin{bmatrix} C_{11} & C_{12} & \cdots & C_{1(10)} \\ C_{21} & C_{22} & \cdots & C_{2(10)} \\ \vdots & \vdots & & \vdots \\ C_{n1} & C_{n2} & \cdots & C_{n(10)} \end{bmatrix} \tag{7.16}$$

式中，n 为候选反导作战预案数。由于作战预案各评估指标值存在量纲差异，故需对各指标值进行归一化，具体处理如式 (7.17) 所示，依据式 (7.17) 对式 (7.16) 进行归一化处理后得公式 (7.18)：

$$C'_{ij}=\begin{cases} C_{ij}/\max\limits_{1\leqslant i\leqslant n}(C_{ij}), & j=\{2,3,4,5,7,8\} \\ \min\limits_{1\leqslant i\leqslant n}(C_{ij})/C_{ij}, & j\in\{1,6,9,10\} \end{cases} \tag{7.17}$$

$$\boldsymbol{D}'_r=\begin{bmatrix} C'_{11} & C_{12} & \cdots & C'_{1(10)} \\ C'_{21} & C'_{22} & \cdots & C'_{2(10)} \\ \vdots & \vdots & & \vdots \\ C'_{n1} & C'_{n2} & \cdots & C'_{n(10)} \end{bmatrix} \tag{7.18}$$

对式 (7.18) 应用熵权法计算预案第 r 阶段各指标的权重。其中，第 $j(j=1,2,\cdots,10)$ 个评估指标权重的计算如式 (7.19) 所示：

$$w_j^r=\left(1+\frac{1}{\ln n}\times\sum_{i=1}^{n}C'_{ij}\times\ln C'_{ij}\right)\Bigg/\left(10-\sum_{j=1}^{10}\left(-\frac{1}{\ln n}\times\sum_{i=1}^{n}C'_{ij}\times\ln C'_{ij}\right)\right) \tag{7.19}$$

2) 单阶段预案联系度计算

假设 $\boldsymbol{C}^r_{\text{best}}=\{C^r_{1\text{best}},C^r_{2\text{best}},\cdots,C^r_{n\text{best}}\}$ 为第 r 阶段局部理想最优效果：

当 $j\in\{2,3,4,5,7,8\}$ 时，$C^r_{j\text{best}}=\max\limits_{1\leqslant i\leqslant n}(C'_{ij})$；

当 $j\in\{1,6,9,10\}$ 时，$C^r_{j\text{best}}=\min\limits_{1\leqslant i\leqslant n}(C'_{ij})$。

假设 $\boldsymbol{C}^r_{\text{worst}}=\{C^r_{1\text{worst}},C^r_{2\text{worst}},\cdots,C^r_{n\text{worst}}\}$ 为第 r 阶段局部理想最差效果：

当 $j\in\{2,3,4,5,7,8\}$ 时，$C^r_{j\text{worst}}=\min\limits_{1\leqslant i\leqslant n}(C'_{ij})$；

当 $j\in\{1,6,9,10\}$，$C^r_{j\text{worst}}=\max\limits_{1\leqslant i\leqslant n}(C'_{ij})$。

则预案 i 的第 r 阶段评估的第 j 个指标的同一度 a^r_{ij}、对立度 c^r_{ij} 和差异度 b^r_{ij} 如式 (7.20) 所示，即指标的同一度、对立度和差异度是通过与最优、最差预案进行比较计算后获得的。

按式 (7.11) 将式 (7.19) 和式 (7.20) 的结果分别对应乘积，并求和得预案 i 的第 r 阶段的联系度，具体如 (7.21) 所示：

$$\begin{cases}a^r_{ij}=C'_{ij}/(C^r_{j\text{best}}+C^r_{j\text{worst}})\\c^r_{ij}=(C^r_{i\text{best}}\times C^r_{j\text{worst}})/(C'_{ij}\times(C^r_{i\text{best}}+C^r_{j\text{worst}}))\\b^r_{ij}=1-a^r_{ij}-c^r_{ij}\end{cases} \tag{7.20}$$

$$\mu_i^r=\left(\sum_{j=1}^{10}a^r_{ij}\times w_j^r\right)+\left(\alpha\times\sum_{j=1}^{10}b^r_{ij}\times w_j^r\right)+\left(\beta\times\sum_{j=1}^{10}c^r_{ij}\times w_j^r\right) \tag{7.21}$$

3) 预案综合计算与分析

将式 (7.15) 的结果代入式 (7.21) 得预案 i 的综合联系度 μ_i，具体如式 (7.22) 所示：

$$\begin{cases}\mu_i=a+\alpha\times b+\beta\times c\\a=\sum\limits_{r=1}^{l}\sum\limits_{j=1}^{10}a^r_{ij}\times w_j^r\times w'_r\\b=1-\sum\limits_{r=1}^{l}\sum\limits_{j=1}^{10}b^r_{ij}\times w_j^r\times w'_r-\sum\limits_{r=1}^{l}\sum\limits_{j=1}^{10}a^r_{ij}\times w_j^r\times w'_r\\c=\sum\limits_{r=1}^{l}\sum\limits_{j=1}^{10}a^r_{ij}\times w_j^r\times w'_r\end{cases} \tag{7.22}$$

将式 (7.22) 的计算结果分别代入式 (7.11)~ 式 (7.14)，求得预案的可能势、相对乐观可能势、相对悲观可能势和广义势，基于这些势对预案集进行排序和演化分析。其中，预案的优劣顺序以作战预案的相对确定可能度为依据，若 $\mathrm{SHI}(\mu_i) > \mathrm{SHI}(\mu_j)$，则预案 i 更优；若 $\mathrm{SHI}(\mu_i) = \mathrm{SHI}(\mu_j)$，则需依据预案 $\mathrm{SHI_o}(\mu)$、$\mathrm{SHI_p}(\mu)$ 或 $\mathrm{SHI_g}(\mu)$，在对候选预案的态势演化进行分析的基础上，依据偏好信息做出最终决策：① 无偏好情况下 (以 $\mathrm{SHI_g}(\mu)$ 为排序依据)，若 $\mathrm{SHI_g}(\mu_i) > \mathrm{SHI_g}(\mu_j)$，则预案 i 更优；$\mathrm{SHI_g}(\mu_i) < \mathrm{SHI_g}(\mu_j)$，预案 j 更优；$\mathrm{SHI_g}(\mu_i) = \mathrm{SHI_g}(\mu_j)$，预案 i 和 j 同优；② 有偏好情况下 (以 $\mathrm{SHI_o}(\mu)$ 或 $\mathrm{SHI_p}(\mu)$ 为排序依据)，若 $\mathrm{SHI_o}(\mu_i) > \mathrm{SHI_o}(\mu_j)$ 或 $\mathrm{SHI_p}(\mu_i) > \mathrm{SHI_p}(\mu_j)$，则预案 i 更优；$\mathrm{SHI_p}(\mu_i) < \mathrm{SHI_p}(\mu_j)$，预案 j 更优；$\mathrm{SHI_p}(\mu_i) = \mathrm{SHI_p}(\mu_j)$，预案 i 和 j 同优。

7.2.5 方法实例验证与分析

1. 方法有效性验证

假设验证实例中的消耗资源只考虑高层和低层两种拦截弹 (相对价值分别为 3000 和 1000)，且对应的单发杀伤概率分别为 0.9 和 0.85，作战背景为单套武器系统先后拦截来袭的 T_1、T_2 和 T_3 等三批弹道导弹，目标之间的关系 R_{12}、R_{23}、R_{13} 分别为先后巩固关系 ($k_1 = 0.6$，k_2=0.4)、无联系和无联系，共有五个候选预案，每个预案又可划分为三个阶段。依据式 (7.1)~ 式 (7.9) 所构成的指标体系，计算得到评估预案集的阶段决策矩阵分别为 $\boldsymbol{D}_1$、$\boldsymbol{D}_2$ 和 $\boldsymbol{D}_3$：

$$\boldsymbol{D}_1 = \begin{bmatrix} 3000 & 5000 & 0.75 & 0.67 & 0.95 & 0.10 & 0.98 & 0.9375 & 79 & 108 \\ 3000 & 5000 & 0.75 & 0.67 & 0.95 & 0.10 & 0.98 & 0.9375 & 79 & 108 \\ 4000 & 5000 & 0.85 & 0.65 & 0.89 & 0.15 & 0.96 & 0.8750 & 84 & 109 \\ 5000 & 5000 & 0.80 & 0.60 & 0.85 & 0.15 & 0.94 & 0.8125 & 80 & 110 \\ 5000 & 5000 & 0.85 & 0.75 & 0.92 & 0.15 & 0.94 & 0.8125 & 79 & 112 \end{bmatrix},$$

$$\boldsymbol{D}_2 = \begin{bmatrix} 6000 & 5000 & 0.80 & 0.80 & 0.92 & 0.10 & 0.96 & 0.8750 & 69 & 100 \\ 6000 & 5000 & 0.80 & 0.80 & 0.92 & 0.10 & 0.96 & 0.8750 & 69 & 100 \\ 4000 & 5000 & 0.87 & 0.79 & 0.87 & 0.15 & 0.96 & 0.8750 & 72 & 103 \\ 5000 & 5000 & 0.82 & 0.75 & 0.90 & 0.15 & 0.94 & 0.8125 & 74 & 102 \\ 5000 & 5000 & 0.82 & 0.75 & 0.90 & 0.15 & 0.94 & 0.8125 & 74 & 102 \end{bmatrix},$$

$$\boldsymbol{D}_3 = \begin{bmatrix} 5000 & 4000 & 0.85 & 0.89 & 0.90 & 0.15 & 0.94 & 0.8125 & 67 & 100 \\ 3000 & 4000 & 0.93 & 0.94 & 0.89 & 0.10 & 0.98 & 0.9375 & 66 & 100 \\ 3000 & 4000 & 0.82 & 0.80 & 0.85 & 0.10 & 0.98 & 0.9375 & 62 & 98 \\ 3000 & 4000 & 0.95 & 0.87 & 0.90 & 0.10 & 0.98 & 0.9375 & 64 & 99 \\ 4000 & 4000 & 0.90 & 0.84 & 0.87 & 0.15 & 0.96 & 0.8750 & 62 & 98 \end{bmatrix}$$

应用式 (7.15) 对评估预案进行计算，可得预案集的阶段权向量 $\boldsymbol{w}'$ =[0.3667 0.3000 0.3333]。

依据式 (7.16)~ 式 (7.19)，对 $\boldsymbol{D}_1$、$\boldsymbol{D}_2$ 和 $\boldsymbol{D}_3$ 进行归一化和指标权重计算，可得决策矩阵的指标权重矩阵 $\boldsymbol{w}$，具体如下所示：

$$\boldsymbol{w}=\begin{bmatrix} 0.0603 & 0.1244 & 0.1029 & 0.0854 & 0.1096 & 0.0617 & 0.1166 & 0.1003 & 0.1190 & 0.1196 \\ 0.0528 & 0.1194 & 0.0997 & 0.1095 & 0.1123 & 0.0593 & 0.1164 & 0.1092 & 0.1067 & 0.1144 \\ 0.0787 & 0.1165 & 0.0949 & 0.0903 & 0.1094 & 0.0773 & 0.1121 & 0.1028 & 0.1048 & 0.1129 \end{bmatrix}$$

将预案集的阶段权向量 $\boldsymbol{w}'$、指标权重矩阵 $\boldsymbol{w}$ 和归一化后的预案决策矩阵代入式 (7.20)~ 式 (7.22)，最终获得评估预案集的相对确定可能势 $\mathrm{SHI}(\boldsymbol{\mu})=[1.4667$ 1.0098 1.1514 1.1968 $1.3186]$。由此，按照相对确定可能势的大小对预案进行排序可得：预案 1> 预案 5> 预案 3> 预案 4> 预案 2。这与实际结果一致，说明将相对确定可能势作为预案优劣的排序依据是可行有效的。

2. 阶段权系数有效性验证与分析

为证明基于阶段权的动态作战预案评估的性能，验证实例采用的具体数据如下所示，其中，令 $\boldsymbol{w}_2'$ 和 $\boldsymbol{w}_3'$ 分别为两组对比的阶段权系数：

$$\boldsymbol{a}=\begin{bmatrix} 0.5 & 0.5 \\ 0.4 & 0.6 \end{bmatrix},\quad \boldsymbol{b}=\begin{bmatrix} 0.2 & 0.2 \\ 0.1 & 0.3 \end{bmatrix},\quad \boldsymbol{c}=\begin{bmatrix} 0.3 & 0.3 \\ 0.5 & 0.1 \end{bmatrix},$$
$$\boldsymbol{w}_1'=\begin{bmatrix} 0.5 & 0.5 \end{bmatrix},\quad \boldsymbol{w}_2'=\begin{bmatrix} 0.7 & 0.3 \end{bmatrix},\quad \boldsymbol{w}_3'=\begin{bmatrix} 0.8 & 0.2 \end{bmatrix}$$

将上述数据进行加权求和，得到预案的同异反系数矩阵分别为

$$\boldsymbol{\mu}_1=\begin{bmatrix} 0.5 & 0.2 & 0.3 \\ 0.5 & 0.2 & 0.3 \end{bmatrix},\boldsymbol{\mu}_2=\begin{bmatrix} 0.5 & 0.2 & 0.3 \\ 0.54 & 0.24 & 0.22 \end{bmatrix},\boldsymbol{\mu}_3=\begin{bmatrix} 0.5 & 0.2 & 0.3 \\ 0.56 & 0.26 & 0.18 \end{bmatrix}$$

分别对 $\boldsymbol{\mu}_1$、$\boldsymbol{\mu}_2$ 和 $\boldsymbol{\mu}_3$ 中的第二个预案应用式 (7.14) 进行预案势的无偏好分析，得到预案广义势变化曲线如图 7.5 所示。

结合图 7.5 所示的曲线，对得到的 $\boldsymbol{\mu}_1$、$\boldsymbol{\mu}_2$ 和 $\boldsymbol{\mu}_3$ 进行分析可得：① 用静态评估的角度对预案进行评估，即 $\boldsymbol{w}_1'$ 情况下，最终得到的第二个预案为同势 $(\boldsymbol{a}>\boldsymbol{c}>\boldsymbol{b})$，这与实际结果存在矛盾；② 用 $\boldsymbol{w}_2'$、$\boldsymbol{w}_3'$ 计算得到的结果分别为同势和均势，这与实际预案随时间演化的结果相一致，即阶段权能够增强方法对于预案态势演化的评估效果；③ $\mathrm{SHI}(\boldsymbol{w}_2')$ 和 $\mathrm{SHI}(\boldsymbol{w}_3')$ 曲线变化曲率的不同，体现了不同阶段权值对于预案态势演化速率的影响，反映了实际作战中不同重要等级目标被拦截或杀伤对于整体战场态势的不同影响特性。

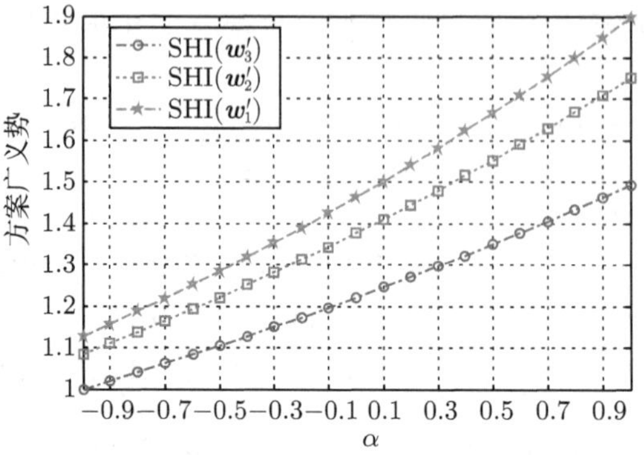

图 7.5　预案广义势变化曲线图

3. 预案动态演化的有偏好分析

若利用相对确定可能势得到的计算结果不能区分不同预案，则可利用相对乐观可能势和相对悲观可能势对预案进行动态演化分析，并依据不同的决策偏好选择对应的最优预案。实验采用的预案同异反系数具体如表 7.3 所示。

表 7.3 中，预案 $P_1 \sim P_6$ 为同势，预案 P_7 为均势，预案 P_8 为反势，并取 γ 的取值间隔为 0.1，对数据应用式 (7.12) 和式 (7.13) 得如图 7.6 和图 7.7 所示的演化曲线，图中 $\mathrm{CP}_{ij}(i,j=1,2,\cdots,8)$ 表示预案 P_i 与 P_j 可能势的交点。

表 7.3　实验预案同异反系数矩阵表

系数	P_1	P_2	P_3	P_4	P_5	P_6	P_7	P_8
a	0.5	0.45	0.45	0.50	0.60	0.70	0.35	0.40
b	0.2	0.28	0.30	0.30	0.10	0.10	0.30	0.10
c	0.3	0.27	0.25	0.20	0.30	0.20	0.35	0.50

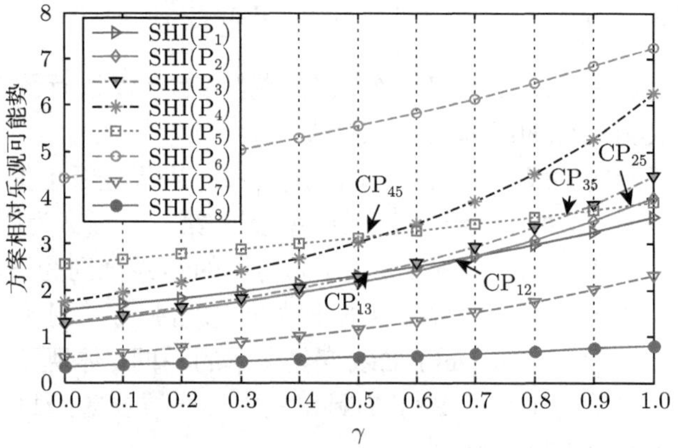

图 7.6　基于乐观可能势的演化曲线图

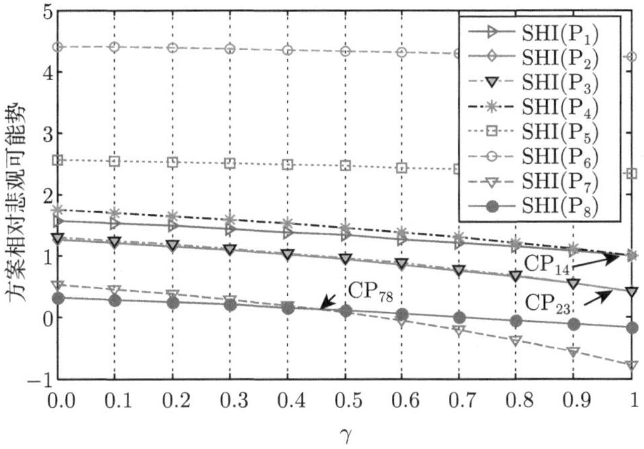

图 7.7　基于悲观可能势的演化曲线图

分析图 7.6 和图 7.7 可知: ① 预案 $P_1 \sim P_6$ 无论从乐观还是悲观角度，其可能势都大于预案 P_7 和 P_8，即预案 P_7 和 P_8 在预案集中的排列顺序不会随着态势演化而超越预案 $P_1 \sim P_6$ 的顺序，这符合实际势级分析的结果；② 而从悲观势角度出发，预案 P_7 和预案 P_8 的演化曲线在 CP_{78} 点发生了交叉，若以 CP_{78} 点为分界点，在 CP_{78} 点之前预案 P_8 劣于预案 P_7，而在 CP_{78} 之后，预案 P_8 优于预案 P_7，即 CP_{78} 点可作为指挥员决策偏好的分界点，同理，CP_{12}、CP_{13}、CP_{14}、CP_{23}、CP_{25}、CP_{35} 和 CP_{45} 都可作为预案评估的决策分界点。综上所述，利用相对乐观可能势和相对悲观可能势对预案态势的动态演化进行分析，可获得在有偏好信息情况下，预案评估决策的参考分界点信息，这将有助于实际作战中反导作战指挥员对于预案的决策。

7.3　本 章 小 结

本章结合反导作战领域的特点和需求，对反导作战预案的修正和评价方法及其关键技术进行了分析研究。首先，针对所提出的基于离线和在线的修正规则学习策略，设计了一种基于双线规则学习的反导作战预案修正方法，该修正方法增加了预案修正知识获取的途径，提高了预案修正的成功率，并为解决反导预案修正问题提供了有效工具；然后，在定义设计作战预案阶段权和可能势的基础上，给出了一种基于阶段权和可能势的反导作战预案评估方法，该评估方法不仅能有效解决反导作战预案评估问题，而且有助于指挥员完成带有偏好信息的优选决策。

第8章　基于案例推理的反导任务规划系统设计与实现

基于案例推理的反导任务规划系统 (以下称为智能反导任务规划系统)，既是前文理论方法有效性的验证平台，也是理论方法应用于实际作战问题的输出端口。

8.1　系统总体设计

8.1.1　系统体系结构及运行流程

1. 体系结构

智能反导任务规划系统主要包括九个模块 (信息处理、预案检索、预案修正、预案评价、预案学习、系统管理、基本数据管理、预案管理、数据/预案维护)、一个想定寄存器、五个数据资源库 (模型库、方法库、基本数据库、作战预案库和修正规则库)、一个多库协同器、四个人机应用功能接口和若干个外部端口。按照其功能特性和相互关系可划分为管理层、资源层、推理层和应用层，其具体结构如图 8.1 所示。

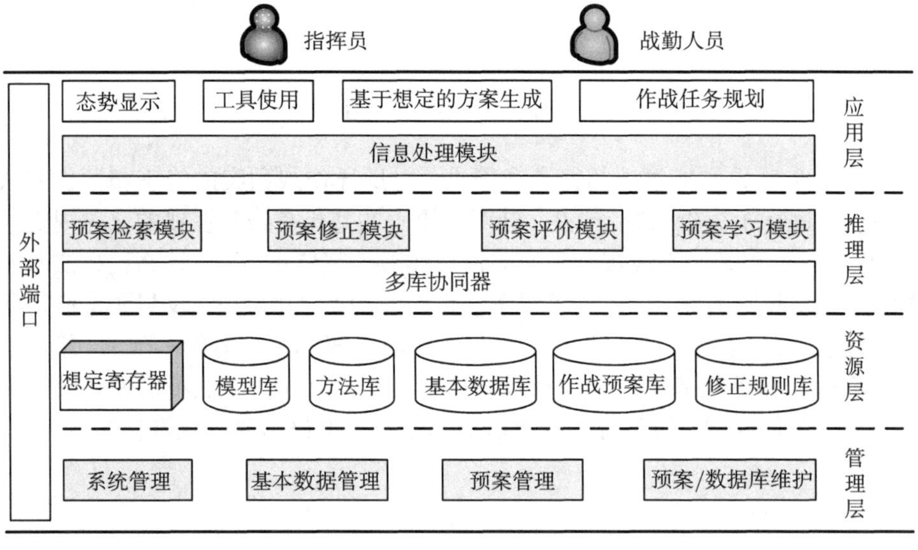

图 8.1　智能反导任务规划系统体系结构图

(1) 管理层：主要包括系统管理、预案/数据的管理和维护。系统管理负责运行中参数的选择/设置，包括系统运行模式、检索模式、评价偏好模式、端口参数和系统数据维护参数选择和设置；预案/数据的管理和维护包括本级装备性能参数、典型目标性能参数和预案库的添加、删除、修改、查看等。

(2) 资源层：主要作为各种参数、模型、方法、中间运算结果以及预案的"数据仓库"和"暂存器"，为系统运行提供所需的数据资源支持。

(3) 推理层：主要负责依据信息处理结果，完成预案相似检索、预案修正和评价等推理过程，得出最终作战方案，并对其进行学习。

(4) 应用层：主要负责实现与外部接口、推理层、资源层和管理层之间的信息处理，与指挥员、战勤操作人员的人机交互 (包括工具使用、地图控制和想定设置等)，并对战场态势信息、作战预案和反导作战方案等各种信息进行实时显示。

2. 运行流程

智能反导任务规划系统的核心环节是基于预案的推理过程，其推理使用的当前作战问题来源于输入系统的各种实时信息或人工设定的作战想定，若为作战想定，则系统需等待想定输入/载入完成，才可运行推理环节。在系统初始化完成后，对于系统窗口控制、各种内置工具使用、外部信息和态势信息显示、系统/数据维护等都可与推理环节并行运行，且它们之间存在交互，具体运行流程如图 8.2 所示。

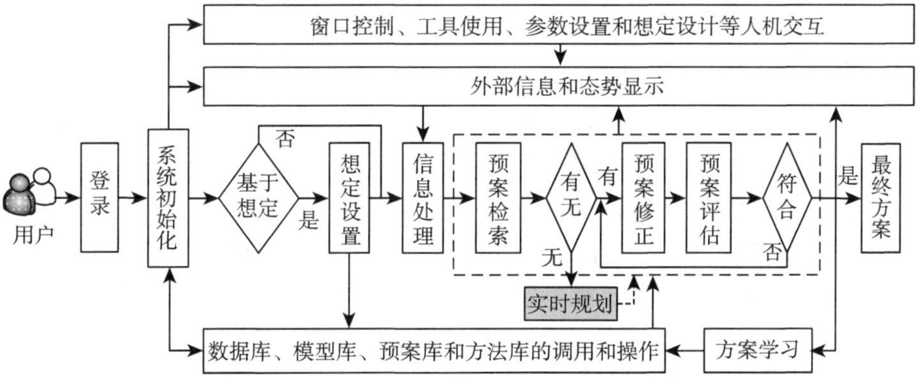

图 8.2　智能反导任务规划系统运行流程图

8.1.2　系统功能结构

依据系统具体需求和运行流程，可将智能反导任务规划系统划分为数据管理、想定设置、案例推理、工具管理、窗口控制、系统管理/设置和帮助七大功能模块 (一级模块)，各大功能模块又可细分为 25 项子功能模块 (二级模块/窗口)，其具体结构如图 8.3 所示。

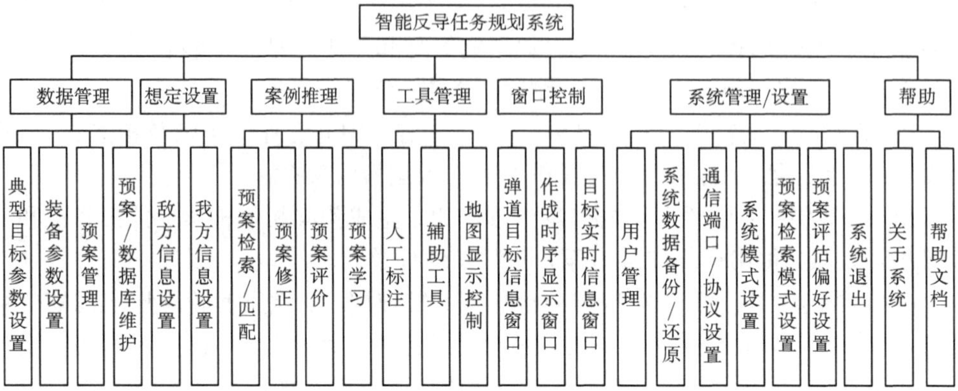

图 8.3 智能反导任务规划系统功能结构图

8.2 数据库设计

结构优良且完备的预案库、基本数据库和修正规则库是完成 CBR 方法任务规划的前提。其中，预案库涉及预案数据、索引结构和 MPLS-SVM 分类器参数三部分数据的存储；修正规则库主要涉及案例修正阶段修改策略的存储；基本数据库主要涉及用户数据、武器装备性能参数和典型目标参数等数据的存储。

8.2.1 预案库设计

第 4 章给出了基于 SQL 数据库的预案数据结构设计，在此只对 BCS-Tree 索引和 MPLS-SVM 分类器参数的数据逻辑结构进行设计。

1) BCS-Tree 索引数据表

基于 BCS-Tree 索引结构的检索模式需区位码索引 (BID)、案例聚类码索引 (CID) 和分区码索引 (SID) 三部分索引码的支持，它们之间呈 “树形” 分层结构分布 (图 5.14)。其中，BID、CID 和 SID 划分依据的逻辑结构如表 8.1 和表 8.2 所示，依据关键属性进行 BID 划分时，只考虑将各关键属性分为两个关键段，如远程预警支持的 “有” 和 “无”。

表 8.1 BID划分依据表 (逻辑结构)

字段名	数据类型 (长度)	主键	说明
BasisID	int(4)	是	关键属性编号
FirstVal	varchar(10)	否	第一取值
SecondVal	varchar(10)	否	第二取值

表 8.2　CID 和 SID 划分依据表 (逻辑结构)

字段名	数据类型 (长度)	主键	说明
CID	int(10)	是	CID
BID	varchar(15)	否	BID
ClusterCentry	int(4)	否	类中心 (预案) 编号
MaxDistance	Float	否	聚类最大半径
GlobalRefPoint	int(4)	否	全局参考点
GLayerNum	int(2)	否	全局分层数
LocalRefPoint	int(4)	否	局部参考点
GLayerNum	int(2)	否	局部分层数

在获得表 8.1 和表 8.2 各种索引构建依据后，基于索引的检索模式，是按照“BID→CID→SID→ 候选预案”的顺序进行的，并最终得到候选预案集，故可以建立如表 8.3 所示的具有三级索引的候选预案逻辑结构表。其中，CaseSet 属性值形式为{预案编号 1，预案编号 2，···，预案编号 i，预案编号 j}。

表 8.3　候选预案表 (逻辑结构)

字段名	数据类型 (长度)	主键	说明
ID	int(4)	是	自动编号
BID	varchar(15)	否	BID
CID	int(10)	否	CID
SID	varchar(15)	否	SID
CaseSet	nvarchar(60)	否	SID 中的案例集合

2)MPLS-SVM 分类器数据表

基于 MPLS-SVM 模型的检索可划分为预案分类器训练 (检索前) 和样本分类两个阶段，其中，预案分类器训练是样本分类的基础，训练得到的分类器参数为后续样本分类提供参数支持，其逻辑结构具体如表 8.4 所示。

表 8.4　分类器参数表 (逻辑结构)

字段名	数据类型 (长度)	主键	说明
ID	int(4)	是	分类器编号
b	float	否	LS-SVM 模型参数 b
Alpha	float	否	LS-SVM 模型参数 α
A	float	否	Sigmoid 函数形态控制参数
B	float	否	
fx	float	否	LS-SVM 决策函数值
Delta	float	否	核宽度σ^2
C	int(4)	否	类属值
SupportVector	nvarchar(60)	否	分类器支持向量集

8.2.2 基本数据库

1) 用户数据表

用户数据库主要存储系统用户名、密码和用户权限等数据，其具体逻辑结构如表 8.5 所示。

表 8.5 用户数据表 (逻辑结构)

字段名	数据类型 (长度)	主键	说明
UserID	int(4)	是	用户编号
UserName	nvarchar(20)	否	用户名称
UserPWD	varchar(20)	否	用户密码
AuthorityLimit	int(4)	否	用户权限

2) 基础数据表

智能反导任务规划系统运行所涉及的基础性数据主要包括装备 (雷达、发射架、拦截弹和低层反导武器系统等) 性能参数和典型目标 (洲际、远程、中程和近程弹道导弹) 参数，它们主要为系统决策提供各种支持，具体逻辑结构如表 8.6～表 8.9 所示。

表 8.6 发射架实体数据表 (逻辑结构)

字段名	数据类型 (长度)	主键	说明
LaucharID	int(4)	是	发射架编号
LaucharName	nvachar(30)	否	发射架名称
MaxSpeed	int(4)	否	最大可拦速度
MaxRange	int(4)	否	导弹最大射程
MinInterHeight	int(4)	否	最小拦截高度
MaxInterHeight	int(4)	否	最大拦截高度
ShootAverage	float	否	单发杀伤概率
MissileNum	int(4)	否	配弹数 (枚/架)
LaucharNum	int(4)	否	标配架数 (个/套)
GuideType	nvarchar(50)	否	制导方式
CombatPart	narchar(30)	否	战斗部
LaucharType	narchar(20)	否	发射方式
PowerSystem	narchar(20)	否	动力系统

表 8.7 雷达实体数据表 (逻辑结构)

字段名	数据类型 (长度)	主键	说明
RaderID	int(4)	是	雷达编号
RaderName	nvachar(30)	否	雷达名称
MinDirection	int(4)	否	最大 (或正) 机扫方位角
MaxDirection	int(4)	否	最小 (或负) 机扫方位角

续表

字段名	数据类型 (长度)	主键	说明
MinElevation	int(4)	否	最小 (或负) 机扫仰角
MaxElevation	int(4)	否	最大 (或正) 机扫仰角
MinEleScan	int(4)	否	最小 (或负) 电扫范围
MaxEleScan	int(4)	否	最大 (或正) 电扫范围
MinEleSpeed	float	否	最小 (或负) 可测速度
MaxEleSpeed	float	否	最大 (或正) 可测速度
CrssRecognize	float	否	横向分辨力
ProbeDistance	int(4)	否	探测距离
MaxDisRecognize	float	否	距离分辨力
AngleBW	float	否	角波束宽度
WorkFrequency	float	否	工作频率
WorkWavemeter	float	否	工作波长

表 8.8　低层系统实体数据表 (逻辑结构)

字段名	数据类型 (长度)	主键	说明
LSystemID	int(4)	是	低层系统编号
LSystemName	nvachar(30)	否	低层系统名称
TargetMaxSpeed	int(4)	否	可拦目标最大速度
TargetMinRCS	float	否	可拦目标最小 RCS
NearLimit	int(4)	否	近界
FarLimit	int(4)	否	远界
LowLimit	float	否	低界
HighLimit	int(4)	否	高界
DiscoverDist	int(4)	否	最大发现距离
DiscoverDir	int(4)	否	发现方位角
DiscoverEle	int(4)	否	发现仰角
TrackDist	int(4)	否	跟踪距离
TrackDir	int(4)	否	跟踪方位角
TrackEle	int(4)	否	跟踪仰角
LShootAverage	float	否	单发杀伤概率
LMissileNum	int(4)	否	配弹数 (枚/架)
LLaucharNum	int(4)	否	标配架数 (个/套)
LGuideType	nvarchar(50)	否	制导方式
LCombatPart	narchar(30)	否	战斗部
LLaucharType	narchar(20)	否	发射方式

不同种类的来袭目标可能具有不同的干扰类型，且同一种目标可同时具有多种干扰类型，故设计如表 8.10 所示的逻辑结构表，用于典型目标干扰数据的存储，且表 8.9 通过 TargetID 键与表 8.10 之间建立数据表关系。

表 8.9　典型目标数据表 (逻辑结构)

字段名	数据类型 (长度)	主键	说明
TargetID	int(4)	是	目标编号
TargetName	nvachar(30)	否	目标名称
TargetNO	vachar(15)	否	目标型号
TargetType	vachar(20)	否	目标类型
ManeuverType	vachar(25)	否	机动类型
MinRCS	float	否	最小 RCS
MaxSpeed	float	否	最大速度
Range	int(4)	否	射程
CGType	nvachar(40)	否	制导方式
CEP	int(4)	否	制导精度
BulletNum	int(4)	否	弹头数量
HeavyBait	char(2)	否	重诱饵
LightBait	char(2)	否	轻诱饵
InfraredBait	char(2)	否	红外诱饵
Chaff	char(2)	否	箔条
ReEntryAngle	float	否	再入角
PayLoad	int(4)	否	有效载荷

表 8.10　目标干扰数据表 (逻辑结构)

字段名	数据类型 (长度)	主键	说明
GLID	int(4)	是	干扰编号
TargetID	int(4)	否	目标编号
IntType	varchar(30)	否	干扰类型
IntBW	int(4)	否	干扰带宽
IntIntensity	int(4)	否	干扰强度

8.2.3　规则数据库

预案修正是通过比较匹配预案情景描述与当前作战问题之间的差异属性，在规则库中找到对应项，在满足修改条件的情况下，利用修改规则或实时修正模块，将对应原值更改为新值。整个过程需修正规则库的支持，其逻辑结构如表 8.11～表 8.13 所示。其中，表 8.12 分别用 DiffID 键、StrategyID 键与表 8.11 和表 8.13 建立数据表关系。

表 8.11　案例差异属性表 (逻辑结构)

字段名	数据类型 (长度)	主键	说明
DiffID	int(4)	是	差异编号
AttribName	varchar(30)	否	差异名称
AttribType	varchar(10)	否	差异属性类型
OriginallyVal	nvarchar(25)	否	源案例 (或预案) 值
NewVal	nvarchar(25)	否	当前作战问题值

表 8.12　修正规则表 (逻辑结构)

字段名	数据类型 (长度)	主键	说明
RuleID	int(4)	是	规则编号
SimCaseID	int(4)	否	相似案例编号
DiffID	int(4)	否	差异编号
StrategyID	int(4)	否	修正策略编号

表 8.13　修正策略表 (逻辑结构)

字段名	数据类型 (长度)	主键	说明
StrategyID	int(4)	是	差异编号
AttribName	varchar(30)	否	差异名称
AttribType	varchar(10)	否	差异属性类型
OriginallyVal	nvarchar(25)	否	原值
NewVal	nvarchar(25)	否	新值

8.3　系统公共类设计

为增强智能反导任务规划系统代码的重用率，并实现代码的集中化管理，在进行程序设计时，将数据库操作函数、预案推理操作功能函数、常用计算方法 (如动力学方程、龙格–库塔法等) 及其他一些控制功能代码等分别封装于数据库操作公共类 (MyMeans.cs)、预案操作公共类 (MyCaseOperation.cs) 和其他公共类 (My-

Module.cs) 中，并存放于 BaseClass 公共类文件中，以便重复调用。

8.3.1　数据库操作公共类设计

智能反导任务规划系统对于数据库的操作函数主要包括建立数据库连接函数 getcon()、数据库连接开关函数 open() 和 close()、数据表读取函数 getcom()、创建 DataSet 对象函数 getDataSet() 和创建 Datatable 对象函数 getDataTable() 五大部分，其具体功能如表 8.14 所述，而具体结构详见附录 A。

表 8.14　数据库操作公共类说明表

函数名	功能
getcon()	用于依据 M_str_sqlcon 全局数据库连接字符串来建立数据库连接
open() 和 close()	用于完成数据库连接的打开、测试和关闭等操作
getcom()	用于依据 SQLstr 命令语句读取数据表中的数据
getDataSet() 和 getDataTable()	用于通过 SQLstr 命令语句来构建数据集对象和数据表对象

8.3.2　预案操作公共类设计

智能反导任务规划系统对于预案及预案库的操作主要包括预案相似度计算函数 CaseSimilar()、预案聚类函数 CaseCluster()、预案聚类标签配准函数 ClusterAlign()、预案索引构建函数 CaseIndexStruct()、预案检索函数 CaseRetrieve()、预案修正函数 CaseRevise()、预案评价函数 CaseEvluation()、预案学习函数 CaseLearn()、基于熵权的权重计算函数 EntropyWeight()、基于 MPLS-SVM 算法的预案分类函数 MPLS_SVM()、预案库自身维护函数 CaseSelfMaintenance() 和规则库维护函数函数 RuleBaseMaintenance()，具体功能如表 8.15 所示。

表 8.15　预案操作公共类说明表

函数名	功能
CaseSimilar()	用于实现融合否决权和修改裕度的预案相似性度量计算，并返回各预案与当前作战问题的相似度值矩阵 SimilarResult
CaseCluster()	用于基于 SimilarResult 的预案聚类，并输出聚类结果 ClusterResult
ClusterAlign()	用于基于 ClusterResult 的预案聚类标签配准，并返回配准后的聚类标签数据 NewCluMemberArry
CaseIndexStruct()	用于基于 BCS-Tree 方法的预案库索引构建，其还包括基于核独立成分分析和基于双基点的 MBR 划分方法的实现代码，并最终输出包含 BID、CID 和 SID 的三级索引代码及其对应的候选预案表示向量结果 IndexResult

续表

函数名	功能
CaseRetrieve() CaseRevise() CaseEvluation() CaseLearn()	共同完成基于预案的推理过程，并分别返回匹配预案集合 MostSimilar-CaseSet、修正预案集合 RevisedCaseSet、评价结果集合 EvluationResult 和学习结果集合 LearnResult
EntropyWeight()	用于预案评价过程的指标权重学习，并返回指标向量计算结果 Weight-Vector
MPLS_SVM()	用于基于概率的修正最小二乘支持向量机的预案检索，并返回预案检索结果 ResultData
CaseSelfMaintenance() 和RuleBaseMaintenance	分别用于预案库和预案修正规则库的去冗余、合并和删除等维护过程

上述函数的具体结构详见附录 B。由于各预案操作实现都是基于一定的数据库操作的，故在 MyCaseOperation.cs 中需构建并实例化 BaseClass.MyMeans 类函数。

8.3.3　其他公共类设计

系统整体运行除对于预案、预案库和数据的各种操作外，还涉及各种实时信息、决策结果和窗体的显示控制等功能。其中，目标弹道数据的计算、更新和显示是一个随着目标不断出现和更新，而需不断被调用的功能模块，其主要包括坐标转换函数 ChangCoor()、动力学方法计算目标弹道函数 MotionModel() 和四阶龙格–库塔方法 TraceModel() 等核心模块。ChangCoor() 函数用于地心固连坐标与 ECF 坐标之间的互换，并输出转换结果 motion_val；MotionModel() 函数用于计算任意时刻弹道数据，并返回弹道数据计算结果向量 trace_val；TraceModel() 函数用于实现基于四阶龙格–库塔方法的弹道微分方程求解，并返回方程解向量 motion_val。上述函数的具体结构详见附录 C。由于上述各函数实现都是基于一定的数据库操作的，故也需在 MyModule.cs 中构建并实例化 BaseClass.MyMeans 类函数。

8.4　程序文件组织结构

智能反导任务规划系统的模块众多、功能复杂，故其涉及的类文件、窗体文件和外部文件较多，为便于程序的管理、查找和使用，并提高系统代码的复用性和可读性，这里将系统程序文件进行如图 8.4 所示的分类管理。

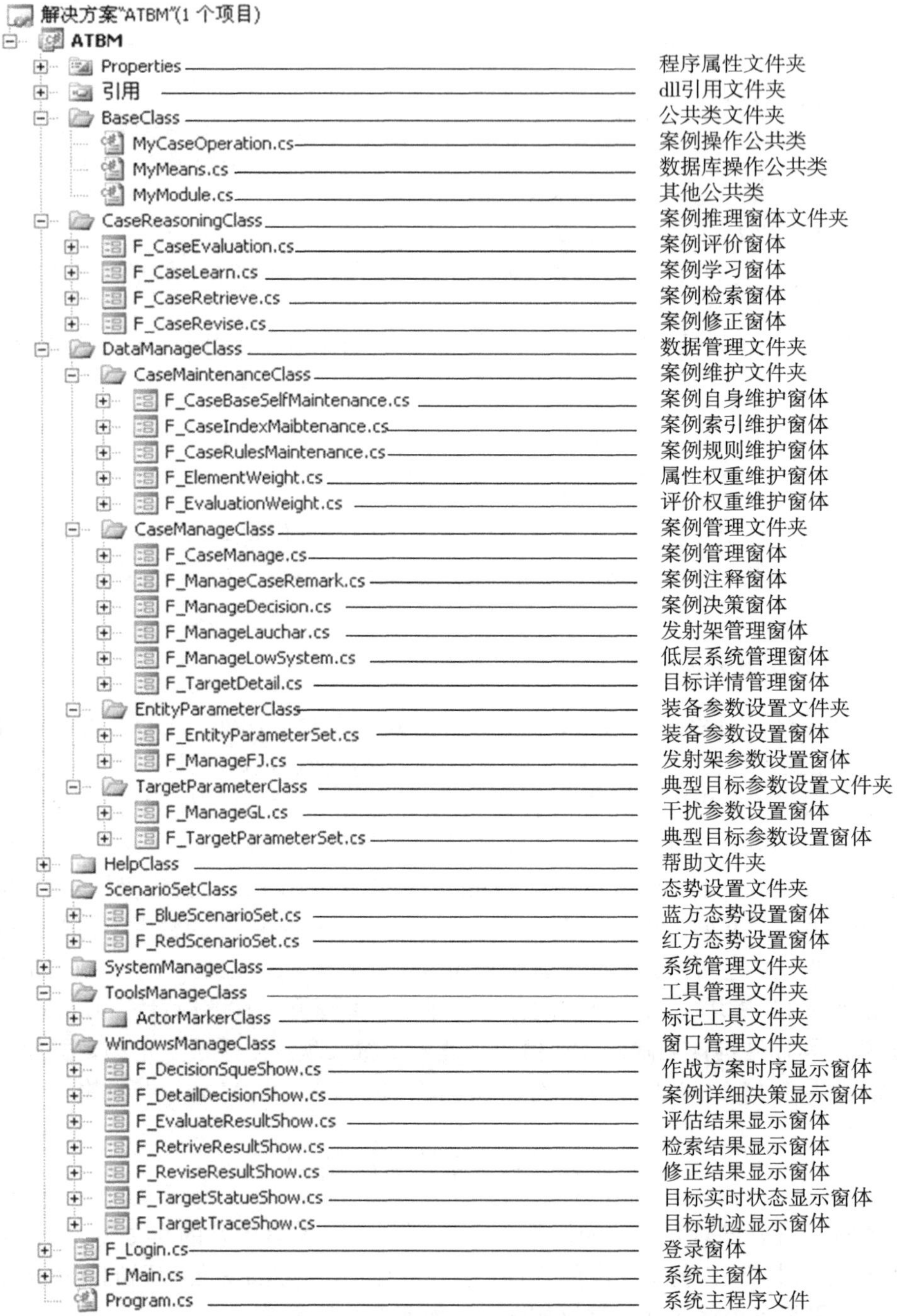

图 8.4　系统程序文件组织结构

8.5　人机界面设计

人机界面是软件的“外部形象”，优质的人机界面将有助于用户更好地使用软件系统的功能。对于交互式系统来说，界面设计与数据设计、体系结构设计同等重要。因此，在反导任务规划系统的开发中，必须重视软件人机界面的设计。

1) 登录界面设计

系统登录界面主要用于对进入智能反导任务规划系统的用户进行安全检查，防止非法用户进入系统，并通过登录确定用户的使用权限，其具体运行界面如图 8.5 所示。系统合法用户的信息被存储于用户数据表中，具有相应权限的用户可通过管理界面对用户数据进行管理，如图 8.6 所示。

图 8.5　系统登录界面

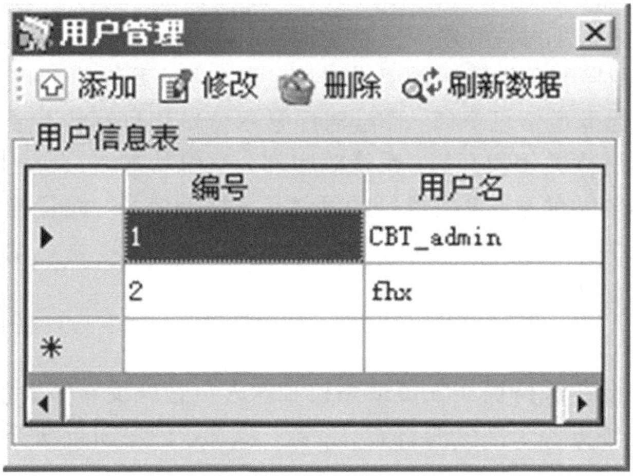

图 8.6　用户管理界面

2) 主界面设计

主界面是作战指挥员和战勤操作人员快速了解和使用系统所有支持功能的“人机接口”，是智能任务规划系统的核心界面，如图 8.7 所示。

图 8.7　系统主界面

图 8.7 中，主窗体的顶部是快速工具栏，包括案例管理、手动推理菜单 (案例检索、修正和评价)、案例学习、案例维护、想定设定和系统退出八个功能按钮；快速工具栏的下方是系统的主操作菜单，用于链接系统中的各项功能菜单和设置菜单；系统的左侧为人工标注、显示控制和辅助工具等三个工具栏，主要为战情操作人员的标图、地图控制和常用测量提供快捷工具支持；系统的右侧为实时信息显示区，主要包括目标弹道信息窗口、作战时序显示窗口和目标状态显示窗口，且上述窗体可根据需要进行关闭和开启；系统的底部为系统状态栏，用于显示登录用户信息、时间信息和辅助信息 (包括目标的经纬度、按键信息、测量的面积和距离等)；系统的中间区域为地图显示区域，主要用于显示装备部署、雷达扇区、拦截系统杀伤区和目标飞行轨迹等信息。

3) 案例管理界面设计

案例管理界面是战情操作人员或系统维护人员管理反导作战预案的主要窗体，主要用于对作战预案各个部分的查看、修改、添加、删除和查询等功能，其运行界面如图 8.8 所示。

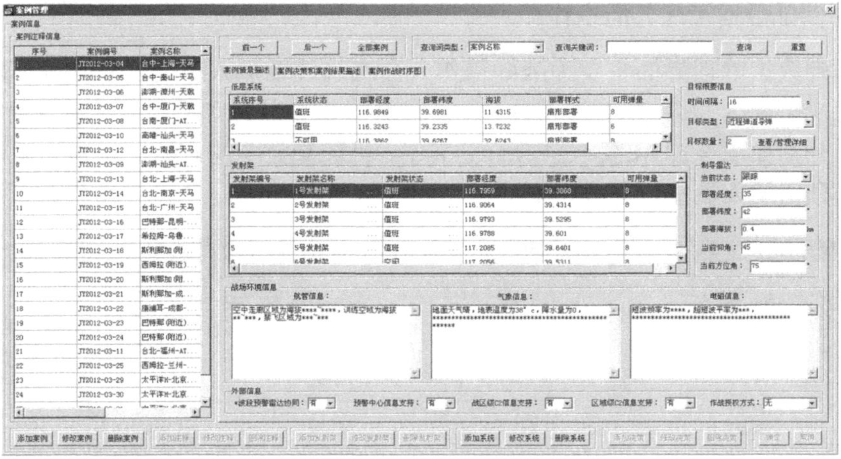

图 8.8　案例管理界面

4) 系统设置界面设计

智能反导任务规划系统的运行，除需资源层包括的各种预案、数据或想定的支持外，还需依据不同情况或指挥员的决策偏好，对系统进行相应设置，主要包括系统运行模式、系统输入/输出设置和方案评估偏好设置，其运行窗体分别如图 8.9(a)、8.9(b) 和 8.9(d)；且为方便战勤操作人员对于系统数据的备份、迁移和还原操作，需为其提供如图 8.9(c) 所示的数据库备份/还原操作可视化界面。

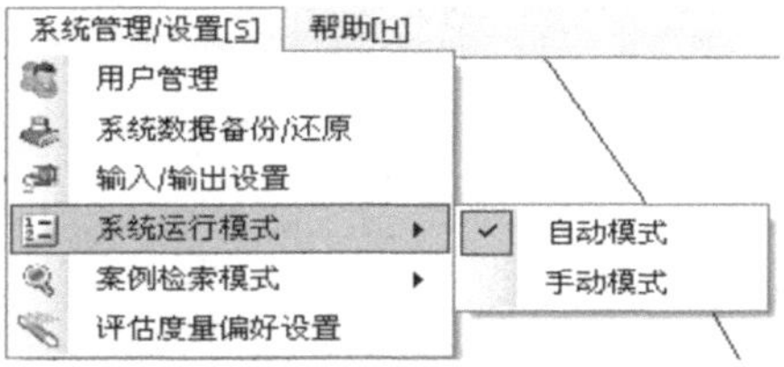

(a) 系统运行模式设置

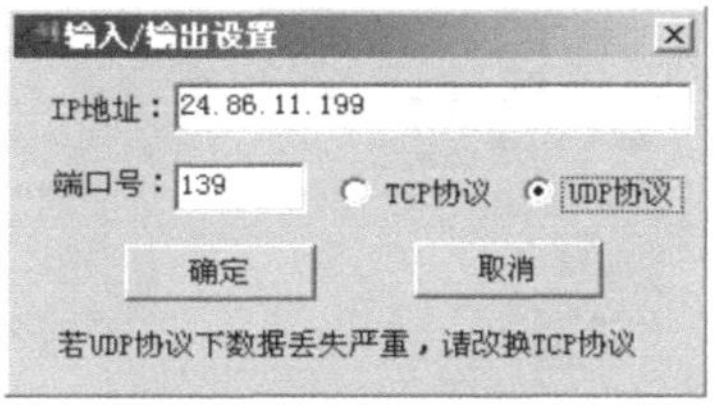

(b) 系统输入/输出设置

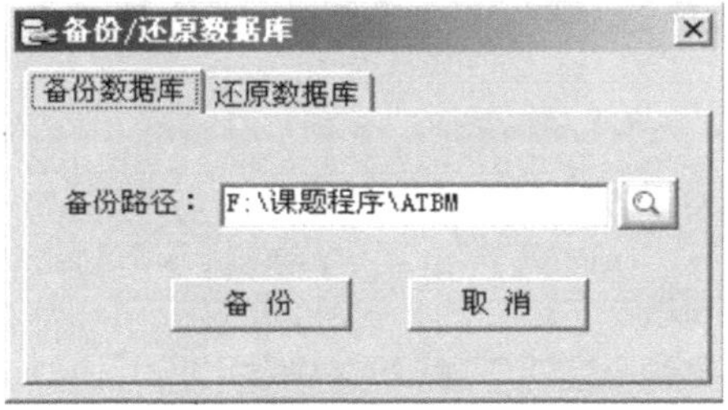

(c) 数据库备份/还原设置

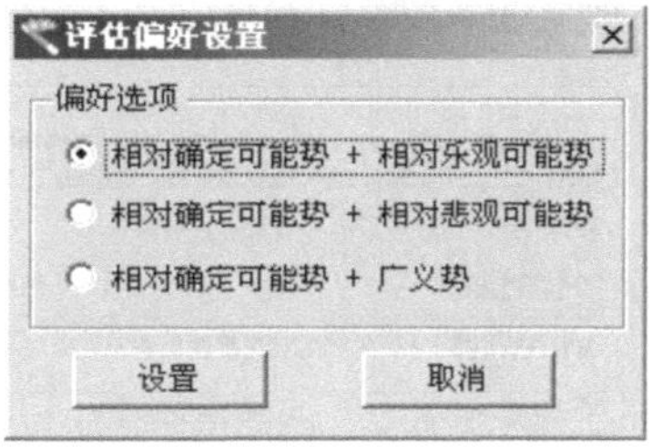

(d) 方案评估偏好设置

图 8.9　系统设置界面

5) 基础数据管理界面设计

基础数据管理界面主要为战勤操作人员或系统维护人员提供管理操作基础数据的可视化窗体，其中主要涉及典型目标参数设置和装备参数设置等管理窗体，运行界面分别如图 8.10 和图 8.11 所示。其中，目标参数中的有源干扰是为后期系统升级而预留的人机接口部分。

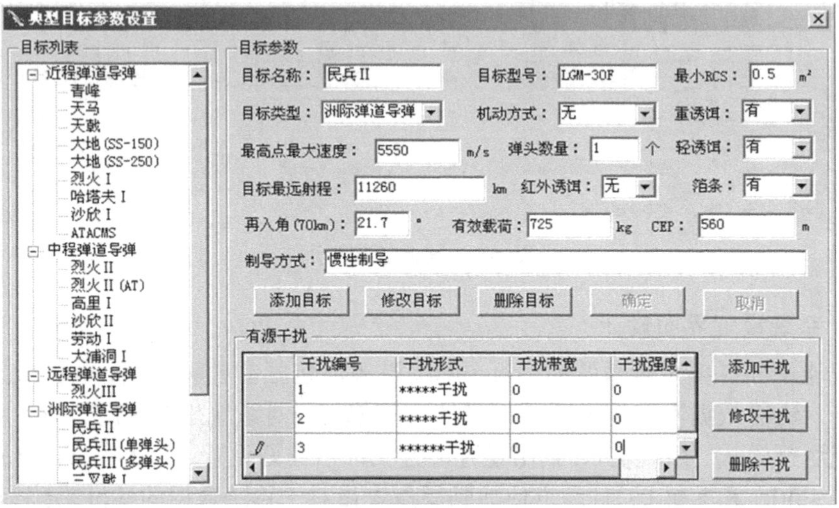

图 8.10　典型目标参数设置界面

图 8.11　装备参数设置界面

6) 案例库维护界面设计

案例库维护界面主要包括案例库索引维护 (图 8.12(a))、修正规则维护 (图 8.12(b))、案例库自身维护 [图 8.12(c)] 界面等，主要为系统运行和维护提供各种操作“接口”和参数设置支持。

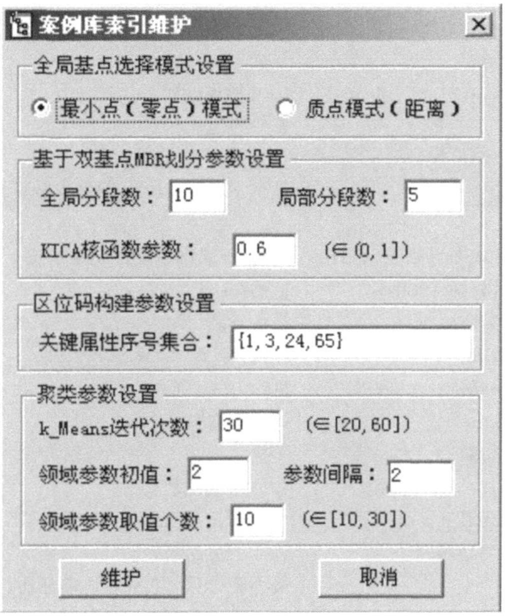

(a) 案例库索引维护界面

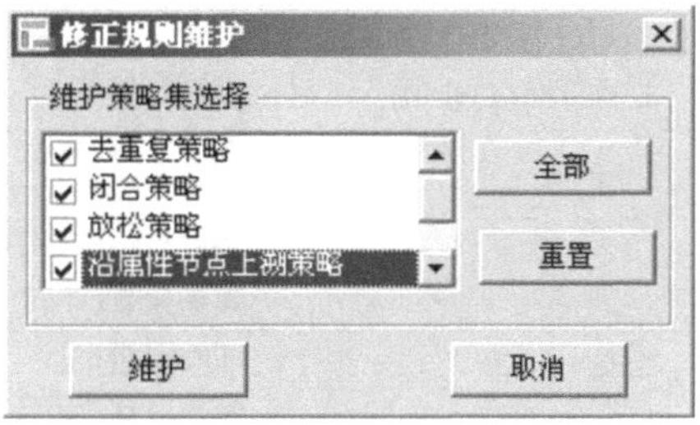

(b) 修正规则维护界面

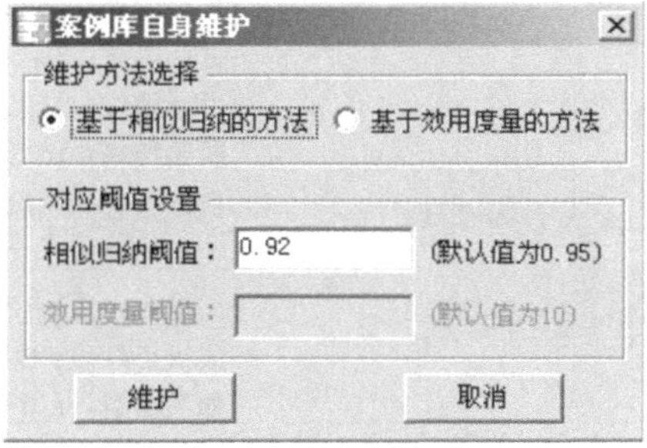

(c) 案例库自身维护界面

图 8.12　预案库维护界面设置

智能反导任务规划系统涉及的各种窗体还包括想定设置窗体、详细方案显示窗体和工具管理窗体等，这里不再一一详述。

8.6　仿真实验案例

本案例仅仅是为了验证模型以及任务规划系统的运行流程而编制的想定方案，没有具体的作战背景。

8.6.1　空袭想定设置

假设空袭目标数为 3 批，它们之间的关系为：R_{12} 为增强关系，R_{13} 为增强关系，R_{23} 为配合关系 (R_{ij} 表示第 i 批目标与第 j 批目标的关系)，三个目标的性能参数及其状态信息如表 8.16 所示。其中，目标状态数据通过弹道数据解算获得。

表 8.16　空袭目标信息表

目标名称(编号)	详细信息 (属性与属性值)	
1 号目标(TBM0)	目标类型：中程弹道导弹 (200s)	重诱饵：无
	目标距离：1646.8769km	箔条云团：有
	目标高度：354.2932km	轻诱饵：有
	目标速度：3152.65m/s	机动方式：无
	航路捷径：16.3423km	弹头平均温度：xxx
	目标方位角：117.7338°	干扰
	关机点速度：3752m/s	形式：无
	关机点经度：11°84′94″ E	带宽：xxx
	关机点纬度：10°72′51″ N	强度：xxx
	弹头数量：1 个	最小 RCS：<0.3 (弹体未分离)
	红外诱饵：无	
	制导方式：闭环捷联式惯导系统 +GPS 末端修正或雷达复合制导系统	
2 号目标(TBM1)	目标类型：中程弹道导弹 (200s)	重诱饵：无
	目标距离：1646.8769km	箔条云团：有
	目标高度：354.2932km	轻诱饵：有
	目标速度：3152.65m/s	机动方式：无
	航路捷径：16.3423km	弹头平均温度：xxx
	目标方位角：117.7338°	干扰
	关机点速度：3752m/s	形式：无
	关机点经度：13°84′94″E	带宽：xxx
	关机点纬度：30°72′51″N	强度：xxx
	弹头数量：1 个	最小 RCS：<0.3(弹体未分离)
	红外诱饵：无	
	制导方式：闭环捷联式惯导系统 +GPS 末端修正或雷达复合制导系统	
3 号目标(TBM2)	目标类型：中程弹道导弹 (150s)	重诱饵：无
	目标距离：1227.8425km	箔条云团：有
	目标高度：219.4558km	轻诱饵：有
	目标速度：2765.23m/s	机动方式：无
	航路捷径：20.0809km	弹头平均温度：xxx
	目标方位角：114.2025°	干扰
	关机点速度：3115m/s	形式：无
	关机点经度：129°76′64″ E	带宽：xxx
	关机点纬度：33°90′01″ N	强度：xxx
	弹头数量：1 个	最小 RCS：0.2(弹体未分离)
	红外诱饵：有	
	制导方式：闭环捷联式惯导系统 +GPS 末端修正或雷达复合制导系统	

8.6.2　防御想定设置

假设本次实验的反导装备包括 1 套高层反导武器系统、1 套低层反导武器系统和 1 部制导雷达。末段高层反导武器系统制导雷达、末段高层反导高层发射架

(含弹) 和末段低层反导武器系统 (含弹) 等装备的性能参数如表 8.17 所示。

表 8.17　防御方主要装备实体的参数

实体名称	属性参数	
末段高层反导武器系统制导雷达	工作扇区：	作用距离：1400km(最大)
	方位 −178°∼+178°　(机扫)	工作频率：8000MHz(最大)
	−60°∼+60°　(机扫)	工作波长：5cm
	遮蔽角：xx°	角波速宽度：0.14°
	工作周期：xxxs	距离分辨力：15cm
	目标通道用于跟踪的时间：0.xxxxs	横向分辨力：4.88km
	自主搜索扇区范围：xx°∼xx°	测速范围：+xxx∼ −xxxxm/s
末段高层反导高层发射架 (含弹)	制导方式：程序制导 + 指令制导 + 主动制导	动力系统：两级固体发动机
	战斗部：直接碰撞	最大速度：2800m/s
	发射方式：垂直发射	最大射程：220km
	单发杀伤概率：0.9	最大拦截高度：150km
	配弹数 (枚/架)：8 枚	最小拦截高度：40km
末段低层反导武器系统(含弹)	杀伤区：	
	低界 5km　　高界 40km	最小目标 RCS：0.2
	近界 10km　　远界 27km	最大速度：1200m/s
	方位角：	工作距离：
	发现 360°(最大)	发现 300km(最大)
	跟踪 360°(最大)	跟踪 140km(最大)
	高低角：	发射间隔：3s
	发现 14°(最大)	最快反应时间：20s
	跟踪 55°(最大)	测速范围：
	目标通道：6 个	有指示：+xxx∼ −xxxxm/s；
	导弹通道：12 个	无指示：+xxx∼ −xxxxm/s
	制导方式：指令制导 + TVM 制导	动力系统：单级固体发动机
	战斗部：破片杀伤	单发杀伤概率：0.97
	发射方式：垂直发射	配弹数 (枚/架)：4 枚

本次实验假设高层反导武器系统配置 7 部发射架 (含弹)，低层反导武器系统配置 4 部发射架 (含弹)。上述装备及外部信息支持的具体设置如表 8.18 所示。

表 8.18　防御方想定 (初始状态)信息表

想定类型/名称	子分类名称/编号	详细信息 (属性与属性值)	
末段高层反导高层发射架 (含弹)	1 号发射架(THA_1)	状态：值班	海拔：13.0012m
		经度：116°79′59″ E	可用弹量：8 枚
		纬度：39°38′68″ N	
	2 号发射架(THA_2)	状态：值班	海拔：19.8987m
		经度：116°90′64″ E	可用弹量：8 枚
		纬度：39°43′14″ N	
	3 号发射架(THA_3)	状态：值班	海拔：15.6645m
		经度：116°97′93″ E	可用弹量：8 枚
		纬度：39°52′95″ N	
	4 号发射架(THA_4)	状态：值班	海拔：9.5121m
		经度：116°97′88″ E	可用弹量：8 枚
		纬度：39°60′13″ N	
	5 号发射架(THA_5)	状态：值班	海拔：24.6374m
		经度：117°20′85″ E	可用弹量：8 枚
		纬度：39°64′01″ N	
	6 号发射架(THA_6)	状态：值班	海拔：9.6522m
		经度：117°20′56″ E	可用弹量：8 枚
		纬度：39°53′11″ N	
	7 号发射架(THA_7)	状态：值班	海拔：9.5442m
		经度：117°17′13″ E	可用弹量：8 枚
		纬度：39°39′98″ N	
末段低层反导武器系统 (含弹)	1 号发射架(PA_1)	状态：值班	海拔：11.4315m
		经度：116°98′49″ E	部署样式：扇形部署
		纬度：39°69′81″ N	防御方向：44.6°(距正北)
	2 号发射架(PA_2)	状态：值班	海拔：13.7232m
		经度：116°32′43″ E	部署样式：扇形部署
		纬度：39°23′35″ N	防御方向：133.4°(距正北)
	3 号低层发射架(PA_3)	状态：不可用	海拔：32.6243m
		经度：116°38′62″ E	部署样式：扇形部署
		纬度：39°62′67″ N	防御方向：226.3°(距正北)
	4 号低层发射架(PA_4)	状态：值班	海拔：12.6942m
		经度：116°79′73″ E	部署样式：宽阵面部署
		纬度：39°51′74″ N	防御方向：315.8°(距正北)
末段高层反导武器系统制导雷达	CRD_1	状态：值班	海拔：13.0125m
		经度：116°7491″ E	当前高低角：45°
		纬度：39°56′25″ N	当前方位角：90°
外部信息	—	X 波段雷达支持：有	战区 C2 支持：有
		预警中心支持：有	授权方式：首拦需报批
		军指 C2 支持：有	

8.6.3　其他约束情况设置

反导任务规划还需遵循一定的作战准则或原则，主要包括任务规划原则和命令授权请求方式约定等，本实验设定的其他约束如表 8.19 所示。

表 8.19　其他约束情况表

其他情况名称	子分类名称	详细信息
任务规划原则	制导雷达任务调度约束	① 拦截弹发射前以目标截获、跟踪任务为主要任务，拦截弹发射后以拦截弹制导任务和真假目标识别为主要任务； ② 并力求同时消耗的传感器资源最小
	火力任务规划约束	① 当前锁定的弹道导弹对战场来说是没有必要的 (威胁度低)，无须分配作战资源；对于任何目标高层武器系统及其所辖的低层系统应当选择可用的最佳拦截弹 (发射架) 与威胁设防对象进行交战； ② 上级指定的弹道导弹目标应当优先进行火力任务规划 (一般认为上级指定目标的威胁度大于未被指定的目标的威胁度)； ③ 高层武器系统应对上级指定的、威胁度大地目标采取边评估边拦截的模式实施拦截
命令授权方式	任务规划授权方式	① 首发拦截弹发射，需请示上报，得到批复后才能发射； ② 任务规划的默认授权方式为自动模式，特殊情况下可进行人工干预或转入人工授权模式； ③ 在攻击目标明确，且数量较少的情况下，采取手动授权方式，以期达到更为合理的拦截效果
低层接替高层拦截的条件	—	在收到高层拦截失败，且现有条件不满足高层拦截情况下，方能进行下方拦截

8.6.4　仿真运行参数设置

智能反导任务规划系统运行初始化阶段需设置支持预案推理的各参数初值。假设本实验中，系统推理的预案检索采用基于索引的模式，其具体参数设置如表 8.20 所示。

表 8.20　系统运行参数

编号	参数名	参数值	备注
1	关键属性编号	{1,3,24,65}	指明预案相似性关键属性
2	Bit-Difference 值	0.5	区位码差异阈值
3	r_q	1.65	基于索引模式的查询半径
4	检索模式	索引检索模式	两种模式之一

续表

编号	参数名	参数值	备注
5	全局参考点模式	最小点 (零点) 模式	指明 O_g 取值模式
6	γ	0.1	有偏好分析间隔参数
7	评估偏好	相对确定可能势 + 相对乐观可能势	三种评估偏好模式之一
8	目标关系系数	$\{(0.4, 0.6), (0.7, 0.3), (0.5, 0.5)\}$	$\{(k_1, k_2), (k_3, k_4), (k_5, k_6)\}$
9	属性相似权重	(0.2,0.2,0.1,0.2,0.2,0.1)	除关键属性外的预案属性
10	相似度阈值	0.95	—

8.6.5 仿真运行结果

1) 预案检索结果

应用智能反导任务规划系统，基于索引模式进行预案检索，得到的结果如图 8.13 所示。检索结果包括五个满足相似度阈值的相似预案，它们与当前作战问题的相似度分别为 0.982、0.974、0.967、0.961 和 0.958，其中，预案 JY2011-10-11 为最匹配预案。

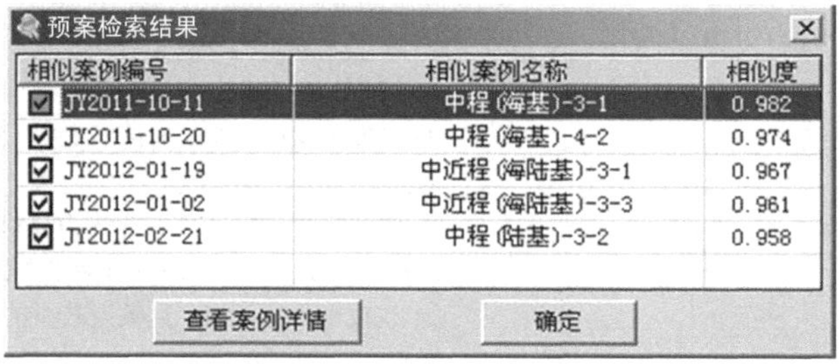

图 8.13　预案检索结果

2) 预案修正结果

针对各预案与当前作战问题的差异情况，应用修正模块对候选预案进行修正，系统对各预案修改过程所使用的规则集和实时修正模块参与情况如图 8.14 所示。针对检索获得预案的不同差异情况，系统自动匹配并应用不同修改规则和模块对候选预案进行适应性调整。

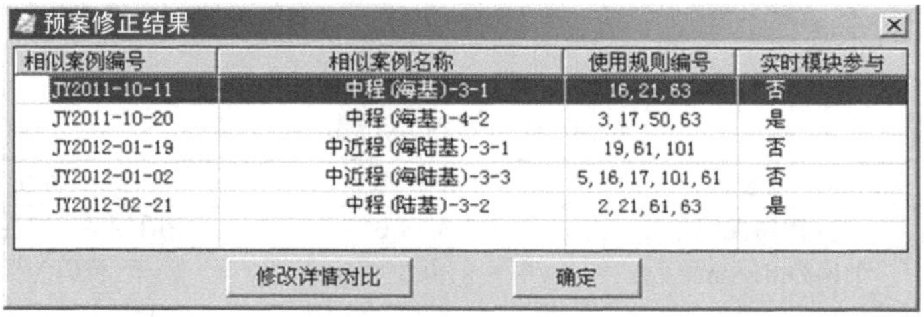

图 8.14　预案修正结果

3) 预案评价结果

基于实验设定的评价偏好设置，对修改后得到的作战预案进行基于“相对确定可能势 + 相对乐观可能势”的评价，评价后的结果如图 8.15 所示。其中，无论是从相对确定可能势，还是相对乐观可能势，预案 JY2011-10-11 都是最优的，即对 8.2 节所设计的实验数据，应用智能反导任务规划系统进行推理，最终输出的最优结果为基于预案 JY2011-10-11 重用修改而得的作战预案。

预案评价结果

相似案例编号	相对确定可能势	相对乐观可能势
JY2012-02-21	1.7582	2.7765
JY2012-01-19	1.8341	2.9817
JY2012-01-02	1.8341	3.4519
JY2011-10-20	2.01	3.9649
JY2011-10-11	2.1314	4.0011

图 8.15　预案评价结果

如图 8.15 所示，虽然预案 JY2012-01-19 和预案 JY2012-01-02 的相对确定可能势相同，但预案 JY2012-01-02 的相对确定可能势大于预案 JY2012-01-19，故在实验评价偏好设定下，预案 JY2012-01-02 为更优结果。

4) 最终规划方案

智能反导任务规划系统在完成预案检索、预案修正和预案评价后，最终得出满足仿真想定的最优作战方案，作战方案具体时序如图 8.16 所示。

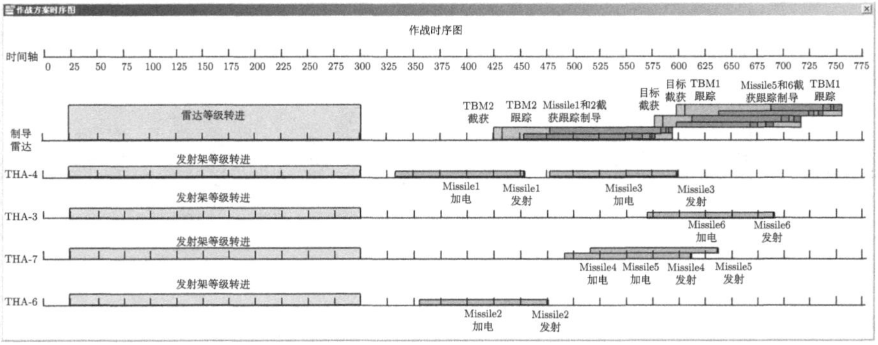

图 8.16　作战方案时序图

图 8.16 中，作战方案涉及反导武器制导雷达和 4 个高层拦截火力系统，并分为 38 个子任务，各子任务的具体时间分布节点和内容详见表 8.21，需要说明的是，整体规划方案中的执行条件、执行方法及其各执行实体参数设置未列入表中，且表中的开始时间和结束时间都为相对时间，以本级指控系统收到首次目标预警信息的时间节点为零时刻点。

表 8.21　子任务详细规划方案内容表

任务编号	任务类型	任务名称	执行实体 (名称/编号)	开始和结束时间/s	备注
1	制导雷达任务、火力任务	等级转进	参与拦截火力单元 (系统) 和传感器	(25.00,175.00)	三等转二等
2	制导雷达任务、火力任务	等级转进	参与拦截火力单元 (系统) 和传感器	(175.00,325.00)	二等转一等
3	火力任务	导弹加电	高层发射架 (THA_4)	(332.50,452.50)	THA_4 准备 Missile1 拦截 TBM2
4	火力任务	导弹加电	高层发射架 (THA_6)	(353.75,473.75)	THA_6 准备 Missile2 拦截 TBM2
5	制导雷达任务	目标搜索截获	制导雷达	(425.00,432.50)	截获 TBM2
6	制导雷达任务	目标跟踪	制导雷达	(432.50,593.75)	跟踪 TBM2
7	火力任务	导弹发射	高层发射架 (THA_4)	(452.50,453.50)	Missile1 拦截 TBM2
8	制导雷达任务	导弹截获跟踪制导	制导雷达	(452.50,560.00)	制雷截获跟踪制导 Missile1
9	火力任务	导弹加电	高层发射架 (THA_4)	(477.50,597.50)	THA_4 准备 Missile3 拦截 TBM1
10	火力任务	导弹发射	高层发射架 (THA_6)	(477.50,478.50)	Missile2 拦截 TBM2
11	制导雷达任务	导弹截获跟踪制导	制导雷达	(478.50,582.25)	制雷截获跟踪制导 Missile2
12	火力任务	导弹加电	高层发射架 (THA_7)	(492.50,610.50)	THA_7 准备 Missile4 拦截 TBM1
13	火力任务	导弹加电	高层发射架 (THA_7)	(517.50,637.50)	THA_7 准备 Missile5 拦截 TBM1
14	制导雷达任务	目标确认(识别)	制导雷达	(555.00,565.00)	确认 TBM2，Missile1 准备导引头开机
15	火力任务	导弹加电	高层发射架 (THA_3)	(570.00,690.00)	THA_3 准备 Missile6 拦截 TBM1
16	制导雷达任务	杀伤效果评估	制导雷达	(572.50,576.50)	评估 Missile1 拦截 TBM2 的效果
17	制导雷达任务	目标截获	制导雷达	(576.50,577.75)	截获 TBM1
18	制导雷达任务	目标跟踪	制导雷达	(577.75,712.50)	跟踪 TBM1
19	制导雷达任务	目标确认(识别)	制导雷达	(582.50,587.50)	确认 TBM2，Missile2 准备导引头开机
20	制导雷达任务	杀伤效果评估	制导雷达	(590.00,595.00)	评估 Missile2 拦截 TBM2 的效果
21	制导雷达任务	目标截获	制导雷达	(595.00,596.25)	截获 TBM1
22	制导雷达任务	目标跟踪	制导雷达	(596.25,747.50)	跟踪 TBM1
23	火力任务	导弹发射	高层发射架 (THA_3)	(597.50,598.50)	Missile3 拦截 TBM1

续表

任务编号	任务类型	任务名称	执行实体 (名称/编号)	开始和结束时间/s	备注
24	制导雷达任务	导弹截获跟踪制导	制导雷达	(598.50,671.75)	制雷截获跟踪制导 Missile3
25	火力任务	导弹发射	高层发射架 (THA_7)	(610.25,611.25)	Missile4 拦截 TBM1
26	制导雷达任务	导弹截获跟踪制导	制导雷达	(611.25,700.00)	制雷截获跟踪制导 Missile4
27	火力任务	导弹发射	高层发射架 (THA_7)	(637.50,638.50)	Missile5 拦截 TBM1
28	制导雷达任务	导弹截获跟踪制导	制导雷达	(638.50,723.75)	制雷截获跟踪制导 Missile5
29	制导雷达任务	目标确认(识别)	制导雷达	(667.50,675.00)	确认 TBM1，Missile3 准备导引头开机
30	制导雷达任务	杀伤效果评估	制导雷达	(682.50,690.00)	评估 Missile3 拦截 TBM1 的效果
31	火力任务	导弹发射	高层发射架 (THA_3)	(690.00,691.00)	Missile6 拦截 TBM1
32	制导雷达任务	导弹截获跟踪制导	制导雷达	(691.00,736.25)	制雷截获跟踪制导 Missile6
33	制导雷达任务	目标确认(识别)	制导雷达	(697.50,702.50)	确认 TBM1，Missile4 准备导引头开机
34	制导雷达任务	杀伤效果评估	制导雷达	(707.50,711.25)	评估 Missile4 拦截 TBM1 的效果
35	制导雷达任务	目标确认(识别)	制导雷达	(723.75,728.75)	确认 TBM1，Missile5 准备导引头开机
36	制导雷达任务	杀伤效果评估	制导雷达	(732.50,737.50)	评估 Missile5 拦截 TBM1 的效果
37	制导雷达任务	目标确认(识别)	制导雷达	(737.50,745.00)	确认 TBM1，Missile6 准备导引头开机
38	制导雷达任务	杀伤效果评估	制导雷达	(745.00,755.00)	评估 Missile6 拦截 TBM1 的效果

8.6.6 结果有效性分析

为验证仿真结果的有效性，下面将从时间、空间和资源等约束出发，对仿真结果进行理论分析验证，并借助团队自主研发的仿真系统对结果进行仿真验证。

1) 所得方案满足时间约束

有效的作战方案必须满足一定的时间约束。从表 8.21 中可发现应用任务规划系统推理得到的最终方案是满足末段高层反导作战时间约束的，具体表现如下。

(1) 装备等级转进时间：三等转二等、二等转一等的时间都大于等于 150s；

(2) 系统反应时间：方案用于系统反应时间，包括雷达、指控系统和发射架反应时间为 20s，远大于 13s(假设雷达与发射架的反应时间为 10s，指控系统为 3s)；

(3) 导弹加电准备时间：方案可用于 6 发导弹准备时间都为 120s(满足 [40,120] 的准备时间要求，其中，40s 为紧急情况下的准备时间)；

(4) 首发弹 (首拦) 授权时间：从指控系统反应到首发拦截弹发射的时间为 17s，满足发射授权请求时间大于等于 15s 的约束；

(5) 制导雷达有效工作时间：对 TBM2 拦截的最后任务完成的时间点为 595，对 TBM1 拦截的最后任务完成的时间点为 755，远小于它们飞出制导雷达有效扇区的时间。

2) 所得方案满足空间约束

在满足时间约束的条件下，作战方案还需满足空间约束。在反导作战中，拦截弹与来袭目标的遭遇点必须在其确定的杀伤区内，如表 8.22 所示，推理所得方案满足空间约束。

表 8.22 方案可用杀伤区与实际拦截点对比

发射架编号	目标编号	导弹号	(杀伤区近/远界)/km	(杀伤区低/高界)/km	(实际拦截点距离/海拔)/km
THA_4	TBM2	Missile1	(150, 276)	(40, 150)	(225.00, 1300)
THA_6	TBM2	Missile2	(172, 205)	(40, 150)	(177.80, 95.0)
THA_4	TBM1	Missile3	(153, 283)	(40, 150)	(267.75, 1260)
THA_7	TBM1	Missile4	(153, 283)	(40, 150)	(267.75, 1260)
THA_7	TBM1	Missile5	(177, 267)	(40, 150)	(196.00, 61.3)
THA_3	TBM1	Missile6	(150, 250)	(40, 150)	(114.60, 43.0)

3) 所得方案满足资源约束

(1) 对每个目标的射击导弹数。方案中，每个发射单元对于目标的最大射击导弹数为 2 枚，满足 1~3 枚的约束。

(2) 同时拦截的目标数。推理所得方案同时拦截 2 个目标，满足本实验所假设的反导武器系统最多同时拦截 8 个目标的约束。

(3) 发射架可用拦截弹数。推理所得方案的单个发射架最多发射 2 发导弹，满足单个发射架当前可用弹量。

(4) 制导雷达同时制导。推理所得方案最多同时制导 3 发拦截弹，满足本实验所假设的反导武器系统最多同时制导 16 发导弹的约束。

8.7 本 章 小 结

本章主要通过开发“智能反导任务规划系统 (即 CBR 的反导任务规划系统)”，对所提出的反导作战预案表达、组织与索引、检索、修正和评估等技术方法进行了整体实践和有效性验证。首先，在对系统的体系结构和功能结构进行设计的基础上，对系统的预案库、基础数据库、规则库、系统公共程序类、人机界面等关键部分进行了设计与实现；其次，构造一个 TBM 威胁环境和防御想定，并设置用于实验验证的仿真想定和相关约束条件；最后，结合仿真实验，对 CBR 的反导任务规划方法的有效性及其实现系统的可行性进行验证。结果表明，反导任务规划所设计的各种算法、模型及其求解方法是有效的，CBR 技术实现反导任务规划系统是可行的。

参 考 文 献

[1] 刘兴, 梁维泰, 赵敏菩. 一体化空天防御系统 [M]. 北京: 国防工业出版社, 2011.

[2] US Air Force fact sheet. Defense support program[EB/OL]. [2004-02-10]. http: // spaceflightnow.com/titan/b39/040210dsp.html.

[3] Space based infrared systems low-earth orbit(SBIRS LEO)Industry[EB/OL]. [1996-05-03]. https: //fas.org/spp/military/program/lincoln/proc1996ssw.pdf.

[4] SBIRS Dilemma: go high or go home[EB/OL]. [2005-04-15]. https: // www.defenseindustrydaily.com/sbirs-dilemma-go-high-or-go-home-0361/.

[5] National missile defense[EB/OL]. [2000-06-27]. http: // www.fas.org/spp/starwars/program/nmd/index.html.

[6] Ground based radar[GBR] X-band radar[XBR][EB/OL]. [1999-07-04]. http: // www.fas.org /spp/starwars/program/gbr.htm.

[7] AN/FPS-115 PAVE PAWS Radar[EB/OL]. [2000-03-06]. http: //www.fas.org/spp/military/program/track/pavepaws.htm.

[8] THAAD TMD[EB/OL]. [2005-12-28]. http: // www.fas.org/spp/starwars/program/thaad.htm.

[9] Patriot TMD[EB/OL]. [2000-02-14]. http: // www.fas.org/spp/starwars/program/patriot.htm.

[10] Headquarters US Air Force. Battle management, command, control, and communiciations Internet[EB/OL]. [2000-11-10] . http: // www.af.nil.

[11] 孙鑫, 陈晓东, 严江江. 国外任务规划系统发展 [J]. 指挥控制学报, 2018, 4(1): 8-14.

[12] 朱晓梅, 李磊, 仇建伟. 美军联合任务规划过程分析和系统建设思考 [J]. 指挥控制学报, 2017, 3(4): 305-311.

[13] Edwards K R. Software development process for the aviation mission planning system (AMPS): A Case Study[R]. Naval Postgraduate School, Monterey, CA, 1995.

[14] Rabenau E, Denis M, Altobelli N. Approach and challenges to science and mission planning for the European orbiter mars express[C]. Aerospace Conference, 2012 IEEE, Big Sky, Montana, 2012, 1-9.

[15] Schulte A. Management cognitive automation for tactical mission[J]. Cognitive Technology and Work, 2002, 4(1): 146-159.

[16] Mission planning system (MPS)/Intelligence computer system (CS), Geodynamics Corp Santa Barbara[R]. XAD, USA: NTIS Geodynamics Corp, 1990.

[17] Air force mission support system[EB/OL]. [2017-11-08]. https: // fas.org/man/dod-101

/sys/ac/equip/afmss.html.

[18] Chuck S, Barry P, Paul K L. Tactical expert mission planner (TEMPLAR) [R]. AD-A241040, Wilson Boulevard: Defense Advanced Research projects Agency, 1990.

[19] Advisory Group for Aerospace Research & Development. Mission Planning Systems for Tactical Aircraft[R]. Brussels: North Atlantic Treaty Organization, 1989.

[20] Nau D, Cao Y, Lotem A, Muñoz A H. SHOP: Simple hierarchical ordered planner[C] // Proceedings of the Sixteenth International Joint Conference on Artificial Intelligence. Stockholm: AAAI Press, 1999, 968-973.

[21] Breslow L A, Aha D W. NaCoDAE: Navy conversational decision aids environment[R]. AIC-97-018, Washington DC: NCARAI, 1997.

[22] David W, Hector M A. SiN: Integrating case-based reasoning with task decomposition[R]. ADA457828, Washington DC: Department of Computer Science, 2001.

[23] John M C, Nadya B, Phil D. Mixed-initiative planning in a distributed case-based reasoning system[R]. ADA503028, Cherry Hill: Lockheed Martin Advanced Technology Laboratories, 2009.

[24] 杨满忠. 国外空军任务规划系统发展综述 [J]. 空军装备研究, 2007, 1(5): 123-125.

[25] Gonzalez D R. Evolution of the air campaign planning process and the contingency theater automated planning system(CTAPS)[R]. Washington: RAND INC, 1996.

[26] 唐金国. 美军任务规划系统的现状发展和关键技术 [J]. 军事运筹与系统工程, 2003, (3): 62-64.

[27] 管井标, 刘丽群, 江敬灼, 等. 军用计划系统及其技术研究综述 [J]. 军事运筹与系统工程, 2007, 21(3): 71-77.

[28] Eric J S. Requirements reuse in support of the aviation mission planning system migration to the joint mission planning system[D]. California: Naval Postgraduate School, 2000.

[29] 严江江, 袁鸿翼, 关世义, 等. 体系对抗下的任务规划技术 [J]. 战术导弹技术, 2010, (3): 12-15.

[30] David C, Thomas H, James P. Mixed initiative control of automa-teams, open experimentation platform[R]. AD-A425443, New York: Defense Advanced Research Projects Agency, 2004.

[31] 叶媛媛. 多 UCAV 协同任务规划方法研究 [D]. 长沙: 国防科技大学, 2005.

[32] 王巍. BAE 为美军开发下一代任务规划系统架构 [J]. IT 快讯, 2008, (10): 15-16.

[33] 寇力. 基于案例的空中进攻作战计划生成技术研究 [D]. 长沙: 国防科技大学, 2005.

[34] 王德鑫. 以网络为中心的联合作战计划描述与生成系统研究 [D]. 长沙: 国防科技大学, 2005.

[35] 刘忠, 张维明, 阳东升, 等. 作战计划系统技术 [M]. 北京: 国防工业出版社, 2007.

[36] 刘学军, 高飞, 薛辉. 精导武器任务规划技术研究 [J]. 科技研究, 2010, 26(4): 26-27.

[37] 廖沫, 刘洋, 莫文骥, 等. 战术导弹协同任务规划研究 [J]. 航天控制, 2016, 34(4): 70-75.

[38] 马向玲, 高波, 李国林. 导弹集群协同作战任务规划系统 [J]. 飞行力学, 2009, 27(1): 1-5.

[39] 刘新艳, 黄显林, 吴强. 对地攻击任务规划系统的功能体系框架设计 [J]. 哈尔滨工业大学学报, 2007, 39(7): 1013-1016.

[40] 张晨虓, 王宜新, 刘虎, 等. 作战武器任务规划仿真系统原型的开发 [J]. 系统仿真学报, 2010, 22(11): 2549-2554.

[41] 管井标, 刘丽群, 江敬灼. 一种基于知识的作战计划系统设计 [J]. 指挥控制与仿真, 2008, 30(1): 81-85.

[42] Stefan E, Shahid J. Action planning for directed model checking of petri nets[J]. Electronic Notes in Theoretical Computer Science, 2006, 149(2): 3-18.

[43] David E W, Roberto V D. Applying an AI planner to military operations planning[C] // Monte Zwaben and Mark Fox. Intelligent Scheduling. San Francisco: Morgan Kaufmann Publishers, 1994, 1-35.

[44] Aberdeen D, Thiebaux S, Zhang L. Decision-theoretic military operations planning[C] // Proceedings of the 14th International Conference on Automated Planning and Scheduling. New York: IEEE Communications Society, 2004. 1-35.

[45] David W, Hector M A. Conversational Case-Based Reasoning[C] // PReMI 2005, LNCS. Berlin: Springer-Verlag, 2005, 1-4.

[46] Austin T, Jeff D, John L. Multi-perspective planning-using domain constraints to support the coordinated envelopment of plans[R]. AD-A363437, Edinburgh: University of Edinburgh, 1999.

[47] David E W, Marie D. A Call for knowledge-based planning[J]. AI Magazine, 2001, 22(1): 31-54.

[48] Austin T, Jeff D L. O-Plan: a Web-based AI planning agent[C] // Twelfth Innovative Applications of Artificial Intelligence Conference. Menlo Park: AAAI Press, 2000, 1131-1132.

[49] 贺仁杰. 成像侦察卫星调度问题研究 [D]. 长沙: 国防科技大学, 2004.

[50] Bellingham J S, Tillerson M, Alighanbari M, et al. Cooperative path planning for multiple UAVs in dynamic and uncertain environments[C] // 41st IEEE Conference on Decision and Control. Piscataway, NJ: IEEE, 2002, 3: 2816-2822.

[51] Kuwata Y, How J P. Three Dimensional Receding Horizon Control for UAVs[R]. A05-04-12479 (AH), Massachusetts, USA: Massachusetts Institute of Technology, 2004.

[52] Beard R W, McLain T W, Goodrish M, et al. Coordinated Target Assignment and Intercept for Unmanned Air Vehicles[J]. IEEE Transactions on Robotics and Automation, 2002, 18(3): 911-922.

[53] 钟春梅, 赵振宇, 余舟毅, 等. 基于遗传算法和分层任务网络的战术任务规划方法 [J]. 兵工自动化, 2012, 31(4): 5-14.

[54] 杨瑞平, 赵东波, 郭齐胜, 等. 指挥实体任务规划建模研究 [J]. 系统仿真学报, 2006, 18(12): 3338-3341.

[55] 杨萍, 毕义明, 肖海波, 等. 复杂约束下的导弹作战任务规划模型和算法研究术 [J]. 指挥控制与仿真, 2009, 31(2): 14-17.

[56] 李大东, 孙秀霞, 孙彪, 等. 基于混合整数线性规划的无人机任务规划 [J]. 飞行力学, 2010, 28(5): 88-91.

[57] 李响. 多无人机协同对地攻击任务规划研究 [D]. 西安: 空军工程大学, 2013.

[58] 冯琦, 周德云. 应用单亲遗传算法进行大规模 UCAVs 任务分配 [J]. 火力与指挥控制, 2006, 31(5): 18-21.

[59] 刘毅, 李为民, 邢清华, 等. 基于双层规划的攻击无人机协同目标分配优化 [J]. 系统工程与电子技术, 2010, 32(3): 579-583.

[60] 刘志忠. 多主体规划技术及其在空军战役规划中的应用 [D]. 长沙: 国防科技大学, 2002.

[61] 武云鹏. 鲁棒性军事行动过程方案生成与优化方法研究 [D]. 长沙: 国防科技术学, 2014.

[62] Naven B Z, Uzi R. Thearer Ballistic Missile Defense[M]. New York: American Institute of Aeronautics and Astronautics, 2002.

[63] Jonathan P N, Robert E B, Chad M S. Implementation of an accelerated assessment process for the terminal high altitude area defense system: Initial operational test and evaluation supporting a production decision [J]. ITEA Journal of Test and Evaluation, 2012, 33(2): 135-144.

[64] US Army, Lower tier project office. Patriot/medium extended air defense system combined aggregate program (Patriot/MEADS CAP) [R]. Alabama: Lower tie project office, 2013.

[65] 肖金科, 李为民, 刘彬, 等. 空天防御作战任务规划关键技术分析 [J]. 飞航导弹, 2015, (2), 51-55.

[66] 王刚, 王明宇, 杨少春, 等. 反导作战管理技术研究 [J]. 现代防御技术, 2012, 40(1): 26-30.

[67] 吴林锋, 王刚, 刘昌云, 等. 基于多智能体的反导传感器任务规划算法 [J]. 现代防御技术, 2012, 40(3): 88-93.

[68] 吴林锋, 王刚, 杨少春, 等. 基于 CBR 的反导作战方案生成技术 [J]. 空军工程大学学报 (自然科学版), 2011, 12(5): 45-49.

[69] 刘邦朝, 王刚. 区域反导传感器协同任务规划研究 [J]. 现代防御技术, 2015, 43(6): 93-98.

[70] 黄仁全, 李为民, 田原, 等. 末段高低两层协同反导火力分配模型研究 [J]. 现代防御技术, 2010, 38(4): 26-30.

[71] 李龙跃, 刘付显, 梅颖颖. 末段反 TBM 火力–目标匹配优化及 APSO 求解算法 [J]. 系统工程与电子技术, 2013, 35(5): 993-999.

[72] 董涛. 末段反导任务规划关键问题研究 [D]. 西安: 空军工程大学, 2013.

[73] 周晓光. 基于多维作战力量的多层反导防御体系火力规划研究 [D]. 西安: 空军工程大学, 2011.

[74] 段锁力. 末段高层反导火力单元任务规划关键问题研究 [D]. 西安: 空军工程大学, 2012.

[75] Kolodner J I. Reconstructive memory: A computer model[J]. CogniTive Science, 1993, 7(4): 281-328.

[76] Lopez B, Plaza E. Case-based planning for medical diagnosis[C] // Methodologies for Intelligent Systems: 7th International Symposium. Berlin: Springer-Verlag, 1993, 96-105.
[77] Purpis L, Pu P. COMPOSER: A case-based reasoning system for engineering design[J]. Roboties, 1998(16): 285-329.
[78] Tran H M. Distributed Case-based Reasoning for Fault Management[M]. Berlin: Springer, 2009.
[79] Eduardo L J, Juarez J P. Monitoring elderly people at home with temporal Case-Based Reasoning[J]. Knowledge-Based Systems, 2017, 134: 116-134.
[80] Albert P, Jordi C, Natalia M. Context-aware case-based reasoning[J]. Lecture Notes in Computer Science, 2014, 8891(1): 229-238.
[81] Christian Z Y, Gilbert M, Ralph B. Conversational process-oriented case-based reasoning[J]. Lecture Notes in Computer Science, 2017, 10339(1): 403-419.
[82] Jürgen D. Sharing project experience through case-based reasoning[J]. Procedia Computer Science. 2016, 99: 4-14.
[83] 范海雄. 基于案例推理的末段高层反导任务规划方法研究 [D]. 西安: 空军工程大学, 2013.
[84] 田振浩. 末段反导协同方案生成方法研究 [D]. 西安: 空军工程大学, 2017.
[85] 李锋刚. 基于案例推理的智能决策技术研究 [M]. 合肥: 安徽大学出版社, 2011.
[86] 虞娟. 基于集成案例推理的商务智能决策研究 [D]. 合肥: 合肥工业大学, 2007.
[87] 杨涛. 基于本体的案例推理系统框架研究 [D]. 南京: 南京航空航天大学, 2006.
[88] 沈嗣贤. 基于案例推理的适航指令颁发辅助决策支持系统研究 [D]. 南京: 南京航空航天大学, 2008.
[89] 李欣. 应急案例知识库系统及其应用关键技术研究 [D]. 郑州: 解放军信息工程大学, 2010.
[90] 陈建海, 冯杰, 王志勇. 基于案例推理的装备战损评估专家系统 [J]. 舰船电子工程, 2009, 29(12): 4-48.
[91] 刘影, 王耀华. 基于案例推理技术开发工程爆破设计系统 [J]. 解放军理工大学学报 (自然科学版), 2007, 8(2): 172-175.
[92] 陈实. 基于案例推理的网格应用方案生成系统 [D]. 武汉: 华中科技大学, 2012.
[93] 朱乾有. 基于 CBR 和 RBR 技术的突发事件预案管理系统的研究 [D]. 西安: 长安大学, 2012.
[94] 毕小玉. 建筑消防应急预案的生成和优化技术研究 [D]. 北京: 北京建筑大学, 2014.
[95] Wierenga B, Dutta S. Case-based reasoning systems: from automation to decision-aiding and stimulation[J]. IEEE Transactions on Knowledge and Data Engineering, 1997, 9(6): 911-922.
[96] Watson L. Applying Case-based Reasoning for Enterprise System[M]. San Francisco: Morgan Kaufmann Publishers, 1997, 1-250.
[97] Wang H L, Lv Q. Computational model of chinese semantic relevance based on HowNet[J]. Computer Engineering and Applications, 2009, 45(7): 167-172.

[98] Macedo L, Cardoso A. Nested graph-structure representations for cases[C] // European Workshop on CBR, Berlin: Springer-Verlag, 1998, 1-12.
[99] Andres F M, Rodriguez S V. PEBM: A probabilistic exemplar based model[C] // International Joint Conference on Artificial Intelligence. San Francisco: Morgan Kaufmann Publishers, 1999, 242-247.
[100] 史忠植. 高级人工智能 [M]. 北京: 科学出版社, 2006.
[101] 樊青云, 刘东波, 阮启明, 等. 基于 XML 的作战计划形式化描述 [J]. 计算机技术与发展, 2009, 19(10): 204-207.
[102] Lorcan C, Dónal D, Pádraig C H. Representing similarity for CBR in XML[C] // European Conference on CBR. Berlin: Springer-Verlag, 2004, 119-127.
[103] Jirapond T J, Veera B J, Pattarain T P. A framework for using rough sets and formal concept analysis in case based reasoning[C]. IEEE International Conference on Computer Society. Los Alamitos, 2007, 227-232.
[104] 秦伟. 基于本体的案例管理系统及其应用研究 [D]. 长沙: 国防科技大学, 2008.
[105] 豆增发. 基于可拓规则和案例推理的混合专家系统 [D]. 西安: 西安电子科技大学, 2007.
[106] 高方方. 基于着色 Petri 网模型的案例推理研究 [D]. 合肥: 合肥工业大学, 2008.
[107] Kellyn R, Ulrich S, Michael R H. Battle management language (BML) as an enabler[C]. IEEE International Conference on Communications Volume. Wachtberg, Germany, 2009, 26-35.
[108] Fernando S P, Steffen S. Using ontologies with UML class-based modeling: The two use approach[J]. Data & Knowledge Engineering, 2010, 69 (2010): 1194-1207.
[109] 陈振庆, 罗兰花. 基于 OWL 本体的 UML 类图推理 [J]. 计算机应用与软件, 2011, 8(8): 19-193.
[110] 张杰, 宋虹兴, 傅勉, 等. IDEF 与 UML 相结合的作战任务建模方法 [J]. 指挥控制与仿真, 2010, 32(3): 18-21.
[111] 程恺, 张宏军, 黄亚. 基于扩展 IDEF3 方法的作战任务描述及效能评估 [J]. 计算机技术与发展, 2011, 21(2): 198-203.
[112] 陈洪辉, 苏伟, 柳海峰. SysML 及其在 C4ISR 系统建模中的应用研究 [J]. 计算机仿真, 2007, 24(11): 60-65.
[113] 蒋彩云, 王维平, 李群. SysML: 一种新的系统建模语言 [J]. 系统仿真学报, 2006, 18(6): 1483-1488.
[114] 汤胤, 彭宏等. 基于 XML 的多层次范例映射模型 [J]. 计算机科学 2004, 31(2): 101-103.
[115] 曹铭, 张森, 尹怡欣, 等. 高炉料面的分类与案例匹配算法 [J]. 控制理论与应用, 2017, 34(3): 408-412.
[116] 唐瑞春, 张肖楠, 郭双乐, 等. 一种基于粗糙集和欧氏距离的手机故障案例匹配算法 [J]. 中国海洋大学学报, 2015, 45(12): 125-130.
[117] Lin D. An information-theoretic definition of similarity[C] // Proceedings of the Fifteenth International Conference. San Francisco: Morgan Kaufmann Publishers, 1998,

296-304.
[118] 宋玲. 语义相似度计算及其应用研究 [D]. 济南: 山东大学, 2009.
[119] Fan Z P, Li Y H, Wang X H, et al. Hybrid similarity measure for case retrieval in CBR and its application to emergency response towards gas explosion[J]. Expert Systems with Applications, 2014, 41(5): 2526-2534.
[120] Beattie B, Coenen F, Trevor J M, et al. Spatial Reasoning for GIS Using a Tesseral Data Representation[C] // The 6th International Conference on Database and Expert Systems Applications. London, UK: Springer-Verlag, 1995, 207-216.
[121] Miquel S M, Ulises C, Montse M, et al. An approach for temporal case-based reasoning: episode-based reasoning[C] // International Conference on Case-Based Reasoning. Berlin: Springer-Verlag, 2005, 465-476.
[122] Hagen L, Kahng A B. New spectral methods for ratio cut partitioning and cluster -ing [J]. IEEE Transactions on Computer-Aided Design of Integrated Circuits and Systems. 1992, 11(9): 1074-1085 .
[123] Wu Z, Leahy R. An optimal graph theoretic approach to data clustering: theory and its application to image segmentation [J]. Transactions on Pattern Analysis and Machine Intelligence. 1993, 15(11): 1101-1113.
[124] Sarkar S, Soundara R P. Supervised learning of large perceptual organization: graph spectral partitioning and learning automata [J]. IEEE Transaction on Pattern Analysis and Machine Intelligence. 2000, 22(5): 504-525.
[125] Shi J, Malik J. Normalized cuts and image segmentation [J]. IEEE Transactions on Pattern Analysis and Machine Intelligence. 2000, 22(8): 888-905.
[126] Lee C, Zaïane O, Park H, et al. Clustering high dimensional data: a graph-based relaxed optimization approach [J]. Information Sciences. 2008, 178: 4501-4511.
[127] Zhuang Y, Zhuang Y T, Qing L, et al. Indexing high-dimensional data in dual distance spaces: a symmetrical encoding approach[C] // The 11th International Conference on Extending Database Technology. New York: ACM, 2008, 241-225.
[128] Micarelli A, Sciarrone F. A case-based system for adaptive hypermedia navigation[C] // Proceedings of the European Workshop on Case-Based Reasoning. Berlin: Springer-Verlag, 1996, 266-279.
[129] Micarelli A, Sciarrone F, Ambrosini L, et al. A case-based approach to user modeling[C] //Proceedings of the European Workshop on Case-Based Reasoning. Berlin: Springer-Verlag, 1998, 310-321.
[130] Kraslawski A, Pedrycz W, Nystrm L. Fuzzy neural network as instance generator for case-based reasoning system: an example of selection of heat exchange equipment in mixing tanks[J]. Neural Comput & Applic, 1999, 8: 106-113.
[131] 罗晨, 工欣, 苏春, 等. 基于案例推理的夹具设计案例表示与检索 [J]. 机械工程学报, 2015. 51 (7): 136-143.

[132] 李保刚. 基于 CBR 的航空导弹故障智能诊断模型 [J]. 兵工自动化, 2015: 34(3): 13-17.

[133] 修建新, 郝忠孝. 基于 VAR 树的反向最近邻查询技术的研究 [J]. 计算机技术与发展, 2010, 20(6): 51-55.

[134] 周艳平. 基于案例推理的水库调度 [D]. 长沙: 中南大学, 2005.

[135] Wahba G. Support vector machines, reproducing kernel hilbert spaces and the randomized GACV[C] // Advances in Kernel Methods Support Vector Learning. Massachusetts: MIT Press, 1999, 69-88.

[136] Platt J C. Probabilities for support vector machines and comparisons to regularized likelihood methods[C] // Advances in Large Margin Classifiers. Massachusetts: MIT Press, 2000, 61-74.

[137] Florentino F R, Fernando D, Juan M. Using rough sets theory and minimum description length principle to improve β-TSK fuzzy revision method for CBR systems[C] // Brazilian Symposium on Artifical Intelligence. Berlin: Springer-Verlag, 2004, 424-433.

[138] Amélie C, Béatrice F, Léonardo L, et al. Opportunistic acquisition of adaptation knowledge and cases-the iaka approach [C] // European Conference on Case-Based Reasoning. Berlin: Springer-Verlag, 2008, 150-164.

[139] Fadi B, Ame L C, Jean L. Opportunistic adaptation knowledge discovery[C] // International Conference on Case-Based Reasoning. Berlin: Springer-Verlag, 2009, 60-79.

[140] Susan C, Nirmalie W, Ray C R. Learning adaptation knowledge to improve case-based reasoning[J]. Artificial Intelligence, 2006, 170(2006): 1175-1192.

[141] Santiago O, Enric P, Jichen Z. Argument-based case revision in cbr for story generation [J]. Lecture Notes in Computer Science, 2015, 9343(1): 290-305.

[142] 徐圆, 彭荻, 朱群雄. 基于差异特征的案例可拓修改方法研究与应用 [J]. 化工学报, 2011, 62(9): 2569-2574.

[143] 张媛, 齐玉东, 乔勇军, 等. 基于案例推理的指挥实体任务规划高维解空间适应性问题研究 [J]. 指挥控制与仿真, 2016, 38(1): 28-35.

[144] 文天柱, 许爱强, 孙伟超. 基于可拓案例推理的故障诊断方法 [J]. 北京航空航天大学学报, 2015, 41(11): 2124-2130.

[145] Gu C C, Hu J, Wu K J. Quantitative behavioral knowledge modeling for functional case adaptation [J]. Research in Engineering Design, 2015, 26(4): 309-326.

[146] 吴彦彬, 姚路, 胡剑. 基于案例的舰船装备维修风险评估 [J]. 海军工程大学学报, 2016: 28(4): 59-62.

[147] 严爱军, 赵辉, 王普. 基于可信度阈值优化的案例推理评价分类方法 [J]. 控制与决策, 2016, 31(7): 1253-1258.

[148] 赵克勤. 集对分析及其初步应用 [M]. 杭州: 浙江科学技术出版社, 2000.

[149] 杨俊杰, 周建中, 方仍存, 等. 基于集对分析的不确定多属性决策方法 [J]. 控制与决策, 2008, 23(12): 1423-1426.

[150] Aamodt A, Plaza E. Case-based reasoning: foundational issues, methodological variations, and system approaches[J]. Artificial Intelligence Communication, 1994, 7(1): 39-59.

[151] Sun Z H, Gavin F, Klaus W. Case base building with similarity relations[J]. Information Sciences. 2004, (165): 21-43.

[152] 杨振刚. CBR-ANN 智能决策支持方法及应用 [D]. 广州: 华南理工大学, 2007.

[153] 军事科学院. 中国人民解放军军语 [M]. 北京: 军事科学出版社, 2011.

[154] Abbas K Z, Alexander H L. TEMPER: A temporal programmer for time-sensitive control of discrete event systems[J]. IEEE Transactions on Systems, Man & Cybernetics, 2009, 31(6): 485-496.

[155] Huang Z X. Clustering large data sets with mixed numeric and categorical values[C] // Proceedings of the First Pacific-Asia Conference on Knowledge Discovery and Data Mining. Singapore: World Scientific, 1997, 21-24.

[156] 李贤, 罗可. BIRCH 混合属性数据聚类方法 [J]. 计算机工程与应用, 2009, 45(30): 123-126.

[157] 黄德才, 吴天虹. 基于密度的混合属性数据流聚类算法 [J]. 控制与决策, 2010, 25(3): 417-421.

[158] 罗会兰. 聚类集成关键技术研究 [D]. 杭州: 浙江大学, 2007.

[159] 施培蓓, 郭玉堂, 胡玉娟, 等. 多尺度的谱聚类算法 [J]. 计算机工程与应用, 2011, 47(8): 128-130.

[160] 苏晓珂, 兰洋, 程耀东, 等. 可处理混合属性的任意形状聚类 [J]. 计算机工程与应用, 2010, 46(34): 136-139.

[161] Jayabharathy J, Kanmani S, Pazhaniammal S. Clustering mixed data set using modified MARDL technique[J]. International Journal on Computer Science and Engineering, 2010, 2(5): 1852-1860.

[162] Frey B J, Dueck D. Clustering by passing messages between data points[J]. Science, 2007, 315(5814): 972-976.

[163] Strehl A, Ghosh J, Cardie C. Cluster ensembles: a knowledge reuse framework for combining multiple partitions[J]. Journal of Machine Learning Research, 2002(3): 583-617.

[164] Zhou Z H, Tang W. Clusterer ensemble[J]. Knowledge-Based Systems, 2006, 19(1): 77-83.

[165] Kang K, Zhang H X, Fan Y. A novel clusterer ensemble algorithm based on dynamic cooperation[C] // Fifth International Conference on Fuzzy Systems and Knowledge Discovery. Piscataway, NJ: IEEE, 2008, 32-35.

[166] 乔丽, 姜慧霖, 贾世杰. 基于改进 K-means 聚类的案例检索策略 [J]. 计算机工程, 2011, 37(5): 193-195.

[167] 崔江涛, 郭勇, 周水生. 一种基于椭圆体聚类的高维索引方法 [J]. 模式识别与人工智能, 2010, 23(4): 483-490.

[168] 贾世杰, 黄青松, 马世霞. 基于网格聚类的案例检索策略 [J]. 计算机工程, 2009, 35(10): 170-173.

[169] Shen H T, Huang Z, Cao J L, et al. High-dimensional indexing with oriented cluster representation for multimedia databases[C] // IEEE International Conference on Multimedia and Expo Table of Contents. Piscataway, NJ: IEEE, 2009, 1628-1630.

[170] 张军旗, 周向东, 王梅, 等. 基于聚类分解的高维度量空间索引 B^+-Tree[J]. 软件学报, 2008, 19(6): 1401-1412.

附录 A　数据库操作公共类代码

```
using System;
using System.Collections.Generic;
using System.Data;
using System.Text;
using System.Data.SqlClient;
using System.Windows.Forms;

namespace ATBM.BaseClass
{
    class MyMeans
    {
        #region//全局变量初始化
        public static string Login_Name = "";  //当前登录用户名字段
        public static string Login_Time = "";  //当前登录时刻字段
        public static SqlConnection My_con; //定义一个SqlConnection
          类型的公共变量My_con，判断数据库是否连接成功
        public static string M_str_sqlcon = "Data Source=CBT-22\\
          SQL2005;Database=db_ATBM;User id=sa;PWD=19831231";//定义数据
          库连接字符串
        public static string User_ID = "";     //记录用户的ID编号
        public static string User_Name = "";  //记录用户名
        public static string GL_ID = "";       //干扰呈现列表编号
        public static string FJ_ID = "";       //发射架呈现列表编号
        public static string TID = "1";        //设置默认目标编号为1
        public static string CID = "1";        //设置默认预案编号为1
        public static string EID = "1";        //设置默认实体编号为1
        public static string DID = "1";        //设置默认决策编号为1
        #endregion


        #region//数据库操作方法
```

```
#region  建立数据库连接
/// <summary>
/// 建立数据库连接
/// </summary>
/// <returns>返回SqlConnection对象</returns>
public static SqlConnection getcon()
{
    My_con = new SqlConnection(M_str_sqlcon);
      //与指定的数据库相连接
    My_con.Open();  //打开数据库
    return My_con;  //返回连接对象的信息
}
#endregion


#region  测试数据库是否赋加
/// <summary>
/// 测试数据库是否赋加
/// </summary>
public void con_open()
{
    getcon();
    //con_close();
}
#endregion


#region  关闭数据库
/// <summary>
/// 关闭数据库
/// </summary>
public void con_close()
{
    if (My_con.State == ConnectionState.Open)   //
      判断是否打开数据库的连接
    {
        My_con.Close();   //关闭数据库
```

```
            My_con.Dispose();    //释放My_con变量的空间
        }
    }
    #endregion


    #region  读取指定表中的信息
    /// <summary>
    /// 读取指定表中的信息
    /// </summary>
    /// <param name="SQLstr">SQL语句</param>
    /// <returns>返回bool型</returns>
    public SqlDataReader getcom(string SQLstr)
    {
        getcon();   //打开与数据库的连接
        SqlCommand My_com = My_con.CreateCommand();
          //创建一个SqlCommand 对象，用于执行SQL语句
        My_com.CommandText = SQLstr;    //获取指定的SQL语句
        SqlDataReader My_read = My_com.ExecuteReader(); //执行SQL语句，生成
          一个SqlDataReader对象
        return My_read;
    }
    #endregion


    #region 执行SqlCommand命令
    /// <summary>
    /// 执行SqlCommand
    /// </summary>
    /// <param name="M_str_SQLstr ">SQL语句</param>
    public void getsqlcom(string SQLstr)
    {
        getcon();   //打开与数据库的连接
        SqlCommand SQLcom = new SqlCommand(SQLstr, My_con); //创建一个
          SqlCommand对象，用于执行SQL语句
        SQLcom.ExecuteNonQuery();    //执行SQL语句
        SQLcom.Dispose();    //释放所有空间
        con_close(); //调用con_close()方法，关闭与数据库的连接
```

```
}
#endregion


#region  创建DataSet对象
/// <summary>
/// 创建一个DataSet对象
/// </summary>
/// <param name="M_str_SQLstr ">SQL语句</param>
/// <param name="M_str_tableName ">表名</param>
/// <returns>返回DataSet对象</returns>
public DataSet getDataSet(string SQLstr, string tableName)
{
    getcon();   //打开与数据库的连接
    SqlDataAdapter SQLda = new SqlDataAdapter(SQLstr, My_con);//创建
      一个SqlDataAdapter对象，获取指定表信息
    DataSet My_DataSet = new DataSet(); //创建DataSet对象
    SQLda.Fill(My_DataSet, tableName);  //通过SqlDataAdapter对象的
      Fill()方法，将数据表信息添加到DataSet对象中
    con_close();    //关闭数据库的连接
    return My_DataSet;  //返回DataSet对象的信息


    //WritePrivateProfileString(string section, string key, string
      val, string filePath);
}
#endregion


#region //创建datatable对象
/// <summary>
///创建datatable对象
/// </summary>
/// <param name="M_str_SQLstr">SQL语句</param>
/// <returns>返回DataTable对象</returns>
public DataTable getDataTable(string SQLstr)
{
    getcon();   //打开与数据库的连接
```

```
            SqlDataAdapter SQLda = new SqlDataAdapter(SQLstr, My_con);  //
              创建一个SqlDataAdapter对象，获取指定表信息
            DataTable My_DataTable = new DataTable(); //创建DataTable对象
            SQLda.Fill(My_DataTable);  //通过SqlDataAdapter对象的Fill()
              方法，将数据表信息添加到DataSet对象中
            con_close();    //关闭数据库的连接
            return My_DataTable;  //返回DataTable对象的信息
        }
        #endregion

        #endregion
    }
}
```

附录 B　预案操作公共类代码

```
using System;
using System.Collections.Generic;
using System.Data;
using System.Text;
using System.Data.SqlClient;
using System.Windows.Forms;
using System.IO;
using CSharpAlgorithm.Algorithm;//引用矩阵操作函数名称空间

namespace ATBM.BaseClass
{
    class MyCaseOperation
    {
        BaseClass.MyMeans MyDataClass = new ATBM.BaseClass.MyMeans();//
          构建类实例
       #region//全局变量
        public static string[,] TargetData = new string[8, 79];//当前作战问题
          特征向量数据组
        public static DataSet MyDS_Grid;//构建数据集合对象
        public static DataTable MyDT;//构建数据表对象
        public static int[] Search_st = { 0, 0, 0, 0, 0, 0, 0, 0 };
          //检索完成标志///预案属性相似类属标志向量
        int[] AtrribNumIndex0 = { 70, 71 };       //否决权属性
        int[] AtrribNumIndex1 = { 2, 3, 4, 12 };  //裕度属性
        int[] AtrribNumIndex2 = { 1, 69, 66, 67, 20, 21, 24, 25, 28, 29, 32,
          33, 36, 37, 40, 41, 44, 45, 48, 49, 52, 53, 56, 57, 60, 61, 6, 7, 68,
          0, 5, 15, 18, 17, 13, 64, 63, 22, 26, 30, 34, 38, 42, 46, 50, 54, 58,
          63 }; //确定数值属性
        int[] AtrribNumIndex3 = { 19, 23, 27, 31, 35, 39, 43, 47, 51, 55 };
          //语义属性(发射架状态)
        int[] AtrribNumIndex4 = { 59 };//语义属性(低层系统状态)
        int[] AtrribNumIndex5 = { 65 };//语义属性(制导雷达状态)
```

```
        int[] AtrribNumIndex6 = { 16 };//语义属性(干扰形式)
        int[] AtrribNumIndex7 = { 14 };//语义属性(机动方式)
        int[] AtrribNumIndex8 = { 74 };//语义属性(作战授权)
        int[] AtrribNumIndex9 = { 10, 8, 9, 11, 72, 73, 62 };//二值非语义属性
        ///可根据需要添加"模糊数属性和区间值属性"的标志向量字段
        #endregion

        #region//预案操作自定义方法代码段
       ///......自定义预案操作方法, 包括 CaseSimilar()、CaseCluster()、
         ClusterAlign()、
       ///......CaseIndexStruct()、CaseRevise()、CaseEvluation()、
         CaseLearn()、EntropyWeight()、MPLS_SVM()、
            ///......CaseSelfMaintenance()、//RuleBaseMaintenance()等方法
        #endregion
    }
}
```

◆预案相似度计算方法

```
#region//计算预案相似度函数
/// <summary>
/// 计算当前作战问题与源预案的相似度值
/// </summary>
/// <param name="M_str_TargetCaseData">当前作战问题数据</param>
/// <param name="M_str_TargetCaseNum">当前作战问题数量</param>
/// <param name="M_str_SourceCaseData">源预案数据</param>
/// <param name="M_str_SourceCaseNum">源预案数量</param>
/// <param name="M_str_AtribWeight">属性权重向量</param>
/// <returns>当前作战问题与源预案的相似度矩阵</returns>
public double[,] CaseSimilar(string[,] TargetCaseData, int
TargetCaseNum, string[,] SourceCaseData, int SourceCaseNum,
double[] AtribWeight)
{
    //初始化字段
    double[,] SimilarResult = new double[TargetCaseNum, SourceCaseNum];//构建
      预案相似度数组矩阵

    #region //构建确定数值属性矩阵(调用矩阵操作函数, 计算源预案确定数值部分协
      方差矩阵的逆矩阵)
    double[] TempData={0} ;//构建预案相似度数组
```

```
double[] TempMean={0} ;//构建属性矩阵向量

#region//构建确定数值矩阵
 ///......主要计算经纬度、距离、海拔等指标与指导雷达坐标值的距离标准值
#endregion

///计算属性均值矩阵
 for (int ii = 0; ii < AtrribNumIndex2.Length; ii++)
{
     double temp=0;//局部变量
     for (int jj = 0; jj < SourceCaseNum + TargetCaseNum; jj++)
      {
         temp = temp +atxData[jj, ii];
      }
      TempMean[ii] = temp / (SourceCaseNum + TargetCaseNum);//计算属性均值
}
 Matrix atxMean = new Matrix(1, AtrribNumIndex2.Length, TempMean);
   //属性均值矩阵

 ///计算协方差矩阵
 Matrix TatxData = atxData.Transpose();//矩阵转置
 Matrix TatxMean = atxMean.Transpose();
 Matrix XData = (TatxData.Multiply(atxData).Subtract (TatxMean.Multiply
   (atxMean))).Multiply(Convert.ToDouble(1/ (SourceCaseNum +
   TargetCaseNum)));//协方差矩阵
 bool InvTrue = XData.InvertGaussJordan();//逆矩阵
 #endregion

//裕度属性数据标准化
for (int i=0; i<AtrribNumIndex1.Length; i++)
{
      #region ///求每个属性的最大和最小值
       ///......求裕度属性值的最大和最小值
      #endregion

      #region ///对本次属性进行标准化
       ///......对属性值进行标准化
      #endregion
```

```
}

/// 计算属性相似度
for(int i0 = 0; i0<TargetCaseNum; i0++)//循环每个作战问题
{
    for (int j0 = 0; j0 < SourceCaseNum; j0++)//循环每个源预案
    {
        if (TargetCaseData[AtrribNumIndex1[i0], 70] != SourceCaseData[Atrr
          ibNumIndex1[i0], 70] ||
            TargetCaseData[AtrribNumIndex1[i0], 71] != SourceCaseData[Atrr
              ibNumIndex1[i0], 71])//否决权属性相似度
        {
            SimilarResult[i0, j0] = 0;//否决权属性不同，则预案相似度为零
        }
        else
        {
               #region//计算裕度属性
               double S1 = 0;
               ///......计算裕度属性相似度
               #endregion

               #region//二值属性
               double S2 = 0;
               ///......计算二值属性相似度
               #endregion

               #region//语义属性
               double S3 = 0;
               ///......计算语义属性相似度
               #endregion

               #region//计算确定数值属性
               double S4 = 0;
                ///......计算确定数值属性相似度
               #endregion

            //计算本次总相似度
            SimilarResult[i0, j0] = S1 * AtribWeight[0] + S2 * AtribWeight
```

```
                    [5] + S3 * AtribWeight[4] + S4 * AtribWeight[1];//若模糊数和
                      区间值也考虑，需要再添加!
            }
        }//循环每个源预案结束
    }//循环每个作战问题结束
    return SimilarResult;
}
#endregion
```

◆预案聚类标签配准方法

```
#region//预案聚类标签配准函数
/// <summary>
/// 对聚类后的预案标签进行配准
/// </summary>
/// <param name="M_str_CluMemberSet">预案聚类标签集合</param>
/// <returns>标签配准结果(NewCluMemberArry)</returns>
public string[,]ClusterAlign(string[,]CluMemberSet){string[,]NewCluMemberArry;
    ///......添加配准代码(中间过程按照预案配准算法进行编写)
    return NewCluMemberArry;
}
#endregion
```

◆预案聚类方法

```
#region//预案聚类计算函数
/// <summary>
/// 对预案数据进行MLSGRC的聚类
/// </summary>
/// <param name="M_str_CaseData">预案数据集合</param>
/// <param name="M_str_MaxInterNum">K-Means最大迭代次数</param>
/// <param name="M_str_NPInitialVal">领域参数初始取值</param>
/// <param name="M_str_NPInterval">领域参数间隔</param>
/// <param name="M_str_NPNum">领域参数取值个数</param>
/// <returns>聚类结果(ClusterResult){聚类中心,聚类成员集合,聚类成员距中心最大距
  离}</returns>
public string[,] CaseCluster(string[,] CaseData, int MaxInterNum, int
  NPInitialVal, int NPInterval, int NPNum) {string[,]ClusterResult;
    ///......添加基于MLS_GRC的聚类算法代码(按照具体算法进行编写)
    return ClusterResult;
}
#endregion
```

◆**预案索引构建方法**

```
#region//预案索引构建函数
/// <summary>
/// 构建预案的索引
/// </summary>
/// <param name="M_str_CaseData">预案数据集合</param>
/// <param name="M_str_MaxInterNum">K-Means最大迭代次数</param>
/// <param name="M_str_NPInitialVal">领域参数初始取值</param>
/// <param name="M_str_NPInterval">领域参数间隔</param>
/// <param name="M_str_NPNum">领域参数取值个数</param>
/// <param name="M_str_GlobalRefMode">全局参考点模式("1"为零点模式; "2"为质点模
    式)</param>
/// <param name="M_str_KICAPara">KICA核函数宽度参数值</param>
/// <param name="M_str_KeyAtrribVector">关键属性序号向量</param>
/// <param name="M_str_GLayerNum">全局分层数</param>
/// <param name="M_str_LLayerNum">局部分层数</param>
/// <returns>预案索引矩阵(IndexResult){SID,CID,BID,候选预案集合,聚类中心序号,
    聚类成员距中心最大距离,全局参考点,全局分层数,局部参考点,局部分层数}
      </returns>
public string[,] CaseIndexStruct(string[,]CaseData,int MaxInterNum,int
NPInitialVal,int NPInterval,int NPNum,int GlobalRefMode, short KICAPara, string
KeyAtrribVector, int GLayerNum, int LLayerNum) {string[,] IndexResult;
    ///......添加预案索引构建代码
    ///......其中, 需调用CaseCluster()函数
    return IndexResult;
}
#endregion
```

◆**预案检索方法**

```
#region//预案检索函数
/// <summary>
/// 对预案库进行检索操作
/// </summary>
/// <param name="M_str_RetrieveMode">检索模式("1"为基于索引的检索; "2"为基于
    MPLS-SVM的检索)</param>
/// <param name="M_str_TargetCaseData">当前作战问题数据</param>
/// <param name="M_str_SimilarThreshold">相似度阈值</param>
/// <param name="M_str_RetrieveRaduis">查询半径(模式1用)</param>
/// <param name="M_str_KindThreshold">类属阈值(模式2用)</param>
```

```
/// <returns>最相似预案集合(MostSimilarCaseSet)</returns>
public int[] CaseRetrieve(int RetrieveMode,string[,] TargetCaseData,
  short SimilarThreshold, short RetrieveRaduis, short KindThreshold)
{
    int[] MostSimilarCaseSet;
    if (RetrieveMode == 1)//模式1情况
    {
        ///......添加基于BCS-Tree索引的预案检索代码
    }
    else //模式2情况
    {
        ///......添加基于MPLS-SVM算法的预案检索代码
        ///......调用MPLS-SVM算法
    }
    return   MostSimilarCaseSet;
}
#endregion
```

◆**预案修正方法**

```
#region//预案修正函数
/// <summary>
/// 对候选(最相似)预案集合进行修正
/// </summary>
/// <param name="M_str_CandidateCase">候选预案集合</param>
/// <param name="M_str_TargetCaseData">当前作战问题数据</param>
/// <returns>修正预案集合(RevisedCaseSet)</returns>
public string[,] CaseRevise(string[,] CandidateCase, string[,] TargetCaseData)
{
    string[,] RevisedCaseSet;
    ///......添加预案修正代码
    return RevisedCaseSet;
}
#endregion
```

◆**预案评价方法**

```
#region//预案评价函数
/// <summary>
/// 对修改后的预案集合进行评价
/// </summary>
/// <param name="M_str_RevisedCase">修改后的预案集合</param>
```

```
/// <param name="M_str_TransformRateInterval">不确定转化比例间隔</param>
/// <returns>评价结果集合(EvluationResult){相对确定可能势,广义势, {相对乐观可能
  势},{相对悲观可能势}}</returns> public
double[,]CaseEvluation(string[,]CandidateCase,short
  TransformRateInterval)
{
    double[,] EvluationResult;
    ///......添加评价算法代码
    ///......调用熵权算法
    return EvluationResult;
}
#endregion
```

◆**预案学习方法**

```
#region//预案学习函数
/// <summary>
/// 对预案库进行学习
/// </summary>
/// <param name="M_str_RevisedCase">修改后的预案集合</param>
/// <param name="M_str_TransformRateInterval">不确定转化比例间隔</param>
/// <returns>学习结果集合(LearnResult){当前预案序号,最相似预案序号, {预案差异
  属性向量},{修改策略向量}}</returns>
public string[,]CaseLearn(string[,]CandidateCase,short TransformRateInterval)
{
    string[,] LearnResult;
    ///......添加预案学习算法代码
    return LearnResult;
}
#endregion
```

◆**熵权计算方法**

```
#region//熵权计算函数
/// <summary>
/// 计算数据集各维数据的权重系数
/// </summary>
/// <param name="M_str_DataSet">修改后的预案集合</param>
/// <returns>权重系数向量(WeightVector)</returns>
public double[] EntropyWeight(double[,] DataSet)
{
    double[] WeightVector;
```

```
    ///......熵权算法代码
    return WeightVector;
}
#endregion
```

◆ **MPLS-SVM 算法**

```
#region//MPLS-SVM算法函数
/// <summary>
/// 对数据进行学习或基于子分类器的分类
/// </summary>
/// <param name="M_str_RunMode">算法运行模式("1"为学习模式; "2"为分类模式)
  </param>
/// <param name="M_str_SourceCaseData">学习模式数据(预案库数据, 可以为空)
  </param>
/// <param name="M_str_TargetCaseData">分类模式数据(当前作战问题数据, 可以为
  空)</param>
/// <param name="M_str_ProbabilityWeightVector">概率加权权向量(分类模式用)
  </param>
/// <returns>分类器构建结果/分类概率结果({{分类器参数集合},{支持向量集合}/{分
  类后验概率合并结果向量}})</returns> public
string[,]MPLS_SVM(int RunMode,string[,]SourceCaseData,string[,]TargetCaseData,
  short[] ProbabilityWeightVector)
{
    string[,] ResultData;
    if (RunMode == 1)//学习模式情况
    {
        ///......添加类属分类器构建代码
        ///......调用聚类函数
    }
    else//分类模式情况
    {
        ///......添加基于MPLS-SVM算法的预案检索代码
    }
    return ResultData;
}
#endregion
```

◆**预案库自身维护方法**

```
#region//预案库自身维护函数
/// <summary>
```

```
/// 对预案库自身进行维护
/// </summary>
/// <param name="M_str_MaintenanceMode">维护模式("1"为相似归纳模式; "2"为效用度
  量模式)</param>
/// <param name="M_str_CaseBaseData">预案库数据</param>
/// <param name="M_str_SimilarThreshold">相似性度量归纳阈值</param>
/// <param name="M_str_EffectivenessThreshold">效用度量阈值</param>
public void CaseSelfMaintenance(int MaintenanceMode,string[,]CaseBaseData,short
  SimilarThreshold,short EffectivenessThreshold)
{
    if (MaintenanceMode == 1)//相似归纳模式
    {
        ///......添加基于相似归纳维护模式代码
        ///......调用相似性度量函数
    }
    else//效用度量模式
    {
        ///......添加效用度量维护模式代码
    }
}
#endregion
```

◆**规则库维护方法**

```
#region//规则库维护函数
/// <summary>
/// 对预案修正规则库进行维护
/// </summary>
/// <param name="M_str_MaintenanceStrategySet">维护策略向量集合("1"表示执行该
  策略, "0"表示不执行)</param>
/// <param name="M_str_ReviseRuleData">规则数据集合</param>
public void RuleBaseMaintenance(int[] MaintenanceStrategySet,string[,]
  +ReviseRuleData)
{
    ///......添加规则维护代码
}
#endregion
```

附录 C　其他公共类设计

```
using System;
using System.Collections.Generic;
using System.ComponentModel;
using System.Data;
using System.Drawing;
using System.Linq;
using System.Text;
using System.Windows.Forms;
using System.IO;

namespace ATBM.BaseClass
{
    class MyModule
    {
        BaseClass.MyMeans MyClass = new ATBM.BaseClass.MyMeans();//构建MyMeans
          类实例
        public static DataSet MyDS_Grid;//构建数据集合对象
        public static DataTable MyDT;//构建数据表对象

       #region//公共变量
        ///窗体状态字段
        public static bool WS_DecisionSqueShow = false;  //作战时序显示窗体状态
          字段
        public static bool WS_DetailDecisionShow = false;//详细决策显示窗体状态
          字段
        public static bool WS_TargetStatueShow= false;   //目标状态显示窗体状态
          字段
        public static bool WS_TargetTraceShow = false;   //目标垂直弹道显示窗体
          状态字段
        ///轨迹运动字段
        public static double Eq = 6378.137;//地球赤道半径
        public static double e = 1 / 298.257;//地球偏心率
```

```
public static double at = 5 * 9.8;//推力加速度
public static double p0 = 1.22;
public static double kk = 0.00014141;
public static double bt = 5000;//弹道载入系数
public static double ug = 398532500000000;
public static double w = 0.0000729211515;//地球自转角速度
public static double[,] TargetStatueArray = new double[8, 3];//目标状态
  数据
public static int target_num_all = 0;//目标批号
public static int TSID = 0;//弹道窗体默认绘制目标编号//UDP接收数据字段
public static char[] charSeparators1 = new char[] { ' ' };//数据分割标
  志1
public static char[] charSeparators2 = new char[] { '   ' };//数据分割
  标志2
public static int[] Track_st = { 0, 0, 0, 0, 0, 0, 0, 0 };//轨迹完成标
  志
public static double steph = 1;//RK方法的步长
public static int PMK = 1;//目标飞行航段标识
public static string[] resultData;//处理完成的格式数据字串数组
public static double[,] TargetCurrentData = new double[8, 7];//目标实时
  数据数组
#endregion

#region//类属性定义
///用于目标状态窗口数据更新属性
public string 编号 { get; set; }
public double 经度 { get; set; }
public double 纬度 { get; set; }
#endregion

#region//自定义方法

 #region//坐标转换函数
 /// <summary>
 /// 地理坐标(G坐标)<->地心固连坐标(ECF坐标)互换函数
 /// </summary>
 /// <param name="M_str_x">地理坐标的经度或地心固连坐标的X坐标</param>
 /// <param name="M_str_y">地理坐标的纬度或地心固连坐标的Y坐标</param>
```

```
/// <param name="M_str_z">地理坐标的海拔或地心固连坐标的Z坐标</param>
/// <param name="M_str_CMK">坐标转换标志</param>
/// <returns>转换后的坐标向量(chang_val)</returns>
public double[] ChangCoor(double x, double y, double z, int CMK)
{
    double[] chang_val = new double[3];
    if (CMK == 1)//为地理坐标向地心固连坐标转换
    {
        chang_val[0] = (z + Eq) * Math.Cos(y * Math.PI / 180)* Math.
          Cos(x * Math.PI / 180);
        chang_val[1] = (z + Eq) * Math.Cos(y * Math.PI / 180)* Math.
          Sin(x * Math.PI / 180);
        chang_val[2] = (z + Eq) * Math.Sin(y * Math.PI / 180);
    }
    else//为地心固连坐标向地理坐标转换
    {
        double rr = Math.Sqrt(Math.Pow(x, 2) + Math.Pow(y, 2) +Math.
          Pow (z, 2));
        chang_val[0] = (y / Math.Abs(y)) * (90 - (180 / Math.PI)* Math.
          Asin(x / Math.Sqrt(Math.Pow(x, 2) + Math.Pow(y, 2))));
        chang_val[1] = (180 / Math.PI) * Math.Asin(z / rr);
        chang_val[2] = rr - Eq;
    }
    return chang_val;
}
#endregion

#region//动力学方法计算任意时刻弹道数据函数
/// <summary>
/// 计算任意时刻弹道数据
/// </summary>
/// <param name="M_str_vv">目标速度向量</param>
/// <param name="M_str_pp">目标地心固连坐标向量</param>
/// <param name="M_str_PMK">弹道分段标志</param>
/// <returns>任意时刻弹道数据向量(trace_val)</returns>
public double[] MotionModel(double[] vv, double[] pp, int PMK)
{
    double[] trace_val = new double[6];
```

```
double V = Math.Sqrt(Math.Pow(vv[0], 2) + Math.Pow(vv[1], 2)+ Math.
  Pow(vv[2], 2));//计算总速度
double r = Math.Sqrt(Math.Pow(pp[0], 2) + Math.Pow(pp[1], 2)+ Math.
  Pow(pp[2], 2));//计算总位置坐标
double ph = p0 * Math.Exp(0 - kk * (pp[2]));
if (PMK == 1)//表示目标处于被动段
{
    if (V == 0)//初始发点时刻总速度为零情况
    {
        motion_val[0] = Math.Pow(w, 2) * pp[0] - ug * pp[0]/ Math.
          Pow(r, 3);//Vx的微分方程
        motion_val[1] = Math.Pow(w, 2) * pp[1] - ug * pp[1]/ Math.
          Pow(r, 3);//Vy的微分方程
        motion_val[2] = (0 - ug * pp[2] / Math.Pow(r, 3));//Vz的微
          分方程
        motion_val[3] = vv[0];//Px的微分方程
        motion_val[4] = vv[1];//Py的微分方程
        motion_val[5] = vv[2];//Pz的微分方程
    }
    else//不为零的情况
    {
        motion_val[0] = at * vv[0] / V - ph * V * vv[0] / 2 * bt -
          ug * pp[0] / Math.Pow(r, 3) - (w * vv[0] - Math.Pow(w,
2)* pp[0]);//Vx的微分方程
        motion_val[1] = at * vv[1] / V - ph * V * vv[1] / 2 *bt -
          ug * pp[1] / Math.Pow(r, 3) - (w * vv[1] - Math.Pow(w,
2) * pp[1]);//Vy的微分方程
        motion_val[2] = at * vv[2] / V - ph * V * vv[2] / 2 *bt -
          ug * pp[2] / Math.Pow(r, 3);//Vz的微分方程
        motion_val[3] = vv[0];//Px的微分方程
        motion_val[4] = vv[1];//Py的微分方程
        motion_val[5] = vv[2];//Pz的微分方程
    }
}
else //表示目标处于主动段
{
    if (V == 0)//初始发点时刻总速度为零情况
    {
```

```
                motion_val[0] = Math.Pow(w, 2) * pp[0] - ug * pp[0]/ Math.
                  Pow(r, 3);//Vx的微分方程
                motion_val[1] = Math.Pow(w, 2) * pp[1] - ug * pp[1]/ Math.
                  Pow(r, 3);//Vy的微分方程
                motion_val[2] = (0 - ug * pp[2] / Math.Pow(r, 3));//Vz的微
                  分方程
                motion_val[3] = vv[0];//Px的微分方程
                motion_val[4] = vv[1];//Py的微分方程
                motion_val[5] = vv[2];//Pz的微分方程
            }
            else//不为零的情况
            {
                motion_val[0] = 0 - ph * V * vv[0] / 2 * bt - ug * pp[0]
                  /Math.Pow(r, 3) - (w * vv[0] - Math.Pow(w, 2) *
pp[0]);//Vx的微分方程
                motion_val[1] = 0 - ph * V * vv[1] / 2 * bt - ug * pp[1]
                  / Math.Pow(r, 3) - (w * vv[1] - Math.Pow(w, 2) *
pp[1]);//Vy的微分方程
                motion_val[2] = 0 - ph * V * vv[2] / 2 * bt - ug * pp[2]
                  / Math.Pow(r, 3);//Vz的微分方程
                motion_val[3] = vv[0];//Px的微分方程
                motion_val[4] = vv[1];//Py的微分方程
                motion_val[5] = vv[2];//Pz的微分方程
            }
        }
        return motion_val;
    }
    #endregion

   #region//4阶龙格-库塔方法函数
    /// <summary>
    /// 求解弹道微分方程
    /// </summary>
    /// <param name="M_str_vv">目标速度向量</param>
    /// <param name="M_str_pp">目标地心固连坐标向量</param>
    /// <param name="M_str_steph">RK方法步长</param>
    /// <param name="M_str_PMK">弹道分段标志</param>
    /// <returns>弹道微分方程解向量(motion_val)</returns>
```

```
public double[] TraceModel(double[] vv, double[] pp, double steph,
  int PMK)  //steph为步长
{
    double[] motion_val = new double[6];
    for (int i = 0; i < 3; i++) { pp[i] = pp[i] * 1000; }//转换为m单位
    double[] k1 = new double[6];
    double[] k2 = new double[6];
    double[] k3 = new double[6];
    double[] k4 = new double[6];
    double[] temp = new double[3];//定义临时向量
    MotionModel(vv, pp, PMK);//计算R-K方法的参数k1
    for (int i = 0; i < 6; i++) { k1[i] = motion_val[i]; }
    temp[0] = vv[0] + steph * k1[0] * 0.5;
    temp[1] = vv[1] + steph * k1[1] * 0.5;
    temp[2] = vv[2] + steph * k1[2] * 0.5;
    MotionModel(temp, pp, PMK);//计算R-K方法的参数k2
    for (int i = 0; i < 6; i++) { k2[i] = motion_val[i]; }
    temp[0] = vv[0] + steph * k2[0] * 0.5;
    temp[1] = vv[1] + steph * k2[1] * 0.5;
    temp[2] = vv[2] + steph * k2[2] * 0.5;
    MotionModel(temp, pp, PMK);//计算R-K方法的参数k3
    for (int i = 0; i < 6; i++) { k3[i] = motion_val[i]; }
    temp[0] = vv[0] + steph * k3[0];
    temp[1] = vv[1] + steph * k3[1];
    temp[2] = vv[2] + steph * k3[2];
    MotionModel(temp, pp, PMK);//计算R-K方法的参数k4
    for (int i = 0; i < 6; i++) { k4[i] = motion_val[i]; }
    trace_val[0] = vv[0] + steph * (k1[0] + 2 * k2[0] + 2 * k3[0]+ k4
      [0]) / 6;//当前Vx的值
    trace_val[1] = vv[1] + steph * (k1[1] + 2 * k2[1] + 2 * k3[1]+ k4
     [1]) / 6;//当前Vy的值
    trace_val[2] = vv[2] + steph * (k1[2] + 2 * k2[2] + 2 * k3[2]+ k4
      [2]) / 6;//当前Vz的值
    trace_val[3] = (pp[0] + steph * (k1[3] + 2 * k2[3] + 2 * k3[3]+ k4
      [3]) / 6) * 0.001;//当前Px的值, 变换为km单位
    trace_val[4] = (pp[1] + steph * (k1[4] + 2 * k2[4] + 2 * k3[4]+ k4
      [4]) / 6) * 0.001;//当前Py的值
    trace_val[5] = (pp[2] + steph * (k1[5] + 2 * k2[5] + 2 * k3[5]+ k4
```

```
            [5]) / 6) * 0.001;//当前Pz的值
            return trace_val;
        }
        #endregion

        #endregion
    }
}
```